普通高等职业教育
"十三五"规划教材

基础会计

李红萍　朱丽娜　王桂梅　主　编

李崧岳　赵莉梅　赵文革　张竞存　王　健　副主编

吴玉宏　周慧敏　鲁　娟　崔如菲　武　英　赵　霞　参　编

清华大学出版社
北　京

内 容 简 介

"基础会计"是会计及相关专业的专业基础课程，在会计系列课程中占有重要地位。本书依据最新版《企业会计准则》，主要介绍了会计概述、会计科目与会计账户、会计记账方法、主要经济业务的账务处理、填制与审核会计凭证、会计账簿、财产清查、财务会计报告和账务处理程序。本书配有相关实训教材，将"基础会计"课程的基础理论与实际操作结合起来进行学习，可以提高学生的学习兴趣和学习效果，为实际会计操作奠定基础。

本书适合作为高职高专院校会计及相关专业的专业基础实训课程的教材，也可作为财务人员的岗位培训教材。

图书在版编目(CIP)数据

基础会计 / 李红萍，朱丽娜，王桂梅主编. —北京：清华大学出版社，2019 (2021.9 重印)

(普通高等职业教育"十三五"规划教材)

ISBN 978-7-302-52003-0

Ⅰ.①基…　Ⅱ.①李…　②朱…　③王…　Ⅲ.①会计学-高等职业教育-教材　Ⅳ.①F230

中国版本图书馆 CIP 数据核字(2018)第 297623 号

责任编辑：刘志彬
封面设计：汉风唐韵
责任校对：宋玉莲
责任印制：杨　艳

出版发行：清华大学出版社
　　　　网　　　址：http：//www.tup.com.cn，http：//www.wqbook.com
　　　　地　　　址：北京清华大学学研大厦 A 座　　　　邮　　编：100084
　　　　社 总 机：010-62770175　　　　邮　　购：010-62786544
　　　　投稿与读者服务：010-62776969，c-service@tup.tsinghua.edu.cn
　　　　质量反馈：010-62772015，zhiliang@tup.tsinghua.edu.cn
印 装 者：三河市龙大印装有限公司
经　　销：全国新华书店
开　　本：185mm×260mm　　　印　　张：17　　　字　　数：415 千字
版　　次：2019 年 1 月第 1 版　　　印　　次：2021 年 9 月第 5 次印刷
定　　价：48.00 元

产品编号：081093-01

前　言

　　"基础会计"是财经大类专业的基础课程，也是会计专业的入门课程，在会计系列课程中占有重要地位。

　　本书按照会计职业认知规律与会计核算工作过程设计教学内容，遵循学生的学习规律，着重体现"夯实会计理论基础、规范实务工作过程、培养会计职业能力"的高职教育理念，突出会计岗位职业技能与实践操作能力训练，实现教学过程的职业性、开放性和实践性。全书将会计的基本方法贯穿于整个会计工作过程，循序渐进地引导学生逐渐认识会计对象，学会各种会计核算方法与技能。本书较为全面地介绍了会计核算的基本方法，力求从初学者的视角，将会计理论融于会计实践。同时，力求从会计实践出发，结合"基础会计"课程的教学要求，按照项目教学的方式将会计的基本核算方法阐述清楚，保证会计基础理论知识体系的完整，适合作为会计类专业课程的入门教材。本书配有《基础会计实训教程》，进行相应同步实训，以建设"理实一体"的基础会计教学体系。

　　由于编者能力有限，书中难免存在不足，我们期待各位专家、学者和广大读者批评指正。同时，我们将根据会计职业的发展和高等教育的需要对本书进行不断的修订，以满足广大会计初学者的学习要求。

编　者

目　录

会 计 概 述

学习目标

职业能力目标

- 了解会计产生和发展的过程。
- 认识会计的概念、职能和会计对象，理解会计循环，能够描述企业资金运动的一般过程。
- 明确会计目标。
- 明确会计核算的前提条件。
- 明确会计信息质量要求。
- 理解会计核算内容，能判断哪些是会计核算内容，哪些不是会计核算内容。
- 明确会计核算方法，能够归纳各核算方法之间的关系。
- 了解会计人员职业道德，做有专业素养的会计工作者。
- 能够根据学习需要查阅相关资料。

知识点

会计的产生与发展 会计的含义 会计的核算职能 会计的监督职能
会计核算的前提条件 会计核算方法 会计目标 会计信息质量要求

技能点

会计信息质量要求 会计基础

任务一 初识会计

一、会计的产生及发展

人类的生存和社会的发展都依赖于物质资料的生产，而生产活动既创造社会财富，也发生物质耗费和劳动耗费。为了达到节约耗费、提高经济效益的目的，就需要对劳动耗费和劳动成果进行记录和计算，并将耗费与成果加以比较和分析，以便掌握生产活动的过程和结果。人们进行生产活动时，总是力求在尽可能少的劳动时间里创造出尽可能多的物质财富。因此，会计是生产力和生产关系发展到一定阶段的产物，是基于社会生产和经济管理的需要而产生的，并随着生产力和管理科学的发展而发展。

会计的产生和发展大致经历了以下三个阶段。

（一）古代会计阶段

会计在我国有着悠久的历史。从旧石器时代的中晚期到封建社会末期是会计的产生和单式记账法应用的阶段，即古代会计阶段。原始社会时期的结绳记事、刻石计数就是早期的会计行为。古代会计阶段的会计方法主要是单式记账法，核算方法比较简单。单式记账法也称单式簿记，即对经济活动过程的收入和支出只做单方面记录的简单会计方法，是与自然经济占主导地位的简单商品生产发展阶段相适应的。这一阶段的会计核算多数以实物、少数以货币作为计量单位，计量单位尚未完全固定为货币。当时的会计以官厅会计为主，是生产职能的附属部分。

（二）近代会计阶段

从 1494 年意大利数学家卢卡·帕乔利的著作《算术、几何、比及比例概要》的出版至 20 世纪 40 年代末是近代会计阶段。这一阶段，资本主义生产方式已初露端倪，商品经济有了很大发展，社会经济活动变得日益复杂而频繁，以往的单式记账法已经适应不了经济发展的需要，于是，与复杂的商品生产过程相适应的会计核算方式——复式记账法应运而生。大多数的会计核算开始以货币作为主要计量单位，会计作为独立的管理职能从生产职能中分离出来，需要进行会计核算的单位逐渐以企业为主，会计核算方法大多采用复式记账法，开始形成一套完整的财务会计核算方法。

（三）现代会计阶段

20 世纪 50 年代以后，商品经济获得了充分的发展，企业规模日益扩大，所有权与经营权的分离逐渐成为企业经营的主要产权制度，为满足内部管理者对会计信息的要求，管理会计逐渐与传统会计相分离，并形成了一个与财务会计相对独立的学科。

管理会计的出现是近代会计发展成为现代会计的重要标志。会计成为一门应用性学科，形成财务会计和管理会计两大分支，会计标准和会计规范逐渐形成并不断完善。会计作为一种商业语言，其重要性不言而喻，这充分说明经济越发展，会计越重要。

二、会计的定义及特征

（一）会计的定义

根据会计的产生和发展过程，我们可以对会计形成以下初步认识：会计是社会发展到一定阶段后，为了满足经济管理的需要而产生的；会计产生和发展的全过程都与提供经济信息和追求好的经济效益相关；会计以货币为主要计量单位，并具有独特、专门的方法和程序。也就是说，会计是以货币为主要计量单位，采用专门的会计核算方法，对会计主体的经济活动过程进行连续、系统、全面、综合的核算和监督的一种经济管理活动，是经济管理的重要组成部分。

会计与社会生产经营的发展有着不可分割的联系，它计量经济过程中占用的财产物资及劳动耗费，通过价值量的变化来描述经济过程，评价经济上的得失，并且发展成为一种对生产经营活动进行核算与监督、以价值管理为主要特征的经济管理活动。可以看出，会计本质上是一种经济管理活动。

(二) 会计的基本特征

▶ 1. 会计是一种经济管理活动

会计产生于人们管理社会和经济事务的过程中，通过参与经营方案的选择、经营计划的制订、经营活动的控制和评价等各种方式对单位进行直接管理。会计工作涉及单位内部管理的全过程，每一个管理环节都离不开会计人员的参与。在宏观经济管理中，会计也是国民经济管理的重要基础和组成部分。因此，会计是一种经济管理活动。

▶ 2. 会计是一个经济信息系统

会计也是一个旨在提高企业和各单位活动的经济效益，为加强经济管理而建立的以提供财务信息为主的经济信息系统。

随着计算机的普及，会计信息涵盖的范围也在扩大，从单纯的财务信息扩大为一个更能适应具体社会环境要求的经济信息系统。会计作为一个信息系统，依据客观、科学的信息，为管理提供各种数据资料和咨询服务。

▶ 3. 会计以货币作为主要计量单位

会计是以货币作为主要计量单位，对经济活动中使用的财产物资、发生的劳动耗费以及劳动成果等进行系统的记录、计算、分析和考核。货币并不是会计唯一计量单位，会计的计量单位还包括实物计量单位和劳动计量单位等，如千克、千米、工时、工作日等。

▶ 4. 会计具有核算和监督基本职能

会计不仅要按照会计法规制度的要求，对经济活动进行确认、计量和报告，也要对业务活动的合法性、合理性进行审查。因此，会计核算是会计工作的基础，会计监督是会计工作的质量保证。会计核算和会计监督贯穿于会计工作的全过程，是会计工作的最基本职能，也是会计管理活动的重要表现形式。

▶ 5. 会计采用一系列专门的方法

会计方法是指用来核算和监督会计内容、完成会计任务的手段。会计方法包括会计核算方法，会计分析方法，会计检查方法，会计控制方法，会计预测、决策方法。

任务二 理解会计基本知识

一、会计的职能

会计的职能是指会计作为经济管理工作所具有的功能，即会计是用来做什么的。《中华人民共和国会计法》（以下简称《会计法》）确定了核算和监督作为会计的两项基本职能。

▶ 1. 会计的核算职能

会计的核算职能是指以货币为主要计量单位，通过对特定主体的经营活动进行确认、计量、记录和报告，如实反映特定主体的财务状况、经营成果（或运营绩效）和现金流量等信息。

会计确认解决的是定性问题，判断发生的经济活动是否属于会计核算的内容，归属于哪类性质的业务，是作为资产还是负债或其他会计要素入账等；会计计量解决的是定量问题，即在会计确认的基础上确定入账的具体金额；会计记录是将经过确认、计量的经济事项通过一定方法记载下来的过程；会计报告是确认、计量和记录的结果，即通过报告，将确认、计量和记录的结果进行归纳与整理，以财务报告的形式提供给信息使用者。

▶ 2. 会计的监督职能

会计的监督职能是指会计在核算过程中，对经济活动的合法性和合理性进行审查。

合法性审查是指对各项经济业务是否符合国家有关法律制度、是否执行国家有关方针政策进行的审查，以杜绝违法乱纪行为；合理性审查是指对经济业务是否符合经济运行的客观规律和单位的内部管理要求、是否执行了单位的财务收支计划、是否有利于经营目标或预算目标的实现等进行的审查，为单位增收节支、提高经济和社会效益把关。会计监督贯穿于会计管理活动的全过程，包括事前监督、事中监督和事后监督。

▶ 3. 会计核算与会计监督的关系

会计核算与会计监督两项基本职能关系密切、相辅相成。会计核算是会计的首要职能，是会计监督的基础，会计核算工作的好坏直接影响会计信息质量的高低，并为会计监督提供依据。会计监督是会计核算的保证，没有严格的会计监督，就难以保证会计核算所提供信息的真实性，会计核算的作用就难以发挥。

随着会计的不断发展，特别是管理会计的出现，会计的职能也有所延伸，在核算和监督两个基本职能的基础上，延伸出很多新的职能。目前，在国内会计学界比较流行会计六职能学说，这一学说认为会计具有反映经济情况、监督经济活动、控制经济过程、分析经济效果、预测经济前景、参与经济决策等六项职能。

二、会计对象和会计核算

（一）会计对象

会计的对象是指会计核算和监督的内容。凡是特定主体能够以货币表现的经济活动，都是会计的对象，以货币表现的经济活动通常又称资金运动。因此，会计核算和监督的内容即会计对象就是资金运动。

任何单位的资金都要经过资金的投入、资金的循环与周转（即运用）、资金退出这样一个运动过程。通常情况下，资金的投入、退出过程基本一致，而不同企业的资金的循环与周转过程则不完全相同。

投入单位的资金包括投资者投入的资金和向债权人借入的资金，前者形成所有者权益，后者属于债权权益（即单位的负债）。资金的投入是指单位取得资金的过程，是资金运动的起点。资金的退出是指资金离开本单位，是资金运动的终点，主要包括偿还各项债务、依法缴纳各种税费，以及向所有者分配利润等。

以制造业企业为例，资金的循环与周转包括供应过程、生产过程和销售过程，如图1-1所示。

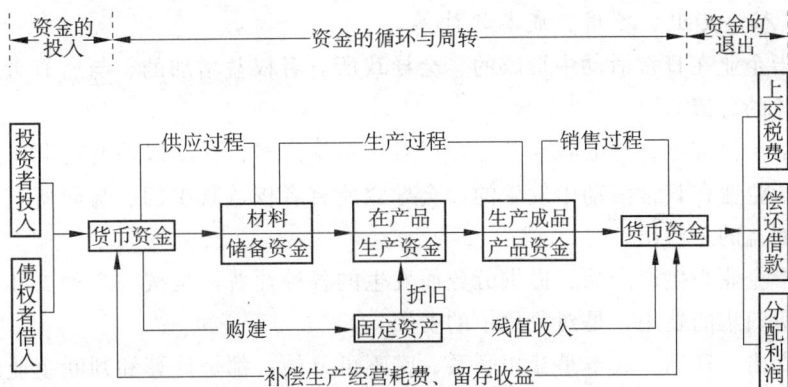

图 1-1 制造业企业的资金运动过程

资金从"货币资金→储备资金→生产资金→产品资金→货币资金"，完成了一次循环。

资金运动是对会计核算和监督内容的最高概括，是会计对象的第一层次。会计对象的第二层次是会计要素，第三层次是会计科目。

（二）会计核算

单位在生产经营和业务活动的过程中，会发生各种各样的经济业务和经济事项。经济业务又称经济交易，是指单位与其他单位和个人之间发生的各种经济利益交换，如销售和购买产品、提供和接受劳务等。经济事项是指单位内部发生的具有经济影响的各类事件，如支付职工工资、报销差旅费、计提折旧、摊销无形资产等。概括地说，会计核算的具体内容就是单位发生的交易或事项。根据我国《会计法》第十条的规定，单位发生的下列交易或事项应当办理会计手续，进行会计核算。

▶ 1. 款项和有价证券的收付

款项是指作为支付手段的货币资金，主要包括库存现金、银行存款，以及其他视同库存现金和银行存款使用的外埠存款、银行汇票存款、银行本票存款、信用证存款等。有价证券是指表示财产拥有权或支配权的证券，如国库券、股票、公司债券等。款项和有价证券是流动性最强的资产。

▶ 2. 财物的收发、增减和使用

财物是财产、物资的简称，是一个单位进行或维持生产经营、业务活动并且具有实物形态的经济资源，一般包括原材料、燃料、周转材料、在产品、库存商品等流动资产和房屋、建筑物、机器、设备、设施、运输工具等固定资产。

▶ **3. 债权、债务的发生和结算**

债权是指单位收取款项的权利，一般包括各种应收和预付款项等，如应收账款、应收票据、其他应收款、预付账款等。债务是指企业承担的需要偿付的现时义务，一般包括短期借款、应付账款、应付票据、预收账款、应付职工薪酬、应交税费、应付利润、长期借款、应付债券等。

▶ **4. 资本的增减**

资本是投资者为开展生产经营活动而投入的资金。会计上的资本专指所有者权益中的投入资本，包括实收资本（股本）和资本公积。资本是企业进行生产经营活动的必要条件，是现代企业明晰产权关系的重要标志。

▶ **5. 收入、支出、费用、成本的计算**

收入是指企业在日常活动中形成的、会导致所有者权益增加的、与所有者投入资本无关的经济利益的总流入。

支出是指单位实际发生的各项开支，以及正常生产经营活动以外的支出和损失。

费用是指企业在日常活动中发生的、会导致所有者权益减少的、与向所有者分配利润无关的经济利益的总流出。

成本是指企业为生产产品、提供劳务而发生的各种耗费，是按一定种类和数量的产品和劳务对象所归集的费用，是对象化了的费用。

收入、支出、费用、成本是互相联系、密不可分的，都是计算和判断企业经营成果及盈利状况的主要依据。取得收入，必然发生一定的支出、费用和成本。

▶ **6. 财务成果的计算和处理**

财务成果主要是指在一定时期内通过从事生产经营活动而在财务上所取得的结果，具体表现为盈利或者亏损。财务成果的计算和处理一般包括利润总额的计算、所得税的计算、净利润的计算、利润分配或者亏损弥补等。

▶ **7. 需要办理会计手续、进行会计核算的其他事项**

略。

三、会计核算的基本前提

会计核算的基本前提是指对某些未被确认的会计现象，如会计核算和监督的范围究竟有多大、会计为谁记账等，根据客观的正常情况或者发展趋势所做的合乎事理的推断和假定，又称会计假设。它是日常会计处理应当具备的前提条件，其最终目的是保证会计资料的有用性、可靠性和合理性。会计的概念、原则、程序和方法都以会计假设为出发点。

我国《企业会计准则——基本准则》中提出的会计核算的基本前提有四项：会计主体、持续经营、会计分期和货币计量。

▶ **1. 会计主体**

明确会计主体是组织会计核算工作的首要前提。这是因为会计处理的数据和提供的信息必须有一定的空间界限，而会计主体假设正是明确了会计活动的空间范围和会计人员的责权范围，将会计工作的空间界定为有自主经营所必需的财产，并产生相应的债务和所有者权益，有独立的收入和费用，并据之确定盈亏，评价业绩。所谓会计主体，是指会计所服务的特定单位，又称会计实体。会计主体应是一个独立经营、自负盈亏、责权利结合的经济单位。典型的会计主体是企业。会计主体不一定是法律主体，但所有的法律主体应当是会计主体。

▶ 2. 持续经营

持续经营是指在正常情况下，会计主体的生产经营活动会按既定的经营方针和预定的经营目标无限期地经营下去，在可预见的未来不会停产倒闭。这一假设把会计核算建立在正常状态下，也就是会计主体所持有的资产将按取得时的目的在正常的经济活动中被耗用，会计主体所承担的负债也将在正常的经济活动中按原来承诺的条件予以清偿。由此，会计主体才可能采用历史成本来确认、计量其资产等要素，使会计核算与报告系统处于稳定状态。如果没有持续经营假设，即企业将要破产清算，则资产和负债只能按当时的清算价值估价，而不能按取得时的实际成本确定。持续经营假设可以与会计主体假设结合，即会计要为特定的会计主体在不会面临破产清算的情况下，进行会计核算。

▶ 3. 会计分期

由于企业的经营活动是持续进行的，在时间上具有不间断性，为满足企业内外会计信息使用者经营管理和投资决策的需要，企业需要把持续不断的生产经营过程划分为若干相等的会计期间，定期汇总和编制财务报表，从而及时提供与企业财务状况和经营成果有关的会计信息，这就产生了会计分期假设。会计分期假设是对会计工作时间范围的具体划分，主要是确定会计年度。我国以日历年度作为会计年度，即将每年的 1 月 1 日至 12 月 31 日作为一个会计年度。会计年度确定后，一般按日历确定会计半年度、会计季度和会计月度。会计分期假设可以与前两条假设结合，即会计要为特定的会计主体在不会面临破产清算的情况下，分期进行会计核算。

▶ 4. 货币计量

货币计量是指会计主体在会计核算过程中采用货币作为主要计量单位计量、记录和报告会计主体的生产经营活动。

货币计量假设是对会计计量手段和方法的规定。企业的经济活动是多种多样、错综复杂的，为了实现会计的目的，企业必须综合地反映各种经济活动，这就要求有一个统一的计量尺度。

在商品经济条件下，货币作为一种特殊的商品，最适合充当这种统一的计量尺度。当然，这一假设也包括币值稳定这一层含义。我国《企业会计准则》规定，会计核算以人民币为记账本位币。业务收支以外币为主的企业，也可以选定某种外币作为记账本位币，但编制的会计报表应当折算为人民币来反映。我国在境外设立的企业，通常用当地币种进行日常会计核算，但向国内编报会计报表时，应当折算为人民币。货币计量假设可以与前三条假设结合，即会计以货币为主要计量单位，为特定的会计主体在不会面临破产清算的情况下，分期进行会计核算。

四、会计核算基础

会计核算基础又称会计记账基础，是指确定一个会计期间的收入与费用，从而确定损益的标准。会计核算基础有权责发生制和收付实现制两种。

（一）权责发生制

权责发生制又称应收应付制，是按照权利和义务是否发生来确定收入和费用的归属期。在权责发生制下，凡属于本期实现的收入和发生的费用，不论款项是否收付，都应作为本期的收入和费用入账；凡不属于本期的收入和费用，即使款项已在本期收付，也不应作为本期的收入和费用处理。权责发生制强调经营成果的计算。

（二）收付实现制

收付实现制又称现收现付制或库存现金制，是按照款项实际收到或付出的日期来确定收入和费用的归属期。采用这一原则，凡是本期实际收到款项的收入和付出款项的费用，不论其是否属于本期，都作为本期的收入和费用处理；凡是本期没有实际收到款项的收入和付出款项的费用，均不作为本期的收入和费用处理。收付实现制强调财务状况的切实性。

《企业会计准则——基本准则》规定，企业应当以权责发生制为基础进行会计确认、计量和报告。

五、会计核算方法

会计的方法是指为了发挥会计职能，实现会计目标而采取的技术手段，它是从会计实践中总结出来的。

随着会计核算和监督的内容日趋复杂，以及经济管理对会计不断提出新的要求，会计的方法也在不断地改进和发展。会计由会计核算、会计分析和会计检查三部分组成，因此，会计的方法也分为会计核算方法、会计分析方法和会计检查方法。基础会计主要涉及会计核算方法。

会计核算的专门方法主要有七种：设置账户、复式记账、填制和审核会计凭证、登记账簿、成本计算、财产清查，以及编制财务会计报告。下面仅简要说明各种方法的特点和它们之间的相互联系。

（一）设置账户

设置账户是对会计核算和监督的具体内容进行科学分类，记录不同会计信息和资料的一种专门方法。会计核算和监督的内容往往是包罗万象的，例如，财产物资就有多种存在形态，如厂房、建筑物、机器设备、各种材料、成品、半成品等，它们在生产中的作用不同，管理的要求也不同。又如，取得这些财产物资所需要的经营资金可能来自不同的渠道，有的来自银行贷款，有的来自投资者投入，等等。为了对各种不同的内容分别进行反映和记录，会计上必须分别设置账户，以便取得经营管理所需要的各种不同性质的核算指标。

（二）复式记账

复式记账是对每项经济业务都要以相等的金额在两个或两个以上的相关联的账户中进行记录的一种专门方法。在企业的资金运动过程中，任何一项经济业务都会引起资金的双重变化。例如，以银行存款购买材料，这项经济业务一方面会引起银行存款的减少，另一方面又会引起库存材料的增加。为了全面反映每一项经济业务所引起的这种双重变化，就必须在两个或两个以上的账户中同时加以记录。采用这种复式记账方法，可以如实、完整地记录资金运动的来龙去脉，全面反映和监督企业的经济活动过程。

（三）填制和审核会计凭证

记账必须有根据，这种根据就是会计凭证。例如，职工报销差旅费必须填制报销单，并附上车船票等单据，证明经济业务已经完成，报销单和所附的车船票等单据就是会计凭证。报销单还必须经过有关人员审核批准，并与所附的车船票等单据核对无误，报销手续完毕后，这张报销单就成为记账的依据。所以，填制和审核会计凭证是会计核算工作的第一步，只有填制并审核无误的会计凭证，才使记账有真实、可靠的依据。通过审核会计凭证还可以监督和检查各项财经制度的执行情况。

（四）登记账簿

登记账簿是将记账凭证中所反映的经济业务分门别类地计入有关账户，并在账簿上进行全面、连续、系统记录的方法。登记账簿要以记账凭证为依据，按照规定的会计科目开设账户，并将记账凭证中所反映的经济业务分别计入有关账户。登记账簿是会计核算的主要方法。

（五）成本计算

成本计算是一种会计计量活动，解决会计核算对象的货币计价问题，即对应计入一定对象的全部费用进行归集、计算，并确定各对象的总成本和单位成本的会计方法。通过成本计算可以正确地对会计核算对象进行计价，可以考核经济活动过程中物化劳动和活劳动的耗费程度，为在经营管理中正确计算盈亏提供数据资料。

（六）财产清查

财产清查是通过实物盘点、往来款项的核对来检查财产和资金实存数额的方法。在财产清查中发现财产、资金账面数额与实存数额不符时，应及时调整账簿记录，使账面数额与实存数额保持一致，并查明账实不符的原因，明确责任。发现积压或残损物资以及往来账款中的呆账、坏账时，要积极清理和加强财产管理。财产清查保证了会计核算资料的真实性和正确性。

（七）编制财务会计报告

财务会计报告是在日常账簿记录的数据和资料的基础上采用一定的表格形式编制的，是在账簿记录的基础上对会计核算资料的进一步加工整理，也是进行会计分析、会计检查的重要依据。归纳起来，会计信息使用者主要有两方面的需求：一方面，在某一特定时期内，企业的经营成果和盈利能力；另一方面，在某一特定日期，企业的财务状况。为此，企业的会计人员要对大量的经济业务进行确认、计量、记录、报告等，向会计信息使用者提供利润表和资产负债表等来满足其需求。

六、会计循环

从填制会计凭证到登记账簿，再根据账簿记录编制财务报表，一个会计期间的会计核算工作即告结束，然后按照上述程序进入新的会计期间，如此循环往复，直至企业停业清算。上述七种会计核算方法相互配合、互为依存条件，构成了相互联系、相互配合的方法体系。其中，会计核算的基本方法是填制和审核会计凭证、登记账簿、编制财务会计报告，这三种方法周而复始、循环往复，构成了人们一般所称的会计循环。

任务三 明确会计目标和会计信息质量要求

会计工作要实现什么目标？首先，要满足投资者、债权人、员工、客户、供应商、国家相关机关和社会公众对会计信息的需求，以帮助他们做出正确的决策；其次，应向委托方汇报经营情况。为了实现会计目标，企业所提供的会计信息必须是高质量的，那么会计信息质量达到哪些要求就可以实现会计目标呢？这是本任务要重点学习的内容。

一、会计目标

会计目标又称财务报告目标，是指会计管理活动所期望达到的预期结果。我国《企业会计准则——基本准则》表述的会计目标为：向财务报告的使用者提供与企业财务状况、经营成果和现金流量有关的会计信息，反映企业管理层受托责任的履行情况，有助于财务报告的使用者做出经济决策。因此，会计的目标可以概括为提供决策有用的信息和反映受托责任的履行情况。

二、会计信息质量要求

会计工作的基本任务就是为包括所有者在内的各方面提供经济决策所需要的信息。

会计信息质量的高低是评价会计工作成败的标准，为了规范企业会计确认、计量和报告行为，保证会计信息质量，我国《企业会计准则——基本准则》对会计信息的质量要求有以下八项内容：可靠性、相关性、可理解性、可比性、实质重于形式、重要性、谨慎性和及时性。

▶ 1. 可靠性

可靠性又称真实性，是指会计核算提供的信息应当以实际发生的经济业务(交易或者事项)及表明这些经济业务发生的合法凭证为依据，如实反映财务状况和经营成果，保证会计信息真实可靠、内容完整。可靠性是对会计信息最重要的质量要求。

▶ 2. 相关性

相关性是指企业提供的会计信息应当与财务会计报告使用者的经济决策需要相关，有助于财务会计报告使用者对企业过去、现在或者未来的情况做出评价或者预测。

▶ 3. 可理解性

可理解性也称清晰性，是指企业提供的会计信息应当清晰明了，便于财务会计报告使用者理解和使用。提供会计信息的目的在于使用，要使用就必须了解会计信息的内涵、明确会计信息的内容，如果无法做到这一点，就谈不上对决策有用。

▶ 4. 可比性

可比性是指企业提供的会计信息应当具有可比性。

可比性包括两个方面：

(1)纵向可比，即同一企业不同时期发生的相同或者相似的交易或者事项，应当采用一致的会计政策，不得随意变更。确需变更的，应当在附注中说明。

(2)横向可比，即不同企业发生的相同或者相似的交易或者事项，应当采用规定的会计政策，确保会计信息口径一致、相互可比。

▶ 5. 实质重于形式

实质重于形式是指企业应当按照交易或者事项的经济实质进行会计确认、计量和报告，不应仅以交易或者事项的法律形式为依据。这是因为，有时候交易或事项的法律形式并不能真实反映其实质内容，因此为了真实反映企业的财务状况和经营成果，就必须根据它们的实质和经济现实，而不是仅仅根据它们的法律形式进行核算和反映。

例如，企业以融资租赁方式租入的固定资产，从法律形式来看，其所有权尚不属于承租企业，但从经济实质来看，该项资产受承租企业实际控制，因此应将其作为承租企业的资产进行核算，否则就不能真实反映该项资产对企业的影响。

▶ 6. 重要性

重要性是指企业提供的会计信息应当反映与企业财务状况、经营成果和现金流量等有关的所有重要交易或者事项。在全面反映企业财务状况、经营成果的同时，可以根据会计信息对于使用者决策的影响程度来决定会计核算的精确程度及会计报表内容的详略程度，进而决定核算的工作量。强调会计信息的重要性，主要是出于对会计信息的效用与加工会计信息的成本这两个方面的考虑。

▶ 7. 谨慎性

谨慎性是指企业对交易或者事项进行会计确认、计量和报告应当保持应有的谨慎，不应高估资产或者收益、低估负债或者费用。谨慎性原则又称稳健性原则、审慎性原则，也就是说，凡是可以预见的可能发生的损失和费用都应合理地予以估计、确认并记录，而没有确定把握的收入，则不能予以确认和入账，既不抬高资产和收益也不压低负债和费用，进而有效地规避不确定因素带来的风险。如果某一项经济业务有多种处理方法可供选择，则应采取不导致夸大资产、虚增利润的方法。

▶ 8. 及时性

及时性是指企业对于已经发生的交易或者事项，应当及时进行会计确认、计量和报告，不得提前或者延后。

自我测验

一、单项选择题

1. 会计是以（　　　）为主要计量单位。

A. 实物　　　　　　　B. 货币　　　　　　C. 劳动量　　　　　　D. 价格

2. 会计的基本职能一般包括（　　　）。

A. 会计计划与会计决策　　　　　　B. 会计预测与会计控制

C. 会计控制与会计决策　　　　　　D. 会计核算与会计监督

3. 会计以货币为主要计量单位，通过确认、计量、记录、报告等环节，对特定主体的经济活动进行记账、算账、报账，为各有关方面提供会计信息的功能称为（　　　）。

A. 会计核算职能　　　　　　　　　B. 会计监督职能

C. 会计控制职能　　　　　　　　　D. 会计预测职能

4. 会计人员在进行会计核算的同时，对特定主体经济活动的合法性、合理性进行审查的功能称为（　　）。

  A. 会计控制职能   B. 会计核算职能

  C. 会计监督职能   D. 会计分析职能

5.（　　）界定了从事会计工作和提供会计信息的空间范围。

  A. 会计职能   B. 会计对象   C. 会计内容   D. 会计主体

6. 在可预见的未来，会计主体不会破产清算，所持有的资产将正常营运，所负有的债务将正常偿还，这属于（　　）。

  A. 会计主体假设   B. 持续经营假设

  C. 会计分期假设   D. 货币计量假设

7. 在我国，会计期间分为年度、半年度、季度和月度，它们均按（　　）确定。

  A. 公历起讫日期   B. 农历起讫日期

  C. 7 月制起讫日期   D. 4 月制起讫日期

8. 会计核算和监督的内容是特定主体的（　　）。

  A. 经济活动   B. 实物运动   C. 资金运动   D. 经济资源

9. 会计主体从（　　）上对会计核算范围进行了有效界定。

  A. 空间   B. 时间   C. 空间和时间   D. 内容

10.（　　）作为会计的基本假设，就是将一个会计主体持续经营的生产经营活动划分为若干个相等的会计期间。

  A. 会计分期   B. 会计主体   C. 会计年度   D. 持续经营

11. 企业资产以历史成本计价而不以现行成本或清算价格计价，依据的会计基本假设是（　　）。

  A. 会计主体   B. 持续经营   C. 会计分期   D. 货币计量

12. 以下各项中，不属于有价证券的是（　　）。

  A. 银行汇票   B. 国库券   C. 股票   D. 企业债券

13. 以下各项中，不属于企业财物的是（　　）。

  A. 燃料   B. 在产品   C. 设备   D. 专利技术

14. 债务是指由于过去的交易、事项形成的，企业需要以（　　）等偿付的现时义务。

  A. 资产或劳务   B. 资本或劳务   C. 资产或债权   D. 收入或劳务

15. 成本是企业为生产产品、提供劳务而发生的各种耗费，是（　　）之后的费用。

  A. 加总计算   B. 计算分析   C. 对象化   D. 日常核算

16. 企业在一定时期内通过从事生产经营活动而在财务上取得的结果称为（　　）。

  A. 经营业绩   B. 财务成果   C. 财务状况   D. 盈利能力

17. 以下各项中，应作为债权处理的是（　　）。

  A. 其他应收款   B. 预收账款   C. 应付账款   D. 应交税费

18. 以下各项中，不正确的是（　　）。

  A. 财物包括原材料和固定资产等

  B. 财物是企业进行正常生产经营活动的经济资源

  C. 财物必须具有实物形态

  D. 包装物应作为固定资产

19. 以下各项中，不属于会计核算具体内容的是（　　）。

A. 有价证券的收付　　　　　　　　B. 财物的使用

C. 制订下年度管理费用开支计划　　D. 资本的增减

20. 费用中，能予以对象化的部分构成（　　）。

A. 期间费用　　　B. 资产　　　C. 成本　　　D. 所有者权益

21. 企业在生产经营过程中将按照既定的用途使用资产和既定的合约条件清偿债务，会计人员在此基础之上选择会计原则和方法，是基于（　　）假设。

A. 会计主体　　　B. 持续经营　　　C. 会计分期　　　D. 货币计量

22. 基于会计分期假设运用的特殊会计方法包括应收、应付和（　　）等。

A. 购入、售出　　　B. 投入、产出　　　C. 预收、预付　　　D. 收入、支出

23. 采用权责发生制基础时，下列业务中，不能确认为当期收入的是（　　）。

A. 收到当期销货款　　　　　　　　B. 销售商品，货款尚未收到

C. 销售商品，同时收到货款　　　　D. 收到以前月份的销货款

24. 采用权责发生制基础时，下列业务中，能确认为当期费用的是（　　）。

A. 支付下年的报纸杂志费　　　　　B. 预提本月短期借款利息

C. 预付下季度房租　　　　　　　　D. 支付上月电费

25. 在收付实现制下，不能确认为当期费用的项目是（　　）。

A. 支付下年的报纸杂志费　　　　　B. 预提本月短期借款利息

C. 支付全年的财产保险费　　　　　D. 支付当月管理部门的房屋租金

26. 下列各项中，不属于款项的是（　　）。

A. 货币资金　　　B. 银行存款　　　C. 信用卡存款　　　D. 短期借款

27. （　　）假设为会计核算提供了必要手段。

A. 会计主体　　　B. 持续经营　　　C. 会计分期　　　D. 货币计量

28. （　　）假设为解决会计核算中的财产计价方法和费用分配方法等提供了前提条件。

A. 会计主体　　　B. 持续经营　　　C. 会计分期　　　D. 货币计量

29. 在货币计量前提下，我国企业的会计核算可以选用一种外币作为记账本位币，但其编制的财务会计报告应折算为（　　）反映。

A. 记账本位币　　　B. 功能货币　　　C. 人民币　　　D. 某种外币

30. 会计的本质是（　　）。

A. 核算　　　B. 监督　　　C. 管理活动　　　D. 资金运动

二、多项选择题

1. 下列各项中，可以作为一个会计主体进行核算的有（　　）。

A. 母公司　　　　　　　　　　　　B. 分公司

C. 母公司和子公司组成的企业集团　D. 销售部门

2. 下列各项中，属于会计基本假设的有（　　）。

A. 会计主体　　　B. 持续经营　　　C. 会计分期　　　D. 货币计量

3. 下列各项中，正确的有（　　）。

A. 会计核算过程中采用货币为主要计量单位

B. 我国企业的会计核算只能以人民币为记账本位币

C. 业务收支以外币为主的单位可以选择某种外币为记账本位币

D. 在境外设立的中国企业向国内报送的财务报告，应当折算为人民币

4. 会计核算职能是指会计以货币为主要计量单位，通过（　　）等环节，对特定主体的经济活动进行记账、算账、报账。

A. 确认　　　　　　B. 记录　　　　　　C. 计算　　　　　　D. 报告

5. 会计期间可以分为（　　）。

A. 月度　　　　　　B. 季度　　　　　　C. 年度　　　　　　D. 半年度

6. 会计监督职能是指会计人员在进行会计核算的同时，对经济活动的（　　）进行审查。

A. 合法性　　　　　B. 合理性　　　　　C. 时效性　　　　　D. 盈利性

7. 下列各项中，属于债权的有（　　）。

A. 应收款项　　　　B. 应付款项　　　　C. 预付款项　　　　D. 预收款项

8. 下列各项中，属于债务的有（　　）。

A. 各项借款　　　　B. 应收款项　　　　C. 应付款项　　　　D. 预收款项

9. 下列各项中，属于财务成果的计算和处理内容的有（　　）。

A. 利润的计算　　　B. 所得税的计算　　C. 利润分配　　　　D. 亏损弥补

10. 下列各项中，属于有价证券的有（　　）。

A. 银行本票　　　　B. 国库券　　　　　C. 股票　　　　　　D. 企业债券

11. 财物是财产、物资的简称，下列属于财物的资源有（　　）。

A. 库存商品　　　　B. 固定资产　　　　C. 无形资产　　　　D. 应收及预付款

12. 下列各项中，属于会计核算具体内容的有（　　）。

A. 款项和有价证券的收付　　　　　　　B. 财物的收发、增减和使用

C. 债权债务的发生和结算　　　　　　　D. 收入、支出、费用、成本的计算

13. 下列各项中，属于会计核算方法的有（　　）。

A. 成本计算　　　　B. 会计分析　　　　C. 复式记账　　　　D. 登记账簿

14. 下列各项中，属于会计科目设置原则的有（　　）。

A. 相关性原则　　　B. 真实性原则　　　C. 合法性原则　　　D. 实用性原则

15. 下列会计处理方法中，基于会计分期假设的有（　　）。

A. 应收　　　　　　B. 应付　　　　　　C. 预提　　　　　　D. 待摊

16. 采用权责发生制基础时，下列业务中能确认为当期收入的有（　　）。

A. 收到购货方前欠销货款　　　　　　　B. 销售商品，货款尚未收到

C. 销售商品，同时收到货款　　　　　　D. 收到以前年度的销货款

17. 采用权责发生制基础时，下列业务中能确认为当期费用的有（　　）。

A. 支付下年的报纸杂志费　　　　　　　B. 预提本月短期借款利息

C. 预付下季度房租　　　　　　　　　　D. 支付上月电费

18. 下列各项中，属于款项的有（　　）。

A. 货币资金　　　　B. 银行存款　　　　C. 信用卡存款　　　D. 短期借款

19. 下列各项中，不属于财物的有（　　）。

A. 应收账款　　　　B. 原材料　　　　　C. 固定资产　　　　D. 无形资产

20. 会计期间通常分为年度和中期，中期财务会计报告包括（　　　）。

A. 周报　　　　　　　　　　　B. 月报

C. 季报　　　　　　　　　　　D. 半年报

三、判断题

1. 会计主体是指企业法人。（　　　）

2. 会计主体一般都是法律主体，但法律主体不一定是会计主体。（　　　）

3. 会计是指以货币为主要计量单位，反映和监督一个单位经济活动的经济管理工作。（　　　）

4. 会计核算和监督的内容是指企业发生的所有经济活动。（　　　）

5. 会计的监督职能是会计人员在进行会计核算的同时，对特定会计主体的经济活动的合法性、合理性进行审查。（　　　）

6. 会计的职能只有两个，即会计核算与会计监督。（　　　）

7. 我国企业会计采用的计量单位只有一种，即货币计量。（　　　）

8. 在我国境内设立的企业，会计核算都必须以人民币作为记账本位币。（　　　）

9. 凡是特定主体能够以货币表现的经济活动都是会计对象。（　　　）

10. 会计主体是进行会计核算的基本前提之一，一个企业可以根据具体情况确定一个或若干个会计主体。（　　　）

11. 资本是投资者为开展生产经营活动而投入的资金，会计上的资本既包括投入资本也包括借入资本。（　　　）

12. 支出是企业发生的各项开支，以及正常生产经营活动以外的支出和损失。（　　　）

13. 各单位必须根据实际发生的经济业务事项进行会计核算，编制财务会计报告。（　　　）

14. 企业发生的经济业务事项应在依法设置的会计账簿上统一登记、核算，不得私设账簿。（　　　）

15. 使用计算机进行核算时，不一定要符合国家统一的会计制度的规定。（　　　）

16. 会计记录所使用的文字只能是中文，不允许使用民族文字或外国文字。（　　　）

17. 财物是财产、物资的简称，包括原材料、机器设备和应收款项。（　　　）

18. 只要有经济利益流入，就是企业的收入。（　　　）

19. 所得税的计算是财务成果计算和处理的一个重要方面。（　　　）

20. 成本是企业为生产产品、提供劳务而发生的各种耗费，因而企业发生的各项费用都是成本。（　　　）

21. 财务成果表现为盈利，亏损则不能称为财务成果。（　　　）

22. 银行汇票、银行本票和信用证都属于有价证券。（　　　）

23. 现金和银行存款都是货币资金，股票则作为有价证券。（　　　）

24. 各项借款、应付和预付款项都是企业的债务。（　　　）

25. 财务成果主要是指企业在一定时期内通过从事生产经营活动而发生的盈利或亏损。（　　　）

26. 财务成果的计算和处理一般包括利润的计算、所得税的计算、利润分配或亏损弥补等。（　　　）

能力拓展

A 公司 2018 年 9 月发生以下经济业务，假设不考虑相关税费，请根据不同会计基础分别判断 A 公司 9 月和 10 月的成本费用(见表 1-1 和表 1-2)。

(1) 销售给 B 公司一批商品，价格为 40 000 元，款项已收到，商品已发出。

(2) 销售给 C 公司一批商品，价格为 50 000 元，根据合同，C 公司 10 月支付货款。

(3) 以银行存款 8 000 元支付 9—12 月仓库租金。

(4) 收到 8 月份货款 100 000 元。

表 1-1　A 公司 9 月份收入和费用情况　　　　　　单位：元

经济业务	权责发生制		收付实现制	
	收入	费用	收入	费用
销售 B 公司商品				
销售 C 公司商品				
支付 9—12 月租金				
收到 8 月份货款				
合　　计				

表 1-2　A 公司 10 月份收入和费用情况　　　　　　单位：元

经济业务	权责发生制		收付实现制	
	收入	费用	收入	费用
销售 B 公司商品				
销售 C 公司商品				
支付 9—12 月租金				
收到 8 月份货款				
合　　计				

项目二

设 置 账 户

学习目标

职业能力目标 ☞

- 明确会计对象与会计要素之间的关系。
- 掌握会计要素的概念。
- 掌握会计要素的确认条件及特点。
- 能够描述会计基本等式。
- 理解基本经济业务的类型及对会计等式的影响。
- 了解设置会计科目的意义及原则。
- 了解各类会计科目核算的内容。
- 明确总分类会计科目与明细会计科目的作用。
- 掌握账户结构和格式,以及设置账户的方法。

知识点 ☞

会计要素　资产　负债　所有者权益　收入　费用　利润　会计等式
会计科目　会计账户　会计账户与会计科目的关系

技能点 ☞

会计要素的内容　经济业务的发生对会计等式的影响　会计科目分级及
分类方法　设置总分类账户　设置明细分类账户　账户的性质和结构

任 务 一 　 划分会计要素

一、会计要素的概念

企业的资金运动纷繁复杂，在明确了会计核算的对象就是能用货币表现的资金运动之后，为了能够系统而准确地核算和监督主体的经济业务，提供有效的会计信息，还必须进一步进行科学的划分。例如，企业在银行中的存款增加 100 万元，这笔款项的来源可能是借入款项，也可能是投资者投入的投资款或者企业收到的货款，如果不进行划分，就不能反映经济业务的真实情况，也不能提供有效的信息。

会计要素是对会计对象，即能用货币表现的资金运动，根据交易或事项的经济特征所做的基本分类，是会计核算对象的具体化，是用于反映会计主体财务状况和经营成果的基本单位。

二、会计要素的内容

我国《企业会计准则——基本准则》将会计要素划分为资产、负债、所有者权益、收入、费用和利润六类。

会计要素是会计核算和监督的具体对象和内容，也是构成会计报表的基本要素。其中，资产、负债和所有者权益反映主体在某一特定日期的财务状况，构成资产负债表的主要内容，属于静态要素；收入、费用和利润反映主体在某一时期内的经营成果，构成利润表的主要内容，属于动态要素。

（一）资产

▶ 1. 定义

任何形式的企业，无论其规模大小，如果想要开展正常的经营活动，就必须拥有一定数量的财产，如生产或经营用房屋、各种机器设备、购买的各种生产所用的原材料、生产或购进的各种商品、企业在银行里的存款等。会计上将这些财产叫作资产。

根据我国《企业会计准则》的定义，资产是指过去的交易、事项形成的，由企业拥有或控制的，预期会给企业带来经济利益的资源。

▶ 2. 特征

（1）资产是由过去的交易、事项所形成的。资产必须是现实已经形成的资产，预期在未来可能发生的交易或事项不形成资产。例如，计划中准备购买的物资不属于企业的资产。

（2）资产是由企业拥有或控制的资源。"拥有"是指该资产的所有权归属本企业，如已完成购买行为的设备；"控制"是指企业虽然不拥有所有权，但实际可以控制的资产，如融资租入的设备。

（3）资产预期会给企业带来经济利益。资产必须有直接或间接为企业带来现金和现金等价物的能力。不能为企业带来经济利益流入的不属于资产，如已腐烂不能使用的原材料。

▶ **3. 分类**

资产按其流动性，可分为流动资产和非流动资产。

流动资产是指可以在一年（含一年）或超过一年的一个营业周期内变现或者耗用的资产。例如，货币形态的现金、银行存款，能够随时变现的短期证券投资，销货结算中形成的应收账款，以原材料、库存商品等形式存在的存货等。

非流动资产是指不能在一年（含一年）或超过一年的一个营业周期内变现或者耗用的资产。非流动资产也称长期资产，包括出于特定目的而准备长期持有的长期性投资，房屋、建筑物、机器设备、运输设备、工具器具等固定资产，专利权、商标权、土地使用权等无形资产。

▶ **4. 确认条件**

将一项资源确认为资产，需要符合资产的定义，并同时满足以下两个条件：

（1）与该资源有关的经济利益很可能流入企业；

（2）该资源的成本或者价值能够可靠地计量。

（二）负债

▶ **1. 定义**

企业为了发展生产、扩大经营，不可避免地会从银行等金融机构借入一定数额的资金，以解决生产经营的资金需要；符合条件的企业还可以经政府及有关部门批准，通过向社会发行债券来筹集资金；企业在正常的商品交易、经济往来过程中，也会形成各种应付款项。企业的这些债务，会计上统称为负债。

根据我国《企业会计准则》的定义，负债是指企业过去的交易、事项形成的，预期会导致经济利益流出企业的现时义务。

▶ **2. 特征**

（1）负债是指企业过去的交易、事项形成的。例如，企业承担了一项应付账款的负债，究其原因一定是购买货物的交易发生之后形成的，而不是交易发生之前形成的。

（2）负债预期会导致经济利益流出企业。负债必须偿付，偿付的形式可能是现金偿付，也可能是实物偿付、劳务偿付、举新债偿付或其他，总之负债必然会导致企业未来经济利益流出。

（3）负债是企业承担的现时义务。现时义务是指企业在现行条件下已经承担的义务，这种义务可能是法定义务，也可能是推定义务。法定义务是指具有约束力的合同或法律规定的义务，如企业必须按照税法的相关规定缴纳各项税款的义务；推定义务是指根据企业多年来的习惯，公开承诺而承担的责任，如企业对自己销售的产品在一定时期内宣布的保修承诺而形成的义务。

▶ **3. 分类**

负债按其偿还期限的长短，可分为流动负债和非流动负债。

流动负债是指将在一年（含一年）或者超过一年的一个营业周期内偿还的债务，包括从银行等金融机构取得的短期借款、购货结算中形成的应付账款、预收账款，企业内部形成的应付职工薪酬、应付股利、应交税费等。

非流动负债又称长期负债，是指偿还期在一年（含一年）或者超过一年的一个营业周期以上的负债，包括从银行等金融机构借入的长期借款，企业为筹集长期资金而形成的应付债券、长期应付款等。

▶ 4. 确认条件

将一项义务确认为负债，需要符合负债的定义，并同时满足以下两个条件：

（1）与该义务有关的经济利益很可能流出企业；

（2）未来流出企业的经济利益的金额能够可靠地计量。

（三）所有者权益

▶ 1. 定义

企业的所有者是指企业的投资人，即对个人业主制的企业来说，所有者就是业主本人；对合伙制的企业来说，所有者就是企业的合伙人；对股份制企业来说，所有者就是全体股东。

根据我国《企业会计准则》的定义，所有者权益是指企业资产扣除负债后，由所有者享有的剩余权益。

▶ 2. 特征

（1）除非发生减值、清算或分派现金股利，否则企业不需要偿还所有者权益。企业生存需要稳定的环境，所有者的资金一旦投入企业，将在企业持续期被长期使用，一般不予清偿。

（2）企业面临清算时，其资产必须优先偿还负债，所有者享有的是剩余权益。

（3）所有者凭借其所拥有的所有者权益，能够参与企业利润的分配。

▶ 3. 分类

所有者权益的内容包括所有者投入的资本、直接计入所有者权益的利得和损失、留存收益等。

所有者投入的资本是指所有者投入企业的资本部分，它既包括构成企业注册资本或者股本部分的金额（即对企业的认缴资金，会计上称为实收资本或股本），也包括投入资本超过注册资本或者股本部分的金额，即资本溢价或者股本溢价（如企业收到投资者的出资额超出其在认缴资本中所占份额的部分）。

直接计入所有者权益的利得和损失是指不应计入当期损益、会导致所有者权益发生增减变动的、与所有者投入资本或者向所有者分配利润无关的利得或者损失。其中，利得是指由企业非日常活动形成的、会导致所有者权益增加的、与所有者投入资本无关的经济利益的流入。损失是指由企业非日常活动形成的、会导致所有者权益减少的、与向所有者分配利润无关的经济利益的流出。

留存收益是指企业历年实现的净利润留存于企业的部分，主要包括计提的盈余公积和未分配利润。

▶ 4. 确认条件

由于所有者权益体现的是所有者在企业中的剩余权益，因此，所有者权益的确认主要取决于其他会计要素，尤其是资产和负债的确认，所有者权益金额的确定也主要取决于资产和负债的计量。

（四）收入

▶ 1. 定义

通常情况下，企业销售自己制造的产品或是购进的商品，或是对外提供劳务，企业就应当取得相应的收入。

根据我国《企业会计准则》的定义，收入是指企业在日常活动中形成的、会导致所有者权益增加的、与所有者投入资本无关的经济利益总流入。

▶ 2. 特征

（1）收入是企业在日常活动中形成的。日常活动是指企业为完成经营目标所从事的经常性活动和与之相关的其他活动，而不是因偶发的交易或事项得到的收益。因偶发的交易或事项得到的收益属于利得，如处理机器设备净收益、无法支付的应付款等。企业应分清收入和利得的区别。

（2）收入会导致所有者权益的增加。收入会产生经济利益的流入，这种流入最终将导致所有者权益增加。并不是所有的经济利益流入都会导致所有者权益增加，例如，企业向银行借入款项，尽管也导致企业经济利益的流入，但该流入并不导致所有者权益的增加，反而使企业承担了一项现时义务，因此不应将其确认为收入，而应确认为一项负债。凡是不能导致所有者权益增加的，都不属于收入。

（3）收入是与所有者投入资本无关的总流入。例如，投资者向企业投入资本也会导致经济利益流入企业，但由于和收入无关，因此被列入所有者权益。

收入是一项业务成果指标，它是企业取得财务成果即利润的基础，收入的取得会导致企业资产的增加或负债的减少，或者两者兼而有之。

▶ 3. 分类

收入按照性质的不同，可分为商品销售收入、劳务收入、让渡资产使用权收入。

按照经营业务的主次不同，收入可分为主营业务收入和其他业务收入。主营业务收入是指企业从事基本营业活动所取得的收入，如工业企业和商业企业因销售商品所取得的收入。其他业务收入是指企业从事主营业务以外的其他业务活动所取得的收入，如工业企业因销售材料、转让技术、出租固定资产等活动取得的收入。

▶ 4. 确认条件

收入在确认时，除了应符合收入的定义外，还应符合以下三个条件：

（1）与收入相关的经济利益很可能流入企业；

（2）经济利益流入企业的结果会导致企业资产的增加或者负债的减少；

（3）经济利益的流入额能够可靠地计量。

（五）费用

▶ 1. 定义

企业为了取得收入，必须发生一定的耗费和支出，这些资源流出企业，构成了企业的费用。

根据我国《企业会计准则》的定义，费用是指企业在日常活动中发生的、会导致所有者权益减少的、与向所有者分配利润无关的经济利益的总流出。

▶ 2. 特征

（1）费用是企业在日常活动中形成的。费用不是由偶发的交易或事项所形成，因偶发的交易或事项导致的支出属于损失，如处理机器设备净损失、罚没支出等。企业应分清费用和损失的区分。

（2）费用会导致所有者权益减少。费用会导致经济利益的流出，这种流出最终将导致所有者的权益减少。并不是所有的经济利益流出都会导致所有者权益减少，例如，代垫款项不能导致所有者权益减少，则不属于费用。

（3）费用是与向所有者分配利润无关的总流出。企业向所有者分配利润也会导致经济利益流出企业，但与企业日常经营活动无关，所以应作为所有者权益的抵减项目。

▶ 3. 分类

工业企业中，费用的一部分可以计入产品的生产成本，如直接材料、直接人工、制造费用等。随着产品的销售，计入产品成本的费用从产品销售收入中取得补偿。还有一些费用按月归集，计入当月损益，成为期间费用，如因管理企业而发生的管理费用、因筹集资金而发生的财务费用，以及因销售产品而发生的销售费用。这些费用按月归集起来，月末一次性从当月的收入中扣除。

▶ 4. 确认条件

费用在确认时，除了应符合费用的定义外，还应符合以下三个条件：

（1）与费用相关的经济利益很可能流出企业；

（2）经济利益流出企业的结果会导致企业资产的减少或者负债的增加；

（3）经济利益的流出额能够可靠地计量。

（六）利润

▶ 1. 定义

每一个企业最终的奋斗目标就是实现利润的最大化，利润是一个企业生存和发展的基础，它反映企业的经营业绩情况，是对经营者进行业绩考核的重要指标。

根据我国《企业会计准则》的定义，利润是指企业在一定会计期间的经营成果。

▶ 2. 特征

（1）收入的实现是利润形成的重要前提。

（2）利润是收入抵减费用后的差额形成的。

（3）利润代表企业一定会计期间内最终经营的成果。

▶ 3. 分类

利润分为营业利润、利润总额和净利润。

营业利润＝主营业务收入＋其他业务收入－主营业务成本－其他业务成本－
        销售费用－管理费用－财务费用－税金及附加＋投资收益＋
        公允价值变动收益（－损失）－资产减值损失

利润总额＝营业利润＋营业外收入－营业外支出

净利润＝利润总额－所得税费用

▶ 4. 确认条件

利润反映的是收入减去费用、利得减去损失后的净额，因此，利润的确认主要取决于收入和费用以及利得和损失的确认，其金额的确定也主要取决于收入、费用、利得、损失金额的计量。

企业会计要素的内容和分类如图 2-1 所示。

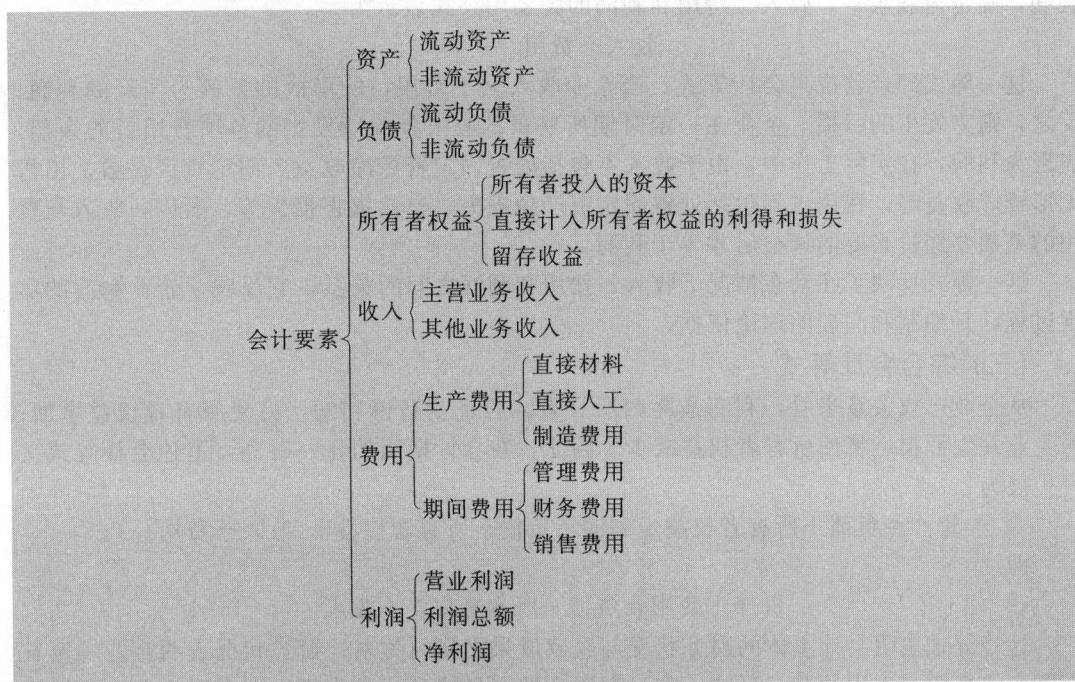

图 2-1　企业会计要素的内容和分类

任务二　平衡会计等式

一、会计等式

会计等式也称会计恒等式或会计方程式，它是表明会计要素之间基本关系的表达式。

(一) 财务状况会计等式

任何企业为了进行生产经营活动，必须拥有一定数量和结构的资产，而企业资产的最初来源有两个：一是由债权人提供；二是由所有者提供。由于他们为企业提供了资产，因此对企业的资产享有一定的要求权，在会计上把这种对企业资产的要求权称为"权益"。其中，属于债权人的权益称为"负债"，属于所有者的权益称为"所有者权益"。资产、负债与所有者权益实际上是同一价值运动的两个方面的表现，用公式表示为

资产＝权益＝债权人权益＋所有者权益＝负债＋所有者权益

这一等式即财务状况会计等式，又称基本会计等式和静态会计等式，表明企业资产在静态情况下，资产、负债和所有者权益之间的平衡关系。资产、负债和所有者权益在经济内容和数量上的等量关系，既是资金平衡的理论依据，也是设置会计账户、复式记账和编制财务报表的基本理论依据。因此，财务状况会计等式又称基本会计等式。

(二) 经营成果会计等式

企业开展生产经营活动的直接目的是实现盈利。为了追求利润，企业必须取得收入，

同时必然会产生相应的费用。通过收入与费用的配比，就可以计算企业在一定会计期间的利润，确定盈利水平。收入、费用和利润的关系用公式表示为

$$收入－费用＝利润$$

这一等式即经营成果会计等式。当企业收入大于费用，所形成的差额为实现的利润；反之，则为发生的亏损。企业在一定时期所获得的收入扣除所发生的各项费用后的余额，表现为利润。在实际工作中，由于收入不包括处置固定资产净收益、固定资产盘盈、出售无形资产收益等，费用也不包括处置固定资产净损失、自然灾害损失等，所以，收入与费用的差额要经过必要的调整后才等于利润。

这一等式反映了在动态情况下收入、费用和利润之间的关系，它反映了企业利润的实现过程，是编制利润表的理论依据。

（三）综合会计等式

从企业产权关系来看，利润最终归所有者。若企业获得利润，将使所有者权益增加；若企业发生亏损，将使所有者权益减少。因此，在会计期间的任一时刻，上述会计等式又可扩展为

$$资产＝负债＋所有者权益＋利润＝负债＋所有者权益＋（收入－费用）$$

即

$$资产＋费用＝负债＋所有者权益＋收入$$

这一等式表明会计主体的财务状况与经营成果之间的关系。财务状况表明企业一定日期资产的来源与占用情况，反映一定日期资产的存量情况。经营成果则表明企业一定期间净资产的增减情况，反映资产的增量或减量。企业的经营成果最终影响企业的财务状况，企业实现利润，将使企业资产增加或负债减少；企业发生亏损，将使企业资产减少或负债增加。

会计期间终了，企业的利润按规定进行分配后，上述扩展式又表现为

$$资产＝负债＋所有者权益$$

二、会计事项对会计等式的影响

会计事项是指企业在生产经营过程中发生的、能够用货币计量的，并能引起和影响会计要素发生增减变动的经济业务。会计事项是会计处理的具体对象，因此，不是会计事项的经济业务不必进行会计处理，例如，企业编制财务成本计划、与外单位签订供销合同等；属于会计事项的经济业务则必须进行会计处理。一般所说的经济业务习惯上指的就是会计事项。

任何一项经济业务的发生，必然会引起"资产＝负债＋所有者权益"等式中各项会计要素的增减变动，归纳起来，共有四种类型、九种业务。

（1）资产和权益同增，增加的金额相等：

① 一项资产和一项负债同增；

② 一项资产和一项所有者权益同增。

（2）资产和权益同减，减少的金额相等：

① 一项资产和一项负债同减；

② 一项资产和一项所有者权益同减。

（3）资产内部有增有减，增减的金额相等。

（4）权益内部有增有减，增减的金额相等：

① 一项负债减少，另一项负债增加；

② 一项所有者权益减少，另一项所有者权益增加；

③ 一项负债减少，一项所有者权益增加；

④ 一项所有者权益减少，一项负债增加。

以上各项业务类型表明，经济业务的发生不会破坏会计等式的平衡关系，举例说明如下。

【例 2-1】某工厂 2018 年 1 月末的资产负债表（简式）如表 2-1 所示。

表 2-1　资产负债表

2018 年 1 月 31 日　　　　　　　　　　　　　　　　　　单位：元

资　产	金　额	负债和所有者权益	金　额
现金	500	短期借款	15 000
银行存款	10 000	应付票据	2 000
应收账款	4 500	应付账款	8 000
原材料	20 000	应付利润	0
固定资产	90 000	实收资本	70 000
		盈余公积	20 000
		利润分配	10 000
资产总计	125 000	负债和所有者权益总计	125 000

业务 1：一项资产和一项负债同增。

2 月 5 日，该工厂购买原材料 10 000 元，货款暂欠。

该项经济业务使企业的资产项目"原材料"增加 10 000 元，同时也使负债项目"应付账款"增加 10 000 元。等式两边的合计数由原来的 125 000 元增加到 135 000 元，平衡关系仍然保持，如表 2-2 所示。

表 2-2　资产负债表（业务 1）

2018 年 2 月 5 日　　　　　　　　　　　　　　　　　　单位：元

资　产	金　额	负债和所有者权益	金　额
现金	500	短期借款	15 000
银行存款	10 000	应付票据	2 000
应收账款	4 500	应付账款（＋10 000）	18 000
原材料（＋10 000）	30 000	应付利润	0
固定资产	90 000	实收资本	70 000
		盈余公积	20 000
		利润分配	10 000
资产总计	135 000	负债和所有者权益总计	135 000

业务2：一项资产和一项所有者权益同增。

2月10日，该工厂接受外单位投资的货币资金5 000元，存入银行。

该项经济业务使企业的资产项目"银行存款"增加5 000元，同时也使所有者权益项目"实收资本"增加5 000元。等式两边的合计数由原来的135 000元增加到140 000元，平衡关系仍然保持，如表2-3所示。

表2-3　资产负债表(业务2)

2018年2月10日

单位：元

资　产	金　额	负债和所有者权益	金　额
现金	500	短期借款	15 000
银行存款(＋5 000)	15 000	应付票据	2 000
应收账款	4 500	应付账款	18 000
原材料	30 000	应付利润	0
固定资产	90 000	实收资本(＋5 000)	75 000
		盈余公积	20 000
		利润分配	10 000
资产总计	140 000	负债和所有者权益总计	140 000

业务3：一项资产和一项负债同减。

2月15日，该工厂以银行存款7 000元偿还短期借款。

该项经济业务使企业的资产项目"银行存款"减少7 000元，同时也使负债项目"短期借款"减少7 000元。等式两边的合计数由原来的140 000元减少到133 000元，平衡关系仍然保持，如表2-4所示。

表2-4　资产负债表(业务3)

2018年2月15日

单位：元

资　产	金　额	负债和所有者权益	金　额
现金	500	短期借款(－7 000)	8 000
银行存款(－7 000)	8 000	应付票据	2 000
应收账款	4 500	应付账款	18 000
原材料	30 000	应付利润	0
固定资产	90 000	实收资本	75 000
		盈余公积	20 000
		利润分配	10 000
资产总计	133 000	负债和所有者权益总计	133 000

业务 4：一项资产和一项所有者权益同减。

2 月 16 日，该工厂经董事会批准，工厂以银行存款退还投资者股金 5 000 元。

该项经济业务使企业的资产项目"银行存款"减少 5 000 元，同时也使所有者权益项目"实收资本"减少 5 000 元。等式两边的合计数由原来的 133 000 元减少到 128 000 元，平衡关系仍然保持，如表 2-5 所示。

表 2-5　资产负债表(业务 4)

2018 年 2 月 16 日　　　　　　　　　　　　　　　　　　　　单位：元

资　　产	金　　额	负债和所有者权益	金　　额
现金	500	短期借款	8 000
银行存款(-5 000)	3 000	应付票据	2 000
应收账款	4 500	应付账款	18 000
原材料	30 000	应付利润	0
固定资产	90 000	实收资本(-5 000)	70 000
		盈余公积	20 000
		利润分配	10 000
资产总计	128 000	负债和所有者权益总计	128 000

业务 5：资产内部有增有减，增减的金额相等。

2 月 20 日，该工厂收到外单位前欠货款 3 000 元，存入银行。

该项经济业务使企业的资产项目"银行存款"增加 3 000 元，同时又使资产项目"应收账款"减少 3 000 元，负债及所有者权益未发生变化。等式两边的合计数仍为 128 000 元，平衡关系仍然保持，如表 2-6 所示。

表 2-6　资产负债表(业务 5)

2018 年 2 月 20 日　　　　　　　　　　　　　　　　　　　　单位：元

资　　产	金　　额	负债和所有者权益	金　　额
现金	500	短期借款	8 000
银行存款(+3 000)	6 000	应付票据	2 000
应收账款(-3 000)	1 500	应付账款	18 000
原材料	30 000	应付利润	0
固定资产	90 000	实收资本	70 000
		盈余公积	20 000
		利润分配	10 000
资产总计	128 000	负债和所有者权益总计	128 000

业务6：一项负债减少，另一项负债增加。

2月21日，该工厂取得短期借款1 000元，直接支付到期的应付票据。

该项经济业务使企业的负债项目"短期借款"增加1 000元，同时又使负债项目"应付票据"减少1 000元，资产项目未发生变化。等式两边的合计数仍为128 000元，平衡关系仍然保持，如表2-7所示。

表2-7　资产负债表(业务6)

2018年2月21日　　　　　　　　　　单位：元

资　　产	金　　额	负债和所有者权益	金　　额
现金	500	短期借款(＋1 000)	9 000
银行存款	6 000	应付票据(－1 000)	1 000
应收账款	1 500	应付账款	18 000
原材料	30 000	应付利润	0
固定资产	90 000	实收资本	70 000
		盈余公积	20 000
		利润分配	10 000
资产总计	128 000	负债和所有者权益总计	128 000

业务7：一项所有者权益减少，另一项所有者权益增加。

2月22日，该工厂经董事会批准，将盈余公积10 000元转增实收资本。

该项经济业务使企业的所有者权益项目"实收资本"增加10 000元，同时又使所有者权益项目"盈余公积"减少10 000元，资产项目未发生变化。等式两边的合计数仍为128 000元，平衡关系仍然保持，如表2-8所示。

表2-8　资产负债表(业务7)

2018年2月22日　　　　　　　　　　单位：元

资　　产	金　　额	负债和所有者权益	金　　额
现金	500	短期借款	9 000
银行存款	6 000	应付票据	1 000
应收账款	1 500	应付账款	18 000
原材料	30 000	应付利润	0
固定资产	90 000	实收资本(＋10 000)	80 000
		盈余公积(－10 000)	10 000
		利润分配	10 000
资产总计	128 000	负债和所有者权益总计	128 000

业务8：一项负债减少，一项所有者权益增加。

2月23日，该工厂将所欠甲公司货款5 000元，转作对本工厂的投入资本。

该项经济业务使企业的所有者权益项目"实收资本"增加 5 000 元，同时又使所有者权益项目"应付账款"减少 5 000 元，资产项目未发生变化。等式两边的合计数仍为 128 000 元，平衡关系仍然保持，如表 2-9 所示。

表 2-9 资产负债表(业务 8)

2018 年 2 月 23 日   单位：元

资　产	金　额	负债和所有者权益	金　额
现金	500	短期借款	9 000
银行存款	6 000	应付票据	1 000
应收账款	1 500	应付账款(−5 000)	13 000
原材料	30 000	应付利润	0
固定资产	90 000	实收资本(＋5 000)	85 000
		盈余公积	10 000
		利润分配	10 000
资产总计	128 000	负债和所有者权益总计	128 000

业务 9：一项所有者权益减少，一项负债增加。

2 月 28 日，该工厂宣告从利润中拿出 8 000 元，给投资者发放利润。

该项经济业务使企业的所有者权益项目"利润分配"减少 8 000 元，同时又使所有者权益项目"应付利润"增加 8 000 元，资产项目未发生变化。等式两边的合计数仍为 128 000 元，平衡关系仍然保持，如表 2-10 所示。

表 2-10 资产负债表(业务 9)

2018 年 2 月 28 日   单位：元

资　产	金　额	负债和所有者权益	金　额
现金	500	短期借款	9 000
银行存款	6 000	应付票据	1 000
应收账款	1 500	应付账款	13 000
原材料	30 000	应付利润(＋8 000)	8 000
固定资产	90 000	实收资本	85 000
		盈余公积	10 000
		利润分配(−8 000)	2 000
资产总计	128 000	负债和所有者权益总计	128 000

通过上述例子可以看出，现实中企业的经济业务是多种多样的，但是任何经济业务的发生都不会破坏会计等式的平衡关系。

任务三 确定会计科目

一、会计科目的概念

会计的基本职能是核算和监督，会计的对象就是核算和监督的内容。会计的对象是能用货币表现的资金运动，虽已将其按照不同的特点划分为六类会计要素，但这种划分仍然显得过于粗略，难以满足各方面对会计信息的具体需要和应用。例如，所有者需要更进一步地了解利润构成及分配情况，掌握自己的投资收益；债权人需要更进一步地了解负债及构成情况，方便借助流动比率、速动比率等有关指标评判债权的安全性；税务机关要更进一步地了解企业欠交税费的详细情况等。因此，必须对会计要素再做进一步的详细分类，这种对会计要素的具体内容再次进行分类核算的项目名称为会计科目。

会计对象三个层次之间的关系如图 2-2 所示。

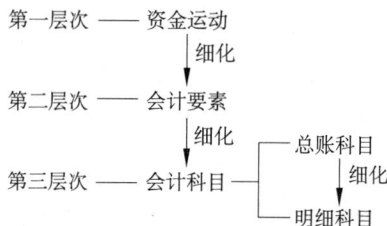

图 2-2　会计对象三个层次之间的关系

二、会计科目的作用

会计科目是进行各项会计记录和提供各项会计信息的基础，在会计核算中具有重要作用。

（1）会计科目是复式记账的基础。复式记账要求每一笔经济业务在两个或两个以上相互关联的账户中进行登记，以反映资金运动的来龙去脉。

（2）会计科目是编制记账凭证的基础。在我国，会计凭证是确定所发生的经济业务应计入何种会计科目以及分门别类登记账簿的凭据。

（3）会计科目为成本计算与财产清查提供了前提条件。会计科目的设置有助于成本核算，使各种成本计算成为可能，账面记录与实际结存的核对又为财产清查、保证账实相符提供了必要的条件。

（4）会计科目为编制会计报表提供了构架，会计报表是提供会计信息的重要手段。为了保证会计信息的质量及会计信息提供的及时性，会计报表中的大多数项目与会计科目一致，并根据会计科目的本期发生额及余额填列。

三、设置会计科目的原则

会计科目作为反映会计要素的构成及变化情况，为投资者、债权人、企业经营管理者等提供会计信息的重要手段，在其设置过程中应努力做到科学、合理，需满足下列原则。

▶ 1. 合法性原则

为了保证不同企业对外提供会计信息的可比性，所设置的会计科目应尽量符合《企业会计准则》及有关行业会计制度的规定。

▶ 2. 相关性原则

会计科目的设置是企业分类核算经济业务的基础，也是生成会计信息的基础。设置会计科目应为提供有关各方所需要的会计信息服务，满足对外报告及对内管理的需求。

▶ 3. 实用性原则

企业的组织形式、所处行业、经营内容及业务种类等不同，在会计科目的设置上也有所区别。会计核算的目的在于客观、真实地提供企业各项经济活动的会计信息资料，所以在满足合法性原则的基础上，企业应根据自身特点，设置符合其需要的会计科目。

企业应在国家会计制度规定的会计科目的基础上（即满足合法性原则），再考虑会计信息的使用者对本企业会计信息的需要（即满足相关性原则）及本企业自身特点（即满足实用性原则），设置满足企业有关方面对其财务报告的要求、符合企业实际情况的会计科目。

四、会计科目的分类

(一) 按照反映的经济内容进行分类

会计科目的经济内容就是所反映的会计对象的具体内容，会计对象的具体内容可归纳为资产、负债、所有者权益、收入、费用和利润六大会计要素。因此，从理论上讲，会计科目按照所反映的经济内容也可以分为相应的六大类，但与会计要素相比，会计科目更加偏重于实际操作性，所以《企业会计准则——应用指南》把企业会计科目分为资产类、负债类、所有者权益类、共同类、成本类和损益类六大类。其中，共同类主要针对金融企业，工业企业实际上只用到五大类，即资产类、负债类、所有者权益类、成本类和损益类。

为了便于会计科目的掌握和运用，使记账在会计电算化的条件下也能够正常处理，从而提高会计核算的效率，实务中还对会计科目进行了必要的分类和编号（会计电算化下称为会计科目代码），并编制成会计科目表。

一般工业企业所设置的基本会计科目如表 2-11 所示。

表 2-11　常用会计科目表

会计科目代码	会计科目名称	会计科目代码	会计科目名称
一、资产类		1132	应收利息
1001	库存现金	1221	其他应收款
1002	银行存款	1231	坏账准备
1012	其他货币资金	1401	材料采购
1101	交易性金融资产	1402	在途物资
1121	应收票据	1403	原材料
1122	应收账款	1404	材料成本差异
1123	预付账款	1405	库存商品
1131	应收股利	1408	委托加工物资

会计科目代码	会计科目名称	会计科目代码	会计科目名称
1411	周转材料	2801	预计负债
1471	存货跌价准备	三、所有者权益类	
1511	长期股权投资	4001	实收资本
1512	长期股权投资减值准备	4002	资本公积
1601	固定资产	4101	盈余公积
1602	累计折旧	4103	本年利润
1603	固定资产减值准备	4104	利润分配
1604	在建工程	四、成本类	
1606	固定资产清理	5001	生产成本
1701	无形资产	5101	制造费用
1702	累计摊销	五、损益类	
1703	无形资产减值准备	6001	主营业务收入
1801	长期待摊费用	6051	其他业务收入
1901	待处理财产损溢	6101	公允价值变动损益
二、负债类		6111	投资收益
2001	短期借款	6301	营业外收入
2201	应付票据	6401	主营业务成本
2202	应付账款	6402	其他业务成本
2203	预收账款	6403	税金及附加
2211	应付职工薪酬	6601	销售费用
2221	应交税费	6602	管理费用
2231	应付利息	6603	财务费用
2232	应付股利	6701	资产减值损失
2241	其他应付款	6711	营业外支出
2501	长期借款	6801	所得税费用
2502	应付债券	6901	以前年度损益调整
2701	长期应付款		

会计科目按照经济内容进行分类，有助于了解和掌握各会计科目核算的内容以及会计科目的性质，为以后正确运用会计账户反映经济业务引起会计要素的增减变化奠定基础。

（二）按照提供核算指标的详细程度分类

会计科目在设置上，既要符合对外报告的要求，又要满足内部经营管理的需要。因此，在会计核算中，既要有反映资金运动的总括指标，又要有进一步反映详细明细的指标，所以将会计科目分为总分类科目和明细分类科目。

▶ 1. 总分类科目

总分类科目又称一级科目、总账科目，是对会计对象的具体内容进行的总括性的分类，一般由国家财政部统一制定。

▶ 2. 明细分类科目

明细分类科目又称明细科目、细目，是对总分类科目的进一步分类，所提供的是更加详细、具体的核算指标。除非会计制度另有规定，企业可以根据自身经济管理的实际需要自行设置明细分类科目。

为了满足企业内部经营管理的需要，当总分类科目下设置的明细分类科目太多时，可在总分类科目和明细分类科目之间增设二级科目，也称子目。

总分类科目和明细分类科目示例如表 2-12 所示。

表 2-12　总分类科目和明细分类科目示例

总分类科目	明细分类科目	
	二级科目	三级科目
原材料	原料及主要材料	圆钢
		生铁
	辅助材料	润滑油
		防锈剂
	燃料	汽油
		原煤

总分类科目、明细分类科目反映的经济业务内容是一样的，但总分类科目处于统驭、控制地位，明细分类科目处于辅助、从属地位。它们所提供的核算资料互相补充，只有把两者结合起来，才能既总括又详细地反映同一核算项目的不同情况。

由于各会计主体的类型、经营范围、经营形式、规模等不尽相同，故反映它们各自经济活动的会计科目也有所区别。

任 务 四　设置会计账户

一、会计账户的概念

会计账户是根据会计科目设置的，具有专门的格式和结构，是用于分类、连续地记录会计要素增减变动情况及其结果的载体。会计科目是按照经济内容对各个要素所做的进一步分类的项目名称，并不能反映经济业务发生后引起的各项会计要素的变动情况。因此，为了序时、全面、系统地记录会计要素的增减变动，就必须根据规定的会计科目在账簿中开设会计账户。各个会计账户反映的经济内容有严格的界限，不能相互混淆。

设置会计账户是会计核算的一种专门方法。

二、会计账户与会计科目的关系

会计账户与会计科目是两个不同的概念，两者之间既有联系又有区别。

▶ 1. 会计账户与会计科目的联系

（1）会计账户与会计科目都是对会计对象的具体内容所做的科学分类，两者口径一致、性质相同、内容相同。

（2）会计科目的名称就是会计账户的名称，也是设置会计账户的依据；会计账户则是会计科目的具体运用，其核算内容就是会计科目规定的应记录和反映的经济内容。

（3）没有会计科目，会计账户便失去了设置的依据；没有会计账户，就无法发挥会计科目的作用。

▶ 2. 会计账户与会计科目的区别

会计科目是按经济内容对会计要素所做分类的名称，会计账户则是在会计科目所做分类的基础上，对经济业务内容进行全面、连续、系统记录的工具。因此，会计科目只是名称，只能表明某项经济内容，不存在结构的问题；而会计账户必须具备一定的结构，以便记录和反映某项经济内容的增减变动及其结果。可以说，会计账户是各个单位记录、加工、整理、汇总各种会计信息的载体，而会计科目则只是一个抽象、概括的项目名称。

在实际工作中，通常不对会计科目和会计账户加以严格区分，而是将两者互相通用。

三、会计账户的分类

在会计工作中，会计账户是按照会计科目的要求设置的，因此，应当按照会计科目的分类相应地开设有关会计账户。

▶ 1. 按照经济内容分类

按照经济内容分类，可将账户分为资产类账户、负债类账户、所有者权益类账户、成本类账户和损益类账户。

（1）资产类账户用于核算资产的增减变化，提供资产类项目的会计信息。

（2）负债类账户用于核算负债的增减变化，提供负债类项目的会计信息。

（3）所有者权益类账户用于核算所有者权益的增减变化，提供所有者权益有关项目的会计信息。

（4）成本类账户用于核算成本的发生和归集情况，提供与成本相关的会计信息。

（5）损益类账户用于核算收入、费用的发生或归集，提供一定期间与损益相关的会计信息。它既包括来自经营活动的所有损益内容，也包括来自非经营活动的所有损益内容。一般来说，该类账户可以划分为收入、利得类账户和费用、损失类账户两大类。

有些资产类账户、负债类账户和所有者权益类账户存在备抵账户。备抵账户又称抵减账户，是指用来抵减被调整账户余额，以确定被调整账户实有数额而设置的独立账户，如"坏账准备""累计折旧""固定资产减值准备"等。

▶ 2. 按照提供信息的详细程度和统驭关系分类

按照提供信息的详细程度和统驭关系分类，可将账户分为总分类账户和明细分类账户。

（1）总分类账户是按照总分类科目设置，仅以货币计量单位登记，提供总括核算资料的账户。

（2）明细分类账户是按照明细分类科目设置，可采用多种计量单位登记，提供详细核算资料的账户。

总分类账户对其所属的明细分类账户具有统驭和控制的作用，而明细分类账户是对其所归属的总分类账户进行的补充和说明。总分类账户及其所属的明细分类账户共同反映经济业务的总括或详细情况。

四、会计账户的基本结构

会计账户的结构是指会计账户的具体格式，即账户由哪些部分组成，各部分如何发挥其反映会计要素变化情况的作用。现实生活中，企业各项经济业务的发生所引起的资金运动尽管错综复杂，但从数量上看，不外乎增加和减少这两种情况。所以，账户的结构也相应地划分为两个基本部分：一部分反映该账户数额的增加；另一部分反映该账户数额的减少。通常将账户分为左右两方，分别记录增加额和减少额，两者相抵后的差额称为余额。

会计账户的具体结构如表 2-13 所示，一般包括以下几部分：

(1) 账户名称，即会计科目名称；

(2) 日期，根据记账凭证的日期填写；

(3) 凭证号数，即账户记录的依据，目的是建立凭证与账户、账簿之间的联系；

(4) 摘要，简要说明经济业务的内容；

(5) 增加和减少的金额，即左方及其金额和右方及其金额；

(6) 余额，即结存余额。

表 2-13　账 户 名 称

年		凭证号数	摘　　要	借(左)	贷(右)	余　额
月	日					

账户登记的主要目的是核算相关会计内容的增减变动及结余情况，为了便于说明和教学的需要，可以将账户的基本格式进行简化，重点突出所核算内容及其数额变化情况。简化后，账户结构在整体上类似于汉字"丁"和大写的英文字母 T，因此，简化后的账户在实务中被形象地称为丁字账或 T 形账，如图 2-3 所示。

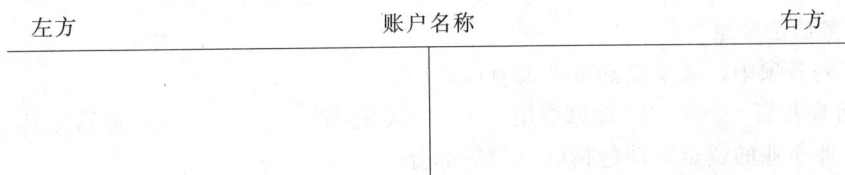

左方	账户名称	右方

图 2-3　丁字账或 T 形账

账户中所记录的金额，即指标主要有四个：期初余额、本期增加发生额、本期减少发生额、期末余额。其中，本期增加发生额和本期减少发生额是指一定时期(月度、季度、半年度、年度)内该账户所登记的增加金额合计数和减少金额合计数。在没有期初余额的情况下，本期增加发生额与本期减少发生额相抵后的差额就是期末余额。本期期末余额就是该账户的下期期初余额。上述四个指标之间的关系可以用公式表示为

$$期末余额 = 期初余额 + 本期增加发生额 - 本期减少发生额$$

账户的左右两方中，一方用来登记增加额，另一方用来登记减少额。在每一个具体的账户中，究竟哪一方登记增加额，哪一方登记减少额，则取决于所采用的记账方法和账户所反映的经济内容的性质。

自我测验

一、单项选择题

1. 企业资金的循环与周转过程不应包括(　　)。

A. 供应过程　　　　B. 生产过程　　　　C. 销售过程　　　　D. 分配过程

2. 企业的全部资产减去全部负债后的净额就是企业的(　　)。

A. 所有者的投资额　B. 所有者权益　　　C. 实收资本　　　　D. 资本公积

3. 资产是过去的交易、事项形成的，由企业拥有或控制的，能为企业带来预期经济利益的(　　)。

A. 经济效益　　　　B. 经济资源　　　　C. 经济责任　　　　D. 经济成果

4. 会计确认的核心问题是(　　)。

A. 会计核算　　　　B. 会计记录　　　　C. 会计计量　　　　D. 会计报告

5. 一般情况下，会计计量以法定的(　　)作为计量单位。

A. 货币　　　　　　B. 名义货币　　　　C. 一般购买力　　　D. 记账本位币

6. 以下经济业务中，会引起资产和负债同时减少的是(　　)。

A. 以银行存款支付外购原材料的运杂费　B. 购进材料尚未付款

C. 以银行存款偿还短期借款　　　　　　D. 向银行借款存入银行

7. 下列各项中，属于流动资产的是(　　)。

A. 预提费用　　　　B. 应交税费　　　　C. 预付账款　　　　D. 资本公积

8. 下列经济业务的发生，不会使会计等式两边总额发生变化的是(　　)。

A. 收到投资者以固定资产进行的投资　　B. 从银行取得借款存入银行

C. 以银行存款偿还应付账款　　　　　　D. 收到应收账款存入银行

9. 下列经济业务的发生，会使资产和权益项目同时增加的是(　　)。

A. 收到购货单位预付的购货款存入银行　B. 以资本公积转增资本

C. 产品生产领用材料　　　　　　　　　D. 以现金支付运杂费

二、多项选择题

1. 下列各项中，属于流动资产的有(　　)。

A. 短期投资　　　　B. 待摊费用　　　　C. 存货　　　　　　D. 运输工具

2. 工业企业的资金运动包括(　　)等部分。

A. 资金的筹集　　　B. 资金的退出　　　C. 资金的运用　　　D. 资金的循环与周转

3. 下列各项中，属于流动负债的有（ 　　 ）。

  A. 应付账款 　　　 B. 预付账款 　　 C. 预提费用 　　　 D. 应付债券

4. 下列各项中，属于所有者权益的有（ 　　 ）。

  A. 实收资本 　　　 B. 固定资产 　　 C. 资本公积 　　 D. 本年利润

5. 所有者与债权人在企业中享有的权益不同，其区别主要有（ 　　 ）。

  A. 对企业的经营管理权限不同 　　　 B. 取得收益的形式不同

  C. 对企业资产的要求权不同 　　　 D. 对资产确认的标准不同

6. 收入实现会引起（ 　　 ）。

  A. 负债的减少 　　　　　　　　 B. 资产的增加

  C. 费用的减少 　　　　　　　　 D. 利润的增加

7. 对于费用类账户来讲，（ 　　 ）。

  A. 其增加额计入账户的借方 　　　 B. 其减少额计入账户的贷方

  C. 期末一般没有余额 　　　　　 D. 如有期末余额，必定为借方余额

8. 会计恒等式是进行（ 　　 ）的理论依据。

  A. 复式记账 　　　 B. 成本计算 　　 C. 编制会计报表 　　 D. 设置账户

9. 下列经济业务中，能够引起会计恒等式左右两边同时发生增减变化的有（ 　　 ）。

  A. 投资者投入资本 　　　　　　 B. 以银行存款支付外购存货费用

  C. 取得收入存入银行 　　　　　 D. 以产品抵偿债务

10. 下列经济业务中，只能引起会计恒等式左右两边中的一边发生变化的有（ 　　 ）。

  A. 从银行取得贷款 　　　　　　 B. 将现金存入银行

  C. 收到应收账款存入银行 　　　 D. 赊购原材料

11. 下列经济业务中，能够引起会计恒等式左右两边同时发生减少的有（ 　　 ）。

  A. 以银行存款支付应付账款 　　　 B. 以现金支付预提费用

  C. 以现金支付下年度报刊费 　　　 D. 取得短期借款存入银行

三、判断题

1. 资产可以是有形的，也可以是无形的。（ 　　 ）

2. 收入通常表现为资产的流入或债务的偿还。（ 　　 ）

3. 费用的发生实质上会导致所有者权益的减少，有时还会引起负债的增加或资产的减少。（ 　　 ）

4. 企业发生的经济业务，不存在使一项负债增加、一项所有者权益增加的项目。（ 　　 ）

5. 资产是企业所拥有和控制的、能以货币计量的经济资源。（ 　　 ）

6. 按照权责发生制的要求，企业收到货币资金必定意味着本期收入的增加。（ 　　 ）

7. 将要发生的债务也应确认为负债。（ 　　 ）

8. 确认是会计核算的基础，会计计量是会计确认的核心。（ 　　 ）

能力拓展

实　训　一

宏达有限公司 2018 年 3 月 31 日的资产、负债及所有者权益状况如表 2-14 所示。

表 2-14　资产、负债及所有者权益状况

序号	内　容	资　产	负　债	所有者权益
1	厂部的办公楼 300 000 元			
2	财务部门存放的现金 2 000 元			
3	存放在银行的各种款项 50 000 元			
4	应付给供应商的材料款 7 440 元			
5	库存的各种材料 25 000 元			
6	生产车间的机器设备 12 000 元			
7	车间尚未完工的产品 8 400 元			
8	已完工的产成品 20 000 元			
9	投资者投入的资本 370 000 元			
10	须于两年后偿还的银行借款 50 000 元			
11	生产甲产品的专利权 15 000 元			
12	尚未收回的欠款 5 000 元			
13	支付给供应商的定金 12 000 元			
14	以前年度累积未分配利润 20 000 元			
15	半年后将要偿还的银行借款 5 000 元			
16	盈余公积金 20 000 元			
17	尚未兑现的应收票据 2 张，价值 36 480 元			
18	上月未交的税费 35 440 元			
19	预收购货单位的货款 8 000 元			
20	厂内运货三轮车 30 000 元			
	合　计			

根据表 2-14，分别列示资产、负债和所有者权益的金额(不考虑相关税费)。

实　训　二

明康有限公司 2018 年 6 月初有关数据如下：企业负债总额 40 000 元，所有者权益总额 80 000 元。

6 月份，企业发生下列经济业务：

(1) 将现金 20 000 元存入银行。

(2) 购入材料一批，价值 35 000 元，货款尚未支付。

(3) 外单位以一台价值 48 000 元的设备作为对企业的投资。

(4) 以银行存款 30 000 元偿还短期借款。

(5) 以银行存款 5 000 元购入一项固定资产。

计算明康有限公司发生以上各项经济业务之后的资产总额。

实 训 三

达利有限公司 2018 年 5 月初资产、负债和所有者权益情况如表 2-15 所示。

表 2-15 资产、负债和所有者权益情况（一）

2018 年 5 月 1 日   单位：元

资　产	金　额	负债和所有者权益	金　额
库存现金	1 000	短期借款	200 000
银行存款	135 000	应付账款	25 000
应收账款	14 000	应付职工薪酬	15 000
生产成本	140 000	实收资本	500 000
原 材 料	50 000	盈余公积	50 000
库存商品	70 000	利润分配	20 000
固定资产	400 000		
资产总计	800 000	负债和所有者权益总计	800 000

5 月份，企业发生下列经济业务：

（1）2 日，购入原材料 20 000 元，材料已验收入库，货款未付。

（2）3 日，生产车间领用材料 20 000 元用于产品生产。

（3）4 日，向银行借入长期借款 50 000 元存入银行。

（4）5 日，以银行存款 20 000 元偿还短期借款。

（5）6 日，收到××单位投入资本 30 000 元存入银行。

（6）6 日，收回甲公司前欠货款 12 000 元存入银行。

（7）7 日，从银行提取现金 15 000 元，备发工资。

（8）7 日，用现金发放工资 15 000 元。

计算达利有限公司发生以上各项经济业务之后的资产、负债和所有者权益的金额，并填制表 2-16～表 2-19。

表 2-16 资产、负债和所有者权益情况（二）

2018 年 5 月 2 日   单位：元

资　产	金　额	负债和所有者权益	金　额
库存现金		短期借款	
银行存款		应付账款	
应收账款		应付职工薪酬	
生产成本		实收资本	
原 材 料		盈余公积	
库存商品		利润分配	
固定资产			
资产总计		负债和所有者权益总计	

表 2-17　资产、负债和所有者权益情况（三）

2018 年 5 月 3 日　　　　　　　　　　　　　单位：元

资　产	金　额	负债和所有者权益	金　额
库存现金		短期借款	
银行存款		应付账款	
应收账款		应付职工薪酬	
生产成本		实收资本	
原材料		盈余公积	
库存商品		利润分配	
固定资产			
资产总计		负债和所有者权益总计	

表 2-18　资产、负债和所有者权益情况（四）

2018 年 5 月 4 日　　　　　　　　　　　　　单位：元

资　产	金　额	负债和所有者权益	金　额
库存现金		短期借款	
银行存款		应付账款	
应收账款		应付职工薪酬	
生产成本		实收资本	
原材料		盈余公积	
库存商品		利润分配	
固定资产			
资产总计		负债和所有者权益总计	

表 2-19　资产、负债和所有者权益情况（五）

2018 年 5 月 7 日　　　　　　　　　　　　　单位：元

资　产	金　额	负债和所有者权益	金　额
库存现金		短期借款	
银行存款		应付账款	
应收账款		应付职工薪酬	
生产成本		实收资本	
原材料		盈余公积	
库存商品		利润分配	
固定资产			
资产总计		负债和所有者权益总计	

实 训 四

滨江有限公司 2018 年 7 月发生下列经济业务：

(1) 以银行存款购买材料 50 000 元。

(2) 用银行存款支付前欠甲单位货款 6 000 元。

(3) 向银行借入长期借款 100 000 元存入银行。

(4) 收到投资者投入的设备一台，价值 50 000 元。

(5) 从国外某公司进口一台价值 40 000 元的设备，货款未付。

(6) 用银行存款归还短期借款 20 000 元。

(7) 以固定资产 75 000 元对外单位投资。

(8) 经批准，代企业所有者×× 以资本金偿还其应付给其他单位的欠款 80 000 元。

(9) 企业所有者×× 代滨江有限公司偿还借款 50 000 元，并将其转为投入资本。

(10) 将盈余公积 25 000 元转增资本。

分析以上各项经济业务的类型，填入表 2-20。

表 2-20　各项经济业务的类型

业 务 类 型	经济业务序号
一项资产增加，另一项资产减少	(1)(7)
一项负债增加，另一项负债减少	
一项所有者权益增加，一项所有者权益减少	(10)
一项资产增加，一项负债增加	(3)(5)
一项资产增加，一项所有者权益增加	(4)
一项资产减少，一项负债减少	(2)(6)
一项资产减少，一项所有者权益减少	
一项负债减少，一项所有者权益增加	(9)
一项负债增加，一项所有者权益减少	(8)

项目三

会计记账方法

学习目标

职业能力目标 ☞

- 能够对企业简单经济业务进行判断、分析、分类，正确选择会计科目。
- 能够运用借贷记账法对日常业务进行分析，确认应计入的账户方向以及金额，并准确编制会计分录。
- 能通过部分账户判断账户类别、性质、借贷方向，以及所记录的经济业务内容。
- 掌握借贷记账法的记账规则，理解总账、明细账平行登记的原理。

知识点 ☞

单式记账法　复式记账法　借贷记账法　账户的对应关系　对应账户
会计分录　平行登记

技能点 ☞

运用借贷记账法核算业务　编制试算平衡表　平行登记总账和明细账
编制会计分录

任务一 认识会计记账方法

一、会计记账方法概述

在会计工作中，为了核算和监督会计对象的具体内容，各企业应开设会计科目，并根据开设的会计科目设置相应的账户。但是，账户仅是记录经济业务的载体，要把经济业务记录在账户中，还应采用一定的记账方法。所谓记账方法，是指根据一定的记账原理和记账规则，使用一定的符号，在账簿中登记各项经济业务的方法。

二、会计记账方法的种类

按照记录经济业务方式的不同，记账方法可分为单式记账法和复式记账法两类。

▶ 1. 单式记账法

单式记账法是指对发生的每一项经济业务，只在一个账户中进行记录的记账方法。单式记账法是一种比较简单、不完整的记账方法，只注重记录现金的收付以及人欠、欠人等往来款项，例如，在菜场买菜花费现金 100 元，买过菜后，只登记现金的减少数，至于费用的增加就省略不记了。这种方法的优点是手续简单、易学易懂，但由于账户设置不完整，每笔经济业务只记录一笔账，不能按一定的计算公式试算平衡，显然不能全面、系统、相互联系地反映经济业务的来龙去脉，也不便于检查账户记录的正确性和完整性。

▶ 2. 复式记账法

复式记账法是指对每一项经济业务，都要用相等的金额在相互关联的两个或两个以上的账户中进行登记的记账方法。复式记账法不仅可以反映每一项经济业务的来龙去脉，而且可以利用账户之间的相互关系进行核对检查，以确定账户记录是否真实、正确，是一种科学的记账方法。我国曾采用的复式记账法有增减记账法、收付记账法和借贷记账法。

任务二 借贷记账法

一、借贷记账法的产生和发展

据史料记载，借贷记账法源于 12 世纪的意大利。当时，意大利的商品经济特别是沿海城市的海上贸易已经有很大发展，但所用货币的种类、重量、成色却很复杂，币制不统一是商品交换的一个障碍，为便于转账和结算，以兑换业务为主的"银行"应运而生。"银行"为每一位存款人记账时，都预留两个记账位置，一个记"我应当给他的"，相当于今天的"贷方"；另一个记"他应当给我的"，相当于今天的"借方"。到了 15 世纪，人们除了增设"损益"账户和"资本"账户外，还增设了"余额"账户，对全部账户余额进行试算平衡。

1494 年，意大利数学家卢卡·帕乔利所著的《算术、几何、比及比例概要》中第一次从理论上阐述借贷记账法的原理，从此现代会计产生，其本人也被尊称为"会计之父"。随后，这种记账方法遍及全欧洲，20 世纪初由日本传入我国，于 1908 年创办大清银行时首次使用。1930 年，国民党政府实业部推行此法，从此逐渐成为我国工商界、银行界习惯使用的记账方法。

20 世纪 60 年代以后，我国曾采用过增减记账法、收付记账法等记账方法。1993 年 7 月 1 日，我国《企业会计准则》明确规定采用借贷记账法，由此统一了我国的记账方法。

二、借贷记账法的基本内容

（一）记账符号

借贷记账法以"借"和"贷"作为记账符号，"借"（debit）和"贷"（credit）的英文起源于拉丁文，"借"的原意是"欠"，"贷"的原意是"有、取得"。随着记账内容的扩大，"借"和"贷"已经失去原有的含义，变成纯粹的记账符号，成为会计学科中的专业术语。

（二）借贷记账法的账户结构

在借贷记账法下，账户分为借、贷两方，规定账户左方为"借方"、账户右方为"贷方"。但是，究竟哪一方用来登记增加额，哪一方用来登记减少额，则取决于账户反映的经济内容（即账户的性质）。不同性质的账户，其账户结构是不同的。

▶ 1. 资产类及成本类账户的结构

借贷记账法下，资产类及成本类账户的基本结构是借方登记增加额，贷方登记减少额。借方的增加额与贷方的减少额统称本期发生额。本期的期末余额结转至下期，即为下期的期初余额。

资产类及成本类账户的结构如图 3-1 所示。

借方	资产类及成本类账户	贷方
期初余额××× 本期增加额×××		本期减少额×××
本期发生额×××		本期发生额×××
期末余额×××		

图 3-1　资产类及成本类账户的结构

资产类及成本类账户的余额一般在借方，其计算公式如下：

期末余额＝期初借方余额＋本期借方发生额－本期贷方发生额

▶ 2. 负债及所有者权益类账户的结构

借贷记账法下，负债及所有者权益类账户的结构与资产类及成本类账户的结构正好相反，其贷方登记负债及所有者权益的增加额，借方登记负债及所有者权益的减少额。贷方的增加额与借方的减少额统称本期发生额。本期的期末余额结转至下期，即为下期的期初余额。

负债及所有者权益类账户的结构如图 3-2 所示。

借方	负债及所有者权益类账户	贷方
	期初余额×××	
本期减少额×××	本期增加额×××	
本期发生额×××	本期发生额×××	
	期末余额×××	

图 3-2 负债及所有者权益类账户的结构

负债及所有者权益类账户的余额一般在贷方，其计算公式如下：

$$期末余额＝期初贷方余额＋本期贷方发生额－本期借方发生额$$

▶ 3. 损益类账户的结构

损益类账户按其结构可分为两类，即费用类和收入类。

费用可理解为资产耗费的转化形态，因此，费用类账户的结构与资产类账户类似，借方登记费用的增加额，贷方登记费用的转出额或减少额。会计期末费用结转后，该类账户期末一般无余额。费用类账户的结构如图 3-3 所示。

借方	费用类账户	贷方
本期增加额×××	本期减少额及转出额×××	
本期发生额×××	本期发生额×××	

图 3-3 费用类账户的结构

收入可以理解为所有者权益的增加，因此，收入类账户的结构与负债及所有者权益类账户类似，贷方登记收入的增加额，借方登记收入的转出额或减少额。会计期末收入或利润结转后，该类账户期末一般无余额。收入类账户的结构如图 3-4 所示。

借方	收入类账户	贷方
本期减少额及转出额×××	本期增加额×××	
本期发生额×××	本期发生额×××	

图 3-4 收入类账户的结构

借贷记账法下，各类账户的结构可用表 3-1 来概括。

表 3-1 各类账户的结构

账户类别	借　　方	贷　　方
资产	增加	减少
成本	增加	减少
损益类费用	增加	减少
负债	减少	增加
所有者权益	减少	增加
损益类收入	减少	增加

（三）记账的理论依据

借贷记账法下，记账的理论依据就是资产、负债及所有者权益的平衡关系及会计等式，即

$$资产＝负债＋所有者权益$$
$$资产＋费用＝负债＋所有者权益＋收入$$

（四）记账规则

按照复式记账的原理，任何经济业务都要以相等的金额，在两个或两个以上相互联系的账户中进行记录。那么，在借贷记账法下，经济业务是如何进行记录的呢？对于任何一笔经济业务，都应按照其内容，一方面计入一个或几个有关账户的借方，另一方面计入一个或几个有关账户的贷方，而且计入借方的金额与计入贷方的金额必须相等。这就是借贷记账法的记账规则，即"有借必有贷，借贷必相等"。

现以华阳电气公司 2018 年 11 月发生的经济业务为例进行说明。

【例 3-1】华阳电气公司收到某单位投入的资本 800 000 元存入银行。

这项经济业务一方面使公司的资产"银行存款"增加，应计入"银行存款"账户的借方；另一方面使所有者权益"实收资本"增加，应计入"实收资本"账户的贷方。登账的结果如下：

借方	银行存款		贷方
期初余额	600 000		
例 3-1	800 000		

借方	实收资本		贷方
		期初余额	600 000
		例 3-1	800 000

【例 3-2】华阳电气公司用银行存款 100 000 元偿还前欠某企业账款。

这项经济业务一方面使企业的资产"银行存款"减少，应计入"银行存款"账户的贷方；另一方面使企业的负债"应付账款"减少，应计入"应付账款"账户的借方。登账的结果如下：

借方	银行存款		贷方
期初余额	600 000		
例 3-1	800 000	例 3-2	100 000

借方	应付账款		贷方
例 3-2	100 000	期初余额	160 000

【例 3-3】华阳电气公司用银行存款 200 000 元购入一台全新机器设备。

这项经济业务一方面使企业的资产"固定资产"增加，应计入"固定资产"账户的借方；另一方面使企业的资产"银行存款"减少，应计入"银行存款"账户的贷方。登账的结果如下：

借方	固定资产	贷方
期初余额	100 000	
例 3-3	200 000	

借方	银行存款	贷方
期初余额	600 000	
例 3-1	800 000	例 3-2 100 000
		例 3-3 200 000

【例 3-4】 华阳电气公司将资本公积金 160 000 元按法定程序转增资本。

这项经济业务一方面使企业的所有者权益"资本公积"减少,应计入"资本公积"账户的借方;另一方面使企业的所有者权益"实收资本"增加,应计入"实收资本"的贷方。登账的结果如下:

借方	资本公积	贷方
例 3-4 160 000	期初余额	240 000

借方	实收资本	贷方
	期初余额	1 000 000
	例 3-2	800 000
	例 3-4	160 000

【例 3-5】 华阳电气公司签发并承兑一张面额为 40 000 元、期限为 2 个月的商业汇票,用于抵付应付账款。

这项经济业务一方面使企业的负债"应付账款"减少,应计入"应付账款"账户的借方;另一方面使企业的债务"应付票据"增加,应计入"应付票据"账户的贷方。登账的结果如下:

借方	应付账款	贷方
例 3-1 100 000	期初余额	16 000
例 3-5 40 000		

借方	应付票据	贷方
	期初余额	0
	例 3-5	40 000

【例 3-6】 华阳电气公司购进原材料 30 000 元,其中 20 000 元货款已用银行存款付讫,其余 10 000 元货款尚未付讫。

这项经济业务一方面使企业的资产"原材料"增加，应计入"原材料"账户的借方；另一方面使企业的资产"银行存款"减少，以及企业的负债"应付账款"增加，应计入"银行存款"和"应付账款"账户的贷方。登账的结果如下：

借方	原材料		贷方
期初余额	0		
例 3-5	30 000		

借方	银行存款		贷方
期初余额	600 000		
例 3-1	800 000	例 3-2	100 000
		例 3-3	200 000
		例 3-6	20 000

借方	应付账款		贷方
例 3-1	100 000	期初余额	16 000
例 3-5	40 000	例 3-6	10 000

【例 3-7】 华阳电气公司以银行存款 60 000 元，偿还银行短期借款 40 000 元和前欠某单位的货款 20 000 元。

这项经济业务一方面使企业的资产"银行存款"减少，应计入"银行存款"账户的贷方；另一方面使企业的负债"短期借款"和"应付账款"减少，应计入"短期借款"和"应付账款"账户的借方。登账的结果如下：

借方	银行存款		贷方
期初余额	600 000		
例 3-1	800 000	例 3-2	100 000
		例 3-3	200 000
		例 3-6	20 000
		例 3-7	60 000

借方	短期借款		贷方
例 3-7	40 000	期初余额	200 000

借方	应付账款		贷方
例 3-2	100 000	期初余额	16 000
例 3-5	40 000	例 3-6	10 000
例 3-7	20 000		

任务三 会计分录

一、会计分录的含义

会计分录简称分录，是按照借贷记账法的要求，对每项经济业务所涉及的会计科目（账户）的名称、记账方向及金额所做的一种记录。会计分录是会计语言的表达方式。编制会计分录是会计工作初始阶段的主要内容，在实际工作中，这项工作一般是通过编制记账凭证或登记日记账完成的。编制会计分录就意味着对经济业务做会计确认，为经济业务计入账户提供依据。

二、会计分录的分类

按照所反映的经济业务的复杂程度，会计分录可分为简单会计分录和复合会计分录。

（一）简单会计分录

简单会计分录是指经济业务在编制过程中，只涉及一个账户的借方和另一个账户贷方的会计分录，即一借一贷的会计分录。具体编制步骤如下：

（1）分析经济业务，对应会计科目，找出业务中所涉及的会计账户；

（2）分析并确定各账户的性质；

（3）根据业务中所涉及账户的金额是增加还是减少，按照各账户结构的登记要求，分别登记在借方和贷方。

【例3-8】华阳电气公司从银行存款中提取现金60 000元。

这笔业务涉及"库存现金"和"银行存款"两个账户，且都是资产类账户。资产类账户一般在借方登记增加，贷方登记减少，编制会计分录如下：

借：库存现金　　　　　　　　　　　　　　　　　　　　　60 000
　　贷：银行存款　　　　　　　　　　　　　　　　　　　　　　60 000

【例3-9】华阳电气公司向银行借入短期借款，直接偿还应付账款50 000元。

这笔业务涉及"短期借款"和"应付账款"两个账户，且都是负债类账户。负债类账户一般在贷方登记增加，借方登记减少，编制会计分录如下：

借：应付账款　　　　　　　　　　　　　　　　　　　　　50 000
　　贷：短期借款　　　　　　　　　　　　　　　　　　　　　　50 000

【例3-10】华阳电气公司购入原材料一批已入库，金额180 000元，货款未付。

这笔业务涉及资产类账户"原材料"和负债类账户"应付账款"。资产类账户一般在借方登记增加，贷方登记减少；负债类账户一般在贷方登记增加，借方登记减少。编制会计分录如下：

借：原材料　　　　　　　　　　　　　　　　　　　　　180 000
　　贷：应付账款　　　　　　　　　　　　　　　　　　　　　180 000

【例3-11】华阳电气公司接受投资者投资80 000元，款直接存入银行。编制会计分录如下：

```
      借：银行存款                                                        80 000
        贷：实收资本                                                            80 000
```

【例 3-12】华阳电气公司以银行存款 10 000 元，偿还银行短期借款。编制会计分录如下：

```
      借：短期借款                                                        10 000
        贷：银行存款                                                            10 000
```

【例 3-13】华阳电气公司按规定用银行存款 20 000 元退还长城公司的投资。编制会计分录如下：

```
      借：实收资本                                                        20 000
        贷：银行存款                                                            20 000
```

【例 3-14】华阳电气公司将盈余公积 35 000 元转增资本。编制会计分录如下：

```
      借：盈余公积                                                        35 000
        贷：实收资本                                                            35 000
```

【例 3-15】华阳电气公司宣告分派 2018 年利润 150 000 元。编制会计分录如下：

```
      借：利润分配                                                       150 000
        贷：应付股利                                                           150 000
```

【例 3-16】华阳电气公司所欠华联公司 200 000 元债务，经双方协商，同意将此项负债转为对本公司的投资。编制会计分录如下：

```
      借：应付账款                                                       200 000
        贷：实收资本                                                           200 000
```

（二）复合会计分录

复合会计分录是指由两个以上对应账户所组成的会计分录，即一借多贷、一贷多借、多借多贷的会计分录。复合会计分录的编制步骤与简单会计分录相似，只是涉及的会计科目在两个以上，应按照各账户的性质分别登记到借方或贷方。

【例 3-17】华阳电气公司采购甲材料花费 5 000 元，用银行存款支付 4 000 元，尚欠 1 000 元。

这笔业务涉及"原材料"和"银行存款"两个资产类账户和"应付账款"一个负债类账户。资产类账户一般在借方登记增加，贷方登记减少；负债类账户一般在贷方登记增加，借方登记减少。编制会计分录如下：

```
      借：原材料                                                          5 000
        贷：银行存款                                                            4 000
          应付账款                                                            1 000
```

【例 3-18】华阳电气公司购入乙材料并验收入库，根据发票账单入账，价款为 6 500 元，已预付账款 6 000 元，当即补汇货款 500 元。编制会计分录如下：

```
      借：原材料                                                          6 500
        贷：预付账款                                                            6 000
          银行存款                                                              500
```

【例 3-19】华阳电气公司的采购员张文出差，借支差旅费 200 元，以现金支付。编制会计分录如下：

```
      借：其他应收款——张文                                                  200
```

```
        贷：库存现金                                    200
```
【例 3-20】采购员张文出差归来，报销差旅费 170 元，交回现金 30 元，编制会计分录如下：

```
借：管理费用                                    170
    库存现金                                     30
    贷：其他应收款                                200
```

编制复合的会计分录，既可以简化记账手续，又能集中反映某项经济业务的全面情况。但是复合的会计分录涉及的账户较多，容易使账户之间的对应关系模糊不清，难以据此分析经济业务的实际情况。在会计实务中，企业应根据本单位所采用的账务处理程序来决定编制一借一贷的会计分录，还是编制一借多贷和一贷多借的会计分录。

任务四 试算平衡

"有借必有贷，借贷必相等"是借贷记账法的记账规则。一笔会计分录的借贷相等，两笔及多笔会计分录的借贷也肯定相等。但是，由于企业涉及的业务内容容易受主观和客观因素的影响，所以很难保证没有金额错登、遗漏、记账方向记反等方面的错误。因此，在会计期末，需要通过一定的手段或方法来检查该会计期间的财务处理是否正确、完整。试算平衡就是用来检查财务处理正确性的方法之一。

所谓试算平衡，是指根据会计等式的平衡原理，按照借贷记账法记账规则的要求，通过汇总、计算和比较，来检查账户记录、过账过程等的正确性、完整性的方法。

试算平衡一般是在月末结出各个账户的本月发生额和月末余额后，通过编制总分类账户发生额试算平衡表和总分类账户余额试算平衡表来进行的。

试算平衡既可以采用发生额平衡的方法，也可以采用余额平衡的方法。

一、发生额试算平衡法

借贷记账法的记账规则是"有借必有贷，借贷必相等"。其中，借贷必相等是指每一笔交易或事项发生引起的账户借方变动金额和贷方变动金额相等。如果将本期发生的全部交易或事项的会计处理加总，则所有账户本期借方发生额合计与所有账户本期贷方发生额合计必定相等，即

全部账户的期初借方金额合计数＝全部账户的期初贷方金额合计数

全部账户的本期借方发生额合计数＝全部账户的本期贷方发生额合计数

二、余额试算平衡法

"资产＝负债＋所有者权益"是最基本的会计平衡等式，它可以用来反映任何一个时点某一会计主体的全部资产和这些资产的来源情况。同时，收入类账户和费用类账户一般没有余额，利润类账户的余额本身就是所有者权益的组成内容之一，应当归入所有者

权益要素。这样，"资产＝负债＋所有者权益"等式可以用来概括某一时点会计主体的全部账户余额。一般情况下，资产类账户的余额在借方，负债和所有者权益类账户的余额在贷方，即

$$全部账户的期末借方金额＝全部账户的期末贷方金额$$

由于"期初余额＋本期发生额的增加额－本期发生额的减少额＝期末余额"，所以，在会计实务中，我们经常采用余额试算平衡法，即将全部账户的期末借方余额与全部账户的期末贷方余额进行比较。

现利用例 3-1～例 3-7 来介绍试算平衡的财务处理方法。

【例 3-21】将例 3-1～例 3-7 的各笔经济业务计入各总分类账户，并结出本期发生额和期末余额，分别编制总分类账户发生额试算平衡表（见表 3-2）和总分类账户余额试算平衡表（见表 3-3）。

借方	银行存款		贷方
期初余额	600 000		
例 3-1	800 000	例 3-2	100 000
		例 3-3	200 000
		例 3-6	20 000
		例 3-7	60 000
本期发生额	800 000	本期发生额	380 000
期末余额	1 020 000		

借方	原材料		贷方
期初余额	0		
例 3-6	30 000		
本期发生额	30 000	本期发生额	0
期末余额	30 000		

借方	固定资产		贷方
期初余额	1 000 000		
例 3-3	200 000		
本期发生额	200 000	本期发生额	0
期末余额	1 200 000		

借方	短期借款		贷方
例 3-7	40 000	期初余额	200 000
本期发生额	40 000	本期发生额	0
		期末余额	160 000

借方		应付账款		贷方
例 3-2	100 000	期初余额		160 000
例 3-5	40 000	例 3-6		10 000
例 3-7	20 000			
本期发生额	160 000	本期发生额		10 000
		期末余额		10 000

借方		应付票据		贷方
		期初余额		0
		例 3-5		40 000
本期发生额	0	本期发生额		40 000
		期末余额		40 000

借方		实收资本		贷方
		期初余额		1 000 000
		例 3-1		800 000
		例 3-4		160 000
本期发生额	0	本期发生额		1 960 000

借方		资本公积		贷方
例 3-4	160 000	期初余额		240 000
本期发生额	160 000	本期发生额		0
		期末余额		80 000

表 3-2 总分类账户发生额试算平衡表

2018 年 11 月 30 日   单位：元

账 户 名 称	本期发生额	
	借方	贷方
银行存款	800 000	380 000
原材料	30 000	
固定资产	200 000	
短期借款	40 000	
应付账款	160 000	10 000
应付票据		40 000
实收资本		960 000
资本公积	160 000	
合　计	1 390 000	1 390 000

表 3-3 总分类账户余额试算平衡表

2018 年 11 月 30 日   单位：元

账户名称	期末余额	
	借方	贷方
银行存款	1 020 000	
原材料	30 000	
固定资产	1 200 000	
短期借款		160 000
应付账款		10 000
应付票据		40 000
实收资本		1 960 000
资本公积		
合　计	2 250 000	2 250 000

在实际工作中，为了方便起见，还可以将总分类账户发生额试算平衡表和总分类账户余额试算平衡表合并在一起，并结合各账户的期初余额数，编制总分类账户发生额及余额试算平衡表。这样，在一张表上既可以进行总分类账户发生额平衡的试算，又能够进行总分类账户余额平衡的试算。

【例 3-22】承例 3-21，编制总分类账户发生额及余额试算平衡表（见表 3-4）。

表 3-4 总分类账户发生额及余额试算平衡表   单位：元

账户名称	期初余额		本期发生额		期末余额	
	借方	贷方	借方	贷方	借方	贷方
银行存款	600 000		800 000	380 000	1 020 000	
原材料			30 000		30 000	
固定资产	1 000 000		200 000		1 200 000	
短期借款		200 000	40 000			160 000
应付账款		160 000	160 000	10 000		10 000
应付票据				40 000		40 000
实收资本		1 000 000		960 000		1 960 000
资本公积		240 000	160 000			80 000
合　计	1 600 000	1 600 000	1 390 000	1 390 000	2 250 000	2 250 000

以上试算结果表明，本期不存在明显的记账、过账差错。

如果试算平衡表中借贷两方金额不相等，则表明账户记录或过账过程中发生错误，需要进一步检查，找出错误并予以更正。必须指出的是，即使试算平衡表中的借贷金额相等，也并不一定说明不存在错误。因为有些账户错误并不影响借贷双方的平衡，因此无法通过试算平衡表查出，如漏记或重记某项经济业务、借贷记账方向彼此颠倒、记错了账户或偶然的巧合等。这就要求会计人员在平时的记账、登账过程中养成良好的习惯，不能马虎潦草、敷衍了事，否则将导致最终试算无法进行。

任 务 五　总分类账户与明细分类账户的关系及平行登记

一、总分类账户与明细分类账户的关系

总分类账户是根据总分类科目（一级科目）设置的，是用于对会计要素的内容进行总括分类核算的账户，简称总账账户或总账。例如，"原材料"总分类账户总括地反映所有原材料的增减变化；"应收账款"总分类账户总括地反映企业应收账款的结算情况。总分类账户只能提供总括的核算指标，因此仅以货币进行计量。为了保持会计信息的可比性，企业总分类账户一般根据国家统一的会计科目进行设置。

明细分类账户是根据明细分类科目设置的，是用于对会计要素的内容进行明细分类核算、提供详细数据的账户，简称明细账。例如，在"原材料"总分类账户下，可按原材料的种类分别设置明细分类账户，以便具体地反映各种原材料的增减变化及其结果；在"应收账款"总分类账户下按客户设置应收账款明细分类账户，以具体地反映每个客户的款项结算情况。在明细分类账户中，不仅以货币计量单位进行金额核算，必要时还要运用实物指标或劳动量指标进行核算，以便对总分类账户进行必要的补充。企业应根据经济业务的实际需要进行明细分类账户设置。明细分类账户可进一步分为二级明细账户、三级明细账户等。

总分类账户与明细分类账户有着内在的联系。总分类账户是明细分类账户的统驭账户，对其所属的明细分类账户起着统驭和控制作用；明细分类账户则是总分类账户的从属账户，对总分类账户起辅助和补充作用。总分类账户和明细分类账户所反映的经济内容是一致的，只是提供信息的详细程度不同，两者结合能总括而详细地反映相同的经济业务。从金额来看，总分类账户所属的各明细分类账户的发生额合计、余额合计应与总分类账户的发生额、余额相等。

二、总分类账户与明细分类账户的平行登记

虽然总分类账户与明细分类账户存在统驭与被统驭的关系，但在账务处理上是平行关系，应进行平行登记，以便账户核对，并确保核算资料的正确和完整。所谓平行登记，是指对所发生的每一项经济业务都要以会计凭证为依据，不仅要计入有关总分类账户，也要计入总分类账户所属的明细分类账户。通过总分类账户与其所属明细分类账户的平行登记，便于账户核对和检查，纠正错误和遗漏。

总分类账户与明细分类账户平行登记的要点如下。

▶ 1. 依据相同

对于发生的每一项经济业务，要根据同一会计凭证在有关的总分类账户中进行登记，

同时也要在所属的有关明细分类账户中进行登记。

▶ 2. 方向相同

登记总分类账户及其所属的明细分类账户时，借贷记账方向必须一致。也就是说，总分类账户登记在借方，所属的明细分类账户也应登记在借方；反之，如果总分类账户登记在贷方，那么所属的明细账户也应登记在贷方。

▶ 3. 金额相等

登记总分类账户及其所属的明细分类账户时，计入总分类账户的金额必须与计入其所属的一个或几个明细分类账户的金额合计数相等。

▶ 4. 期间相同

一项经济业务发生后，计入总分类账户和明细分类账户的操作可以有先有后，但必须在同一会计期间全部登记入账。

下面以"原材料"账户和"应付账款"账户为例，说明总分类账户与明细分类账户平行登记的方法。

【例 3-23】中华公司 2018 年 11 月 1 日"原材料""应付账款"两个总分类账户与其所属的明细分类账户的有关资料如下。

"原材料"总分类账户期初借方余额为 90 000 元，其所属的明细分类账户期初借方余额如表 3-5 所示。

表 3-5　中华公司"原材料"明细分类账户期初余额表

种　类	数量/千克	单价/元	金额/元
甲材料	2 000	10	20 000
乙材料	2 000	20	40 000
合　计			60 000

"应付账款"总分类账户期初贷方余额为 40 000 元，其所属的明细分类账户期初贷方余额如表 3-6 所示。

表 3-6　中华公司"应付账款"明细分类账户期初余额表　　　　单位：元

企业名称	金　额
A 企业	30 000
B 企业	10 000
合　计	40 000

中华公司 2018 年 11 月发生的材料收发业务如下。

（1）11 月 6 日，向 A 企业购入甲材料 2 000 千克，单价 10 元，共计 20 000 元；购入乙材料 2 000 千克，单价 20 元，共计 40 000 元。材料已验收入库，货款尚未支付。编制会计分录如下：

借：原材料——甲材料　　　　　　　　　　　　　　　20 000
　　　　　——乙材料　　　　　　　　　　　　　　　40 000

贷：应付账款——A 企业　　　　　　　　　　　　　　　　　　　　　60 000

（2）11 月 12 日，企业生产领用甲材料 3 000 千克，单价 10 元，共计 30 000 元；生产领用乙材料 2 000 千克，单价 20 元，共计 40 000 元。编制会计分录如下：

借：生产成本　　　　　　　　　　　　　　　　　　　　　　　　　　70 000

贷：原材料——甲材料　　　　　　　　　　　　　　　　　　　　　30 000

——乙材料　　　　　　　　　　　　　　　　　　　　　40 000

（3）11 月 18 日，向 B 企业购入甲材料 1 000 千克，单价 10 元，共计 10 000 元；购入乙材料 3 000 千克，单价 20 元，共计 60 000 元，材料已验收入库，货款尚未支付。编制会计分录如下：

借：原材料——甲材料　　　　　　　　　　　　　　　　　　　　　10 000

——乙材料　　　　　　　　　　　　　　　　　　　　　60 000

贷：应付账款——B 企业　　　　　　　　　　　　　　　　　　　　70 000

（4）11 月 25 日，中华公司以银行存款归还欠款 130 000 元，其中 A 企业 60 000 元，B 企业 70 000 元。编制会计分录如下：

借：应付账款——A 企业　　　　　　　　　　　　　　　　　　　　60 000

——B 企业　　　　　　　　　　　　　　　　　　　　70 000

贷：银行存款　　　　　　　　　　　　　　　　　　　　　　　　130 000

根据中华公司月初余额和发生业务的会计分录，在"原材料"和"应付账款"两个总分类账户及其所属的明细分类账户中进行平行登记，如表 3-7～表 3-12 所示。

表 3-7　原材料总分类账

2018年 月	日	凭证号码	摘　要	对方科目	借　方	贷　方	借或贷	余　额
11	1		月初余额				借	60 000 00
	6	1	购入材料		60 000 00		借	120 000 00
	12	2	生产领用			70 000 00	借	50 000 00
	18	3	购入材料		70 000 00		借	120 000 00
	30		本月合计		130 000 00	70 000 00	借	120 000 00

由总分类账户与其所属的明细分类账户可以看出，平行登记时，"原材料"和"应付账款"总分类账户的期初余额、本期借方发生额、本期贷方发生额及期末余额都分别与其所属的明细分类账户的期初余额之和、本期借方发生额之和、本期贷方发生额之和及期末余额之和相等。这样，总分类账户对明细分类账户的统驭作用和明细分类账户对总分类账户的补充作用一目了然。

期末，通过对总分类账户与其所属的明细分类账户进行核对，可以发现账簿记录中的错误。通常，这种核对是通过编制总分类账户与明细分类账户发生额及余额计算平衡表进行的。

表 3-8　原材料明细分类账

编号＿＿＿　规格＿＿＿　　　　　　　　　　　　　　　单位（千克）　名称　甲材料　稽核

2018年 月	日	凭证号码	摘要	借方 数量	借方 单价	借方 金额	贷方 数量	贷方 单价	贷方 金额	借或贷	结存 数量	结存 单价	结存 金额
11	1		月初余额							借	2000	10.00	20000.00
	6	1	购入材料	2000	10.00	20000.00				借	4000	10.00	40000.00
	12	2	生产领用				3000	10.00	30000.00	借	1000	10.00	10000.00
	18	3	购入材料	1000	10.00	10000.00				借	2000	10.00	20000.00

表 3-9　原材料明细分类账

编号＿＿＿　规格＿＿＿　　　　　　　　　　　　　　　单位（千克）　名称　乙材料　稽核

2018年 月	日	凭证号码	摘要	借方 数量	借方 单价	借方 金额	贷方 数量	贷方 单价	贷方 金额	借或贷	结存 数量	结存 单价	结存 金额
11	1		月初余额							借	2000	20.00	40000.00
	6	1	购入材料	2000	20.00	40000.00				借	4000	20.00	80000.00
	12	2	生产领用				2000	20.00	40000.00	借	2000	20.00	40000.00
	18	3	购入材料	3000	20.00	60000.00				借	5000	20.00	100000.00

表 3-10　应付账款总分类账

2018年		凭证号码	摘要	对方科目	借方										贷方										借或贷	余额									
月	日				千	百	十	万	千	百	十	元	角	分	千	百	十	万	千	百	十	元	角	分		千	百	十	万	千	百	十	元	角	分
11	1		月初余额																						贷				4	0	0	0	0	0	0
	6	1	购入材料															6	0	0	0	0	0	0	贷			1	0	0	0	0	0	0	0
	18	3	购入材料															7	0	0	0	0	0	0	贷			1	7	0	0	0	0	0	0
	25	4	偿还货款					1	3	0	0	0	0	0	0										贷				4	0	0	0	0	0	0

表 3-11　应付账款明细分类账

应付账款　科目　A公司

2018年		凭证号码	摘要	对方科目	借方										贷方										借或贷	余额									
月	日				千	百	十	万	千	百	十	元	角	分	千	百	十	万	千	百	十	元	角	分		千	百	十	万	千	百	十	元	角	分
11	1		月初余额																						贷				3	0	0	0	0	0	0
	6	1	购入材料															6	0	0	0	0	0	0	贷				9	0	0	0	0	0	0
	25	4	偿还货款						6	0	0	0	0	0	0										贷				3	0	0	0	0	0	0

表 3-12　应付账款明细分类账

应付账款　科目　B公司

2018年		凭证号码	摘要	对方科目	借方										贷方										借或贷	余额									
月	日				千	百	十	万	千	百	十	元	角	分	千	百	十	万	千	百	十	元	角	分		千	百	十	万	千	百	十	元	角	分
11	1		月初余额																						贷				1	0	0	0	0	0	0
	18	3	购入材料															7	0	0	0	0	0	0	贷				8	0	0	0	0	0	0
	25	4	偿还货款						7	0	0	0	0	0	0										贷				1	0	0	0	0	0	0

【例 3-24】承例 3-23，根据"原材料"和"应付账款"两个总分类账户与其所属明细分类账户的发生额和余额，编制总分类账户与明细分类账户发生额及余额试算平衡表（见表 3-13）。

表 3-13　总分类账户与明细分类账户发生额及余额试算平衡表

2018 年 11 月　　　　　　　　　　　　　　　　单位：元

会计科目	期初余额		本期发生额		期末余额	
	借方	贷方	借方	贷方	借方	贷方
原材料	60 000		130 000	70 000	120 000	
甲材料	20 000		30 000	30 000	20 000	
乙材料	40 000		100 000	40 000	100 000	
应付账款		40 000	130 000	130 000		40 000
A 企业		30 000	60 000	60 000		30 000
B 企业		10 000	70 000	70 000		10 000

自我测验

一、单项选择题

1. 下列关于借贷记账法的表述中，错误的是（　　　）。

A. 以"借"和"贷"为记账符号

B. 以"资产＝负债＋所有者权益"为记账原理

C. 以"有借必有贷，借贷必相等"为记账规则

D. 无论哪种账户，借方表示增加，贷方表示减少

2. "银行存款"账户期初借方余额为 20 000 元，本期借方发生额为 30 000 元，贷方发生额为 35 000 元，则期末（　　　）。

A. 借方余额为 25 000 元　　　　　　B. 贷方余额为 25 000 元

C. 借方余额为 15 000 元　　　　　　D. 贷方余额为 15 000 元

3. "生产成本"账户的期末借方余额表示（　　　）。

A. 完工产品成本　　　　　　　　　　B. 期末在产品成本

C. 本月生产费用合计　　　　　　　　D. 库存产品成本

4. 对账户发生额进行试算平衡的直接依据是（　　　）。

A. 经济业务的内容　　　　　　　　　B. 借贷记账法的记账规则

C. 会计恒等式　　　　　　　　　　　D. 经济业务的类型

5. 下列选项中，能够通过试算平衡检查出来的是（　　　）。

A. 重记经济业务　　B. 漏记经济业务　　C. 借贷方向相反　　D. 借贷金额不等

6. 下列关于单式记账法的表述中，错误的是（　　　）。

A. 只在一个账户中进行登记

B. 在两个或两个以上账户中进行登记

C. 一般只对有关应收款项、应付款、现金、银行存款的收付业务进行登记

D. 记账手续比较简单

7. 下列各项中，不属于复式记账法的是（　　　）。

A. 分类记账法　　B. 增减记账法　　C. 借贷记账法　　D. 收付记账法

8. 下列关于复式记账的表述中，不正确的是（　　）。

A. 以资产和权益平衡关系作为记账依据

B. 不能全面、系统地反映各会计要素的增减变动情况以及经济业务的来龙去脉

C. 对于发生的每一项经济业务，都要在两个或两个以上相互联系的账户中进行登记

D. 可以对账户记录的结果进行试算平衡，以便检查账户记录的正确性

9. 某企业"原材料"账户期初余额为 380 000 元，本月验收入库的原材料共计 240 000 元，发出材料共计 320 000 元。月末，该企业"原材料"账户（　　）。

A. 借方余额为 460 000 元　　　　B. 贷方余额为 460 000 元

C. 借方余额为 300 000 元　　　　D. 贷方余额为 300 000 元

10. 负债类账户的期末余额一般（　　）。

A. 在借方　　　　　　　　　　B. 在贷方

C. 在借方或贷方均可　　　　　D. 期末无余额

11. 借贷账户之间的关系叫作账户的对应关系，存在对应关系的账户就是（　　）。

A. 应贷账户　　B. 应借账户　　C. 关联账户　　D. 对应账户

12. 下列关于试算平衡法的表述中，不正确的是（　　）。

A. 包括发生额试算平衡和余额试算平衡

B. 试算不平衡，表明账户记录肯定有错误

C. 试算平衡，说明账户记录一定正确

D. 发生额试算平衡法的理论依据是"有借必有贷，借贷必相等"

13. 下列各账户中，年末应无余额的是（　　）。

A. 生产成本　　B. 所得税费用　　C. 盈余公积　　D. 应交税费

14. 按照借贷记账法下的账户结构，下列各项中，（　　）类账户与负债类账户结构相同。

A. 资产　　B. 成本　　C. 费用　　D. 所有者权益

15. 根据资产与权益的恒等关系以及借贷记账法的记账规则，检查所有科目记录是否正确的过程称为（　　）。

A. 复式记账　　B. 对账　　C. 试算平衡　　D. 查账

二、多项选择题

1. 采用借贷记账法时，可以在账户借方登记的有（　　）。

A. 资产的增加　　　　　　　B. 负债的增加

C. 收入的增加　　　　　　　D. 所有者权益的减少

2. 下列关于会计分录的描述中，正确的有（　　）。

A. 会计分录是指对某项经济交易或事项表明其应借应贷会计科目及其金额的记录

B. 编制会计分录的格式，一般是先借后贷、上借下贷或左借右贷

C. 可以编制一借一贷、一借多贷、一贷多借和多借多贷的会计分录

D. 不允许企业编制多借多贷的会计分录

3. 下列会计科目中，与资产类科目的结构相反的会计科目有（　　）。

A. 负债类科目　　　　　　　B. 费用类科目

C. 收入类科目　　　　　　　　　　　　　D. 所有者权益类科目

4. 下列关于损益类科目的表述中，正确的有（　　　）。

A. 费用类科目的增加额记借方

B. 收入类科目的减少额记借方

C. 期末一般无余额

D. 期末一般结转到"利润分配"科目

5. 下列各项公式中，可以表示试算平衡关系的有（　　　）。

A. 期初借方余额合计＝期初贷方余额合计

B. 本期借方发生额合计＝本期贷方发生额合计

C. 期末借方余额合计＝期末贷方余额合计

D. 借方发生额＝贷方发生额

6. 复式记账法的主要特点有（　　　）。

A. 可以反映每一项经济业务的来龙去脉

B. 可以反映账户间的平衡关系

C. 便于检查账户记录的正确性

D. 便于检查账户记录的完整性

7. 下列关于单式记账法的表述中，正确的有（　　　）。

A. 单式记账法的记账手续简单

B. 单式记账法不便于检查账户记录的正确性和完整性

C. 单式记账法是指对发生的每一项经济业务，只在一个账户中加以登记的记账方法

D. 单式记账法没有一套完整的账户体系，账户之间的记录没有直接联系和相互平衡关系

8. 采用借贷记账法时，进行试算平衡的方法有（　　　）。

A. 发生额试算平衡法　　　　　　　　　　B. 增加额试算平衡法

C. 余额试算平衡法　　　　　　　　　　　D. 减少额试算平衡法

9. 运用借贷记账法编制会计分录时，可以编制（　　　）。

A. 一借一贷的分录　　　　　　　　　　　B. 多借多贷的分录

C. 多借一贷的分录　　　　　　　　　　　D. 一借多贷的分录

10. 采用借贷记账法时，账户的基本结构应包括的内容有（　　　）。

A. 账户名称　　　　B. 借方和贷方　　　　C. 余额　　　　　　　　D. 使用期限

11. 采用借贷记账法时，关于负债类账户结构的描述正确的有（　　　）。

A. 期末余额一般在贷方

B. 借方登记减少额

C. 贷方登记增加额

D. 期末贷方余额＝期初贷方余额＋本期贷方发生额－本期借方发生额

12. 下列各项中，不影响试算平衡的有（　　　）。

A. 借贷方向颠倒　　　　　　　　　　　　B. 借贷科目用错

C. 漏记某项经济业务　　　　　　　　　　D. 重记某项经济业务

13. 采用借贷记账法时，"借"可以表示（　　　）。

A. 资产的增加或负债的减少　　　　B. 资产的减少或负债的增加

C. 费用的增加或收入的减少　　　　D. 费用的减少或收入的增加

14. 下列各项中，能够正确反映借贷记账法特点的有（　　　）。

A. 以"借"和"贷"作为记账符号

B. 根据会计科目所反映的经济内容，来决定记账方向

C. 记账规则是"有借必有贷，借贷必相等"

D. 可以进行发生额试算平衡和余额试算平衡

三、判断题

1. 采用增减记账法时，对发生的每一项经济业务，只在一个账户中加以登记。（　　　）

2. 采用借贷记账法时，是"借"表示增加，还是"贷"表示增加，取决于账户的性质和所记录经济内容的性质。（　　　）

3. 期末进行试算平衡时，全部资产类账户的本期借方发生额合计应当等于其贷方发生额合计。（　　　）

4. 采用借贷记账法时，收入类账户的借方登记减少额，贷方登记增加额，期末余额一般在借方。（　　　）

5. 为了突出账户的对应关系，对于不同类型的经济业务，不能合并编制成多借多贷的会计分录。（　　　）

6. 复式记账是以资产与权益平衡关系作为记账基础，对发生的每一项经济业务，都以相等的金额，在任意的两个或两个以上账户中进行记录的一种记账方式。（　　　）

7. 记账方法按其登记经济交易与事项方式的不同，分为单式记账法和复式记账法。（　　　）

8. 单式记账法不能全面、系统地反映各项会计要素的增减变动情况和经济业务的来龙去脉，也不便于检查账户记录的正确性和完整性。（　　　）

9. 凡是借方有余额的账户均属于资产类账户。（　　　）

10. 复式记账法的记账规则是"有借必有贷，借贷必相等"。（　　　）

11. 采用借贷记账法时，任何经济业务的发生计入某一账户的借方，同时须计入另外相互关联的账户的贷方。（　　　）

12. 记账时，将借贷方向记反，不会影响借贷双方的平衡关系。（　　　）

四、思考题

1. 会计科目与会计账户之间有什么关系？

2. 借贷记账法的基本规则是什么？

3. 说明权责发生制与收付实现制的区别。

4. 论述试算平衡的基本原理和具体方法。

能力拓展

实 训 一

实训资料参考项目二能力拓展实训一，指出各项经济业务的会计科目名称（见表3-14）。

表 3-14　资产、负债及所有者权益状况

序号	内　容	资　产	负　债	所有者权益
1	厂部的办公楼 300 000 元			
2	财会部门存放的现金 2 000 元			
3	存放在银行的各种款项 50 000 元			
4	应付给供应商的材料款 7 440 元			
5	库存的各种材料款 25 000 元			
6	生产车间的机器设备 12 000 元			
7	车间尚未完工的产品 8 400 元			
8	已完工的产成品 20 000 元			
9	投资者投入的资本 370 000 元			
10	需于两年后偿还的银行借款 50 000 元			
11	生产甲产品的专利权 15 000 元			
12	尚未收回的欠款 5 000 元			
13	支付给供应商的定金 12000 元			
14	以前年度累积未分配利润 20 000 元			
15	半年后将要偿还的银行借款 5 000 元			
16	盈余公积金 20 000 元			
17	尚未兑现的应收票据 2 张，价值 36 480 元			
18	上月未交的税费 35 440 元			
19	预收购货单位的货款 8 000 元			
20	厂内运货三轮车 30 000 元			
	合　计			

实　训　二

某企业 5 月初部分账户资料如表 3-15 所示，计算并填写每个账户的未知数据。

表 3-15　账户余额表　　　　　　　　　　　　　　　单位：元

账户名称	期初余额	本期借方发生额	本期贷方发生额	期末余额
库存现金	5 600	5 200		6 800
银行存款	400 000		120 000	260 000
短期借款		260 000	160 000	300 000
应付账款	200 000	180 000		75 000
固定资产	2 400 000		580 000	1 920 000
库存商品	220 000	160 000	150 000	
应收账款		120 000	175 000	115 000
实收资本	5 000 000		240 000	5 240 000

实 训 三

华阳电气公司 2018 年 12 月 31 日有关账户的资料如表 3-16 所示。

表 3-16 华阳电气公司有关账户的资料

2018 年 12 月 31 日 单位：元

账　户	期 初 余 额		本 期 发 生 额		期 末 余 额	
	借方	贷方	借方	贷方	借方	贷方
库存现金	800		(1)	1 000	760	
原材料	(2)		790		8 100	
应付账款		3 400	1 000	650		(3)
短期借款		4 710		(4)		(5)
合　计	8 110	8 110	2 750	2 750	8 860	8 860

根据账户期初余额、本期发生额和期末余额的计算方法，填列表 3-16 中的空缺部分。

(1)＝_____

(2)＝_____

(3)＝_____

(4)＝_____

(5)＝_____

实 训 四

华阳电气公司 2018 年 12 月 31 日的财务状况如表 3-17 所示。

表 3-17 华阳电气公司的财务状况

2018 年 12 月 31 日 单位：元

资　产	金　额	负债和所有者权益	金　额
库存现金	1 000	短期借款	10 000
银行存款	27 000	应付账款	32 000
应收账款	35 000	应交税费	9 000
原材料	52 000	长期借款	(2)
长期股权投资	(1)	实收资本	240 000
固定资产	200 000	资本公积	23 000
资产总计	375 000	负债和所有者权益总计	(3)

填列表 3-17 中的空缺部分，并计算该企业的流动资产和流动负债总额。

(1)＝_____

(2)＝_____

(3)＝_____

企业的流动资产总额＝_____

企业的流动负债总额＝_____

实 训 五

根据项目二能力拓展实训三达利有限公司的经济业务编制会计分录(不考虑增值税)。

实 训 六

根据项目二能力拓展实训四滨江有限公司的经济业务编制会计分录(不考虑增值税)。

实 训 七

百盛公司 2018 年 6 月初有关账户余额如表 3-18 所示。

表 3-18　百盛公司有关账户余额　　　　　　　　　　　　单位:元

资　产	金　额	负债和所有者权益	金　额
库存现金	1 000	短期借款	40 000
银行存款	140 000	应付账款	10 000
应收账款	15 000	应交税费	1 000
生产成本	30 000	实收资本	750 000
原材料	100 000	资本公积	70 000
库存商品	25 000	盈余公积	40 000
固定资产	600 000		
资产总计	911 000	负债和所有者权益总计	911 000

该公司 6 月发生下列经济业务(不考虑增值税):

(1) 6 月 2 日,购入材料一批,计价 12 000 元,材料已验收入库,货款以银行存款支付。

(2) 6 月 6 日,从银行提取现金 600 元备用。

(3) 6 月 10 日,生产车间领用材料 20 000 元,全部用于产品生产。

(4) 6 月 12 日,以银行存款偿还应付供货单位货款 50 000 元。

(5) 6 月 18 日,收到其他单位投入资本 30 000 元,存入银行。

(6) 6 月 19 日,以银行存款购入全新汽车一辆,计价 120 000 元。

(7) 6 月 22 日,从银行取得长期借款 100 000 元,存入银行。

(8) 6 月 24 日,以银行存款上缴税金 1 000 元。

(9) 6 月 28 日,收到购货单位前欠货款 6 000 元,其中,支票 5 500 元,现金 500 元。

要求:

(1) 根据上述经济业务编制会计分录。

(2) 开设有关账户,登记期初余额、本期发生额,并结出期末余额。

(3) 编制总分类账户本期发生额及余额试算平衡表。

实 训 八

宏达公司 2018 年 8 月上旬发生的有关经济业务记录在下列账户中。

借方		库存现金		贷方
期初余额	1 000	(7)		150
(8)	2 000			

借方		银行存款	贷方	
期初余额	38 600	(4)		50 000
(2)	10 000	(6)		20 000
(3)	20 000	(7)		2 850
		(8)		2 000

借方		固定资产	贷方
期初余额	360 000		
(6)	20 000		

借方		原材料	贷方	
期初余额	106 000	(5)		5 000
(1)	5 000			
(3)	6 000			
(7)	3 000			

借方		应付账款	贷方	
期初余额	12 000	(2)		10 000

借方		生产成本	贷方
期初余额	142 000		
(5)	5 000		

借方		应付账款	贷方	
(4)	50 000	期初余额		145 000
		(1)		5 000

借方	实收资本	贷方	
	期初余额		514 000
	(3)		26 000

(1) 根据以上账面记录，补编会计分录。

(2) 根据账户对应关系说明每笔经济业务的内容。

(3) 编制该公司总分类账户本期发生额及余额试算平衡表。

实 训 九

红星工厂 2018 年 8 月 1 日"原材料"总分类账户及其所属的明细分类账户的月初余额如下。

"原材料"总分类账户期初借方余额为 132 000 元，其所属的明细分类账户期初借方余额如表 3-19 所示。

表 3-19 "原材料"明细分类账户期初借方余额

种　类	数量/千克	单价/元	金额/元
甲材料	1 000	100	100 000
乙材料	800	40	32 000
合　计			132 000

"应付账款"总分类账户期初贷方余额为 28 000 元，其所属的明细分类账户期初贷方余额如表 3-20 所示。

表 3-20 "应付账款"明细分类账户期初贷方余额　　　　　　单位：元

名　称	金　额
万达工厂	20 000
瑞星工厂	8 000
合　计	28 000

红星工厂 8 月发生的有关经济业务如下(不考虑增值税)：

(1) 8 月 1 日，从亨通工厂购入以下材料，货款未付，材料已验收入库，如表 3-21 所示。

表 3-21 购买材料的情况

种　类	数　量	单价/元	金额/元
乙材料	500 千克	40	20 000
丙材料	1 000 件	50	50 000
合　计			70 000

(2) 8 月 5 日，以银行存款 10 000 元偿还前欠万达工厂货款。

(3) 8 月 6 日，从瑞星工厂购入丙材料 200 件，单价 50 元，货款暂欠，材料验收入库。

(4) 8 与 7 日，仓库发出材料投入生产，如表 3-22 所示。

表 3-22 发出材料的情况

种　类	数　量	单价/元	金额/元
甲材料	500 千克	100	50 000
乙材料	300 千克	40	12 000
丙材料	500 件	50	25 000
合　计			87 000

（5）8月8日，以银行存款偿还瑞星工厂前欠货款8 000元。

（6）8月10日，从万达公司购入甲材料800千克，单价100元，货款未付。

要求：

（1）根据上述经济业务编制会计分录。

（2）根据所给资料登记"原材料"和"应付账款"总分类账户及所属的明细分类账户。

（3）编制"原材料"和"应付账款"总分类账户及明细分类账户本期发生额和余额对照表。

实 训 十

华阳电气公司2018年10月初有关账户余额如表3-23所示。

表 3-23　华阳电气公司有关账户余额　　　　　　　　　　单位：元

资　产	金　额	负债和所有者权益	金　额
库存现金	1 500	短期借款	195 000
银行存款	45 000	应付账款	140 000
原材料	90 000	预收账款	2 500
应收账款	47 700	应交税费	9 000
库存商品	60 000	长期借款	186 000
生产成本	22 500	实收资本	304 200
长期股权投资	180 000	资本公积	140 000
固定资产	600 000	盈余公积	70 000
资产总计	1 046 700	负债和所有者权益总计	1 046 700

该公司10月发生下列经济业务（不考虑增值税）：

（1）购进机器设备一台，价值36 000元，以银行存款支付。

（2）从银行提取现金1 000元。

（3）投资者投入企业原材料一批，作价20 000元。

（4）生产车间从仓库领用材料一批，价值40 000元，投入生产。

（5）以银行存款22 500元，偿还应付供货单位货款。

（6）从银行取得长期借款150 000元，存入银行。

（7）以银行存款上缴所得税9 000元。

（8）收到购货单位前欠货款18 000元，存入银行。

（9）以银行存款48 000元，归还银行短期借款20 000元和应付购货单位账款28 000元。

要求：

（1）根据以上资料编制所有业务的会计分录。

（2）编制本期余额及发生额试算平衡表。

項目四

借贷记账法下
主要经济业务的账务处理

学习目标

职业能力目标 ☞

- 能够正确理解资金筹集业务、供应过程业务、生产过程业务、销售过程业务和利润形成与分配业务的内容。
- 熟练掌握账户核算内容、账户结构、明细分类要求等。
- 能够正确运用借贷记账法核算日常的资金筹集业务、供应过程业务、生产过程业务、销售过程业务和利润形成与分配业务。
- 能够识别典型的原始凭证。

知识点 ☞

资金筹集　材料采购　生产过程　成本核算　商品销售　利润分配

技能点 ☞

核算资金筹集业务　核算材料采购业务　核算生产过程业务　核算销售过程业务　核算其他经济业务　核算利润形成与分配业务　计算材料采购成本　计算产品生产成本　计算营业利润、利润总额、所得税及净利润

任务一　资金筹集业务的账务处理

企业要进行生产经营活动，首先要筹集所需的资金。从企业资金的来源看，主要包括两个方面：一是所有者权益筹资；二是负债筹资。

一、所有者权益筹资业务

（一）所有者投入资本的构成

企业的设立必须拥有一定数额的法定资本金。资本金是指企业在工商行政管理部门登记的注册资本金，即我们常说的注册资本。企业的资本金按照投资主体的不同可以分为：①国家资本金，即企业接受国家投资而形成的资本金；②法人资本金，即企业接受其他企业单位的投资而形成的资本金；③个人资本金，即企业接受个人包括企业内部员工的投资而形成的资本金；④外商资本金，即企业接受外国企业的投资而形成的资本金。

企业的资本金按照投资者投入资本的不同物质形态，又分为货币资本金、实物资本金，以及知识产权、土地使用权等可以用货币估价并可以依法转让的无形资产资本金。

投资者实际投入企业的资本金为实收资本。值得注意的是，注册资本和实收资本是两个不同的概念。注册资本是公司的法定资本；实收资本是指公司已收缴入账的资本，只有足额缴入后，实收资本才能等于注册资本。如果法律规定注册公司可以分次缴足，则注册资本在缴足前就不等于实收资本。对于实际收到的货币资金额或投资各方确认的资产价值超过其在注册资本中所占份额的部分，应作为超额缴入资本，即资本溢价，计入资本公积金。

（二）账户设置

▶ 1.“银行存款”账户

“银行存款”账户属于资产类账户，用于核算企业存入银行或其他金融机构的各种款项。企业将银行存款存入银行或其他金融机构，即银行存款增加，应计入该账户借方；企业提取或支出银行存款，即银行存款减少，应计入该账户贷方。“银行存款”账户期末余额在借方，反映期末企业存入银行或其他金融机构的各种款项的数额。该账户应该按开户银行及账号设置明细分类账户进行明细序时登记。

▶ 2.“实收资本（或股本）”账户

“实收资本”账户（股份有限公司一般设置“股本”账户）属于所有者权益类账户，用于核算投资者投入企业的资本。“实收资本”账户反映和监督企业实收资本的增减变动情况及实有数，贷方登记所有者投入资本金的增加额，借方登记所有者投入企业资本金的减少额，期末余额在贷方，反映企业期末“实收资本”总额，是期末所有者投资的实有数额。

“实收资本”账户应按照投资人设置明细分类账户进行明细核算。

各方投资者投入资本金入账价值的确定，是实收资本核算中的一个比较重要的问题。总体来说，投入资本是按照实际收到的投资额入账的，对于收到的货币资金投资，应以实际收到的货币资金额入账；对于收到的实物等其他形式投资，应以投资各方确认的价值入账。

3. “资本公积”账户

“资本公积”账户属于所有者权益类账户，用于核算企业收到投资者出资超出其在注册资本或股本中相应份额的部分以及直接计入所有者权益的损失和利得。

“资本公积”账户贷方登记资本公积增加额，借方登记资本公积减少额，期末余额在贷方，反映企业期末资本公积的结余数额。

“资本公积”账户可按资本公积的来源不同分别对“资本溢价(或股本溢价)”“其他资本公积”进行明细核算。

(三) 账务处理

【例 4-1】 2018 年 12 月 1 日，内蒙古温暖羊绒有限公司收到投资人鄂尔多斯大河有限公司投入资金 100 000 元，全部作为注册资本份额。(见图 4-1)。

中国银行 BANK OF CHINA

中国银行 进账单（收账通知）3

2018年12月01日

出票人	全　　称	鄂尔多斯大河有限公司	收款人	全　　称	内蒙古温暖羊绒有限公司
	账　　号	0612 0546 0902 5164 238		账　　号	201150820160830
	开户银行	中国银行鄂尔多斯分行营业部		开户银行	中国银行鸿盛园区支行

人民币（大写）	壹拾万元整	千	百	十	万	千	百	十	元	角	分
			¥	1	0	0	0	0	0	0	0

票据种类	转账支票	票据张数	1张
票据号码			

中国银行 鸿盛园区支行 2018.12.01 转讫 (01)

复核　　记账　　　　收款人开户银行签章

此联是收款人开户银行交给收款人的收账通知

图 4-1　进账单

这项经济业务，一方面增加了企业的银行存款，应计入“银行存款”账户的借方；另一方面使企业收到的投资增加，应计入“实收资本”账户的贷方。编制会计分录如下：

借：银行存款　　　　100 000

　贷：实收资本　　　　100 000

二、负债筹资业务

(一) 负债筹资业务的内容

企业在生产经营过程中，经常需要向银行等金融机构借款，以维持正常的运转。借款按归还期限长短分为短期借款和长期借款。

短期借款是指企业向银行或其他金融机构借入的偿还期限在一年以内(含一年)的各种借款。一般情况下，企业取得短期借款是为了维持正常的生产经营活动或者抵偿某项债务。

长期借款是指企业向银行或其他金融机构借入的偿还期限在一年以上(不含一年)的各种借

款。一般来说，企业举借长期借款是为了扩充经营规模而增加各种长期、耐用的固定资产。

企业借款的入账价值按照申请获得贷款时实际收到的贷款数额进行确认和计量。

(二) 账户设置

▶ 1.“短期借款”账户

“短期借款”账户属于负债类账户，用于核算企业的短期借款。该账户贷方登记企业借入短期借款的金额，借方登记归还的短期借款金额，期末余额在贷方，反映企业尚未偿还的短期借款本金。“短期借款”账户应按债权人和借款种类设置明细分类账户，进行明细分类核算。

▶ 2.“财务费用”账户

“财务费用”账户属于损益类账户，用于核算企业为筹集生产经营资金等而发生的各项筹资费用，包括利息支出(减利息收入)、汇兑损益以及相关的手续费等。该账户借方登记手续费用、利息费用等的增加额，贷方登记应冲减财务费用的利息收入等。期末结转后，该账户无余额。

▶ 3.“应付利息”账户

“应付利息”账户属于负债类账户，用于核算企业按照合同约定应支付的利息，包括吸收存款、分期付息到期还本的长期借款、企业债券等应支付的利息。该账户贷方登记应付未付利息，借方登记归还的利息，期末余额在贷方，反映企业应付未付的利息。

▶ 4.“长期借款”账户

“长期借款”账户属于负债类账户，用于核算企业长期借款本金及利息的取得和偿还情况。该账户贷方登记取得各种长期借款的金额及应计入长期借款的利息，借方登记归还各种长期借款的金额，期末余额在贷方，反映企业尚未归还长期借款的金额。“长期借款”账户可按贷款单位和贷款种类进行明细核算。

(三) 账务处理

【例 4-2】2018 年 12 月 1 日，内蒙古温暖羊绒有限公司从银行借入期限为 6 个月的借款 200 000 元，年利率 6%，到期一次还本付息，款已存入银行(见图 4-2)。

12 月 1 日借入款项时，一方面使企业的银行存款增加，应计入“银行存款”账户的借方；另一方面使企业的短期借款增加，应计入“短期借款”账户的贷方。编制会计分录如下：

借：银行存款　　　　　　　　　　　　　　　　　　　　200 000
　　贷：短期借款　　　　　　　　　　　　　　　　　　　　　200 000

12 月末，计提本月负担的短期借款利息 1 000 元。

企业的短期借款利息，按季或到期一次支付且数额较大时，应按月计提计入财务费用。这项经济业务，一方面使企业的财务费用增加，应计入“财务费用”账户的借方；另一方面使企业应付的利息增加，应计入“应付利息”账户的贷方。编制会计分录如下：

借：财务费用　　　　　　　　　　　　　　　　　　　　　1 000
　　贷：应付利息　　　　　　　　　　　　　　　　　　　　　　1 000

上述短期借款到期，用银行存款偿还本金 200 000 元，利息 6 000 元。

这项经济业务，一方面使企业短期借款和应付利息都减少，应分别计入“短期借款”和“应付利息”账户的借方；另一方面使企业的银行存款减少，应计入“银行存款”账户的贷方。编制会计分录如下：

借：短期借款　　　　　　　　　　　　　　　　　　　　　　　　　200 000
　　应付利息　　　　　　　　　　　　　　　　　　　　　　　　　　6 000
　　贷：银行存款　　　　　　　　　　　　　　　　　　　　　　　206 000

中国银行 BANK OF CHINA	借款借据（收账通知）												
借款日期：2018年12月01日													
借款单位	内蒙古温暖羊绒有限公司	扣款账号	201150820160830						备注：				
		批文号	20181201										
		货款账号	201150820160830										
借款金额（币种）	人民币（大写）　贰拾万元整		亿	千	百	十	万	千	百	十	元	角	分
					¥	2	0	0	0	0	0	0	0
借款期限	6个月	期数	6期										
借款用途	流动资金借款	年利率	6%										
按照 20181201 号《借款合同》有关约定划付。 你单位上述款项，已转入单位结算账户。 银行盖章 (01)													

图 4-2　借款借据(短期借款)

【例 4-3】 内蒙古温暖羊绒有限公司于 2018 年 12 月 2 日从银行借入 3 年期借款 600 000 元，年利率 8%，到期一次还本付息，款已存入银行(见图 4-3)。

中国银行 BANK OF CHINA	借款借据（收账通知）												
借款日期：2018年12月02日													
借款单位	内蒙古温暖羊绒有限公司	扣款账号	201150820160830						备注：				
		批文号	20181225										
		货款账号	201150820160830										
借款金额（币种）	人民币（大写）　陆拾万元整		亿	千	百	十	万	千	百	十	元	角	分
					¥	6	0	0	0	0	0	0	0
借款期限	3年	期数	36期										
借款用途	流动资金借款	年利率	8%										
按照 20181225 号《借款合同》有关约定划付。 你单位上述款项，已转入单位结算账户。 银行盖章 (01)													

图 4-3　借款借据(长期借款)

这项经济业务，一方面使企业的银行存款增加，应计入"银行存款"账户的借方；另一方面使企业的长期借款增加，应计入"长期借款"账户的贷方。编制会计分录如下：

借：银行存款　　　　　　　　　　　　　　　　　　　　　600 000
　　贷：长期借款　　　　　　　　　　　　　　　　　　　　　600 000

任务二　供应过程业务的账务处理

企业进行生产经营活动，为了维持正常生产运转，必须有所需的固定资产和各种材料物资，购入固定资产和材料物资的过程就是为生产做准备的过程，即供应过程。根据"基础会计"课程的教学安排，本任务以生产经营中的企业为例，介绍企业供应过程中材料采购业务的处理。

一、材料采购业务的内容

材料采购业务就是采购企业生产所需原材料。原材料是企业在生产过程中经过加工改变其形态或性质并构成产品主要实体的各种原料和外购半成品，以及不构成产品实体但有助于产品形成的辅助材料，包括原材料及主要材料、辅助材料、外购半成品、修理用备品备件、包装材料、燃料等。

企业材料的实际采购成本由下列各项组成：①材料的买价；②运杂费，包括运输费、装卸费、包装费、运输保险费等；③运输途中的合理损耗；④入库前的挑选整理费；⑤购入材料应负担的税金；⑥其他费用，如大宗物资的市内运杂费。

市内零星运杂费、采购人员的差旅费和专设采购机构的经费一般作为管理费用核算。

材料的采购成本是按照每种材料核算的，所以采购材料所支付的价款和采购费用等也要按照材料的品种进行归集和计算。在材料的采购成本中，买价和负担的税金应直接计入各种材料的采购成本；其他采购费用，凡是能分清对象的，可直接计入其采购成本，分不清对象的，应按照材料的重量或买价等比例分摊计入各种材料的采购成本。

二、账户设置

▶ 1."原材料"账户

"原材料"账户属于资产类账户，用于核算企业库存材料的增减变动和结存情况。该账户借方登记已验收入库的材料成本，贷方登记发出材料成本，期末余额在借方，反映期末库存材料的成本。为了具体核算、监督库存材料的收入、发出和结存情况，可以按照材料的类别、品种和规格设置明细账进行明细核算。

▶ 2."在途物资"账户

"在途物资"账户属于资产类账户，用于核算货款已经支付但尚未验收入库的在途物资的采购成本。该账户借方登记企业购入材料等支付的买价及相关费用，贷方登记材料到达并验收入库的金额，期末余额在借方，反映企业在途物资的金额。本账户应按照材料的品种设置明细账进行明细核算。

▶ 3. "应交税费"账户

"应交税费"账户属于负债类账户,用于核算企业按照税法等规定应缴纳的各种税费,包括增值税、消费税、所得税、资源税、土地增值税、城市维护建设税、房产税、土地使用税、车船使用税、教育费附加、矿产资源补偿费等。企业代扣代交的个人所得税等,也通过本账户核算。该账户贷方登记企业应缴纳的各种税费,借方登记企业实际缴纳的各种税费,期末余额在贷方,反映企业尚未缴纳的税费。期末余额如在借方,则反映企业多交或尚未抵扣的税费。本账户可按应交的税费项目进行明细核算。

在材料采购过程中,主要涉及的税费是增值税,为了核算增值税,需要在"应交税费"总账科目下设置"应交增值税"明细账户,并在"应交增值税"明细账户借方设置"进项税额""已交税金"专栏,在贷方设置"销项税额"等专栏。"进项税额"专栏记录企业购入货物或接受应税劳务、服务所支付或承担的、准予从销项税额中抵扣的增值税税额。企业购入货物或接受应税劳务、服务所支付或承担的进项税额用蓝字登记,退回所购货物应冲销的进项税额用红字登记。"销项税额"专栏记录企业销售货物或提供应税劳务、服务应收取的增值税税额。企业销售货物或提供应税劳务、服务取得的销项税额用蓝字登记,已销货物退回时应冲销的销项税额用红字登记。

知识链接

增 值 税

企业采购材料和销售货物时设置"应交税费"账户主要是为了核算增值税。增值税是对商品生产、流通、劳务服务中多个环节的新增价值或商品的附加值征收的一种流转税,是一种价外税。我国对一般纳税人采用税款抵扣的办法,采取两段征收法,分为增值税进项税额和销项税额。

当期应纳税额＝当期销项税额－可抵扣进项税额

其中,进项税额是指纳税人购进货物或接受应税劳务所支付或负担的增值税税额;销项税额是指纳税人销售货物或应税劳务,按照销售额和规定的税率计算并向购买方收取的增值税税额。

销项税额＝不含税销售额×增值税税率

▶ 4. "应付账款"账户

"应付账款"账户属于负债类账户,用于核算企业因购买货物和接受劳务供应等应付未付给供应单位的款项。该账户贷方登记应付未付给供应单位的款项,借方登记偿还供应单位的款项,期末余额在贷方,反映企业尚未支付的应付账款。该账户按供应单位设置明细账进行明细核算。

▶ 5. "预付账款"账户

"预付账款"账户属于资产类账户,用于核算企业按购货合同规定预付给供应单位的款项。该账户借方登记预付或补付给供应单位的款项,贷方登记因收到提供产品和劳务而冲销的预付款项。

三、账务处理

【例4-4】2018年12月3日,内蒙古温暖羊绒有限公司从呼和浩特第一纺织厂购进5 000

米纱布坯布，单价1.5元，货款已经通过网银结算方式支付（见图4-4、图4-5和表4-1）。

增值税专用发票

2340401161

（统一发票监制章 内蒙古 发票监制 国家税务局盖制）

发票联

No 06214641

开票日期：2018年12月3日

购货单位	名　　称：内蒙古温暖羊绒有限公司 纳税人识别号：91150102MAOMY36Q2B 地址、电话：内蒙古呼和浩特市鸿盛工业园区创业路1号 电话：0471-3214567 开户行及账号：中国银行鸿盛园区支行 201150820160830	密码区	（略）

货物或应税劳务名称	规格型号	单位	数量	单价	金额	税率	税额
*纱*纱布坯布	35g	米	5 000	1.50	7 500.00	16%	1 200.00
合　　计					￥7 500.00		￥1 200.00

价税合计（大写）⊗捌仟柒佰圆整　　　　　　（小写）￥8 700.00

销货单位	名　　称：呼和浩特第一纺织厂 纳税人识别号：150101237635432 地址、电话：呼和浩特南大街4号 0471-2356778 开户行及账号：中国工商银行南大街支行 3124565789788	备注	呼和浩特第一纺织厂 150101237635432 发票专用章 销货单位：（章）

收款人：吴华　　　　复核：张楠　　　　开票人：李子墨　　　　销货单位：（章）

第三联　发票联　购货方记账凭证

图 4-4　增值税专用发票

中国银行 BANK OF CHINA

电汇凭证（回单）　1

2018年12月3日

汇款人	全　　称	内蒙古温暖羊绒有限公司	收款人	全　　称	呼和浩特第一纺织厂
	账　　号	201150820160830		账　　号	3124565789788
	汇出地点	呼和浩特市		汇入地点	呼和浩特市
汇出行名称		中国银行鸿盛园区支行	汇入行名称		中国工商银行南大街支行

金额	人民币（大写）	捌仟柒佰元整	亿	千	百	十	万	千	百	十	元	角	分
							￥	8	7	0	0	0	0

中国银行 鸿盛园区支行 2018.12.03 转讫 （01）

支付密码

附加信息及用途：

汇出行签章　　　　　复核：　　记账：

此联是汇出行给汇款人的回单

图 4-5　电汇凭证

表 4-1　入　库　单

2018 年 12 月 3 日

发票号码：06214641

供应单位：呼和浩特第一纺织厂　　　　　　　　　　　　　　　收料单编号：001

材料类别：原材料及主要材料　　　　　　　　　　　　　　　　收料仓库：2 号库

编号	名称	规格	单位	数量/米		实际成本/元					备注
				应收	实收	买价		运杂费	其他	合计	
						单价	金额				
001	纱布坯布	35g	米	5 000	5 000	1.5	7 500	0	0	7 500	
合　计											

主管：林萍　　采购员：王一　　检验员：赵凯　　记账员：马芳　　保管员：吴海

増值税专用发票上注明的货物单价是不含税单价，应抵扣的进项税额为 1 200 元，已经支付。对于这项业务，采购成本为增值税发票上注明的价款，增值税进项税额假设已经通过认证可以抵扣，不计入采购成本。编制会计分录如下：

借：原材料——纱布坯布　　　　　　　　　　　　　　　　　　　　　　7 500

　　应交税费——应交增值税(进项税额)　　　　　　　　　　　　　　　1 200

　　贷：银行存款　　　　　　　　　　　　　　　　　　　　　　　　　　　　8 700

【例 4-5】2018 年 12 月 4 日，内蒙古温暖羊绒有限公司向鄂尔多斯宏盛绒毛制品加工厂购进一批材料，款项尚未支付，对方代垫运费 1 000 元(不含税)。原材料于当日验收入库，收到两张增值税专用发票(见图 4-6 和图 4-7)和一张原材料入库单(见表 4-2)。

330401164

增值税专用发票

No 8214356

开票日期：2018 年 12 月 4 日

购货单位	名　　称：内蒙古温暖羊绒有限公司 纳税人识别号：91150102MAOMY36Q2B 地址、电话：内蒙古呼和浩特市鸿盛工业园区创业路1号 电话：0471-3214567 开户行及账号：中国银行鸿盛园区支行 201150820160830	密码区	(略)

货物或应税劳务名称	规格型号	单位	数量	单价	金额	税率	税额
*羊绒*白色细织羊绒	30mm	千克	6 000	70.00	420 000.00	16%	67 200.00
合　计					￥ 420 000.00		￥ 67 200.00

价税合计（大写）	⊗ 肆拾捌万柒仟贰佰圆整	（小写）￥487 200.00

销货单位	名　　称：鄂尔多斯宏盛绒毛制品加工厂 纳税人识别号：1529073566225 地址、电话：鄂尔多斯 0477-2356778 开户行及账号：中国工商银行南大街支行 3124565786552	备注	

收款人：周宁　　　　复核：王爱国　　　　开票人：林子涵　　　　销货单位：（章）

图 4-6　增值税专用发票

货物运输业增值税专用发票

100468589

发 票 联

No 0621464

开票日期:2018年12月4日

第二联 发票联 购货方记账凭证

承运人及纳税人识别号	鄂尔多斯飞速物流有限公司 91152902EROMY36Q3L	密码区	略	
实际收票方及纳税人识别号	内蒙古温暖羊绒有限公司 91150102MAOMY36Q2B			
收货人及纳税人识别号	内蒙古温暖羊绒有限公司 91150102MAOMY36Q2B	发货人及纳税人识别号	鄂尔多斯宏盛绒毛制品加工厂 15290735876225	
起运地、经由、到达地	鄂尔多斯市—呼和浩特市			

费用项目及金额	费用项目	金额	运输货物信息
	运输	1 000.00	

合计金额:1 000.00	税率 10%	税额	100.00	机器编号	
价税合计(大写)	壹仟壹佰元整			(小写)￥1 100.00	
车种车号	厢式货车 蒙K59248	车船吨位	8吨	备注	
主管税务机关及代码	鄂尔多斯国家税务局				

收款人:张小虎   复核人: 开票人:周洁   承运人(章)

图 4-7 货物运输业增值税专用发票

表 4-2 入 库 单

2018 年 12 月 4 日

发票号码:8214356

供应单位:呼和浩特第一纺织厂

材料类别:原材料及主要材料

收料单编号:002

收料仓库:1号库

第三联 记账联

编号	名称	规格	单位	数量/千克		实际成本/元					备注
				应收	实收	买价		运杂费	其他	合计	
						单价	金额				
002	白色细织羊绒	30mm	千克	6 000	6 000	70	42 000	1 000	0	421 000	
	合 计										

主管:林萍   采购员:王一   检验员:赵凯   记账员:马芳   保管员:吴海

借:原材料——白色细织羊绒   421 000

　　应交税费——应交增值税(进项税额)　　　　　　　　　　　　　67 300

　　　贷：应付账款——宏盛绒毛　　　　　　　　　　　　　　　　　488 300

【例4-6】2018年12月5日，内蒙古温暖羊绒有限公司从鄂尔多斯宏盛绒毛制品加工厂购进一批材料，款项尚未支付，支付运费2 200元(含税)。收到两张增值税专用发票(见图4-8和图4-9)。

3100468589	货物运输业增值税专用发票		No 0621465

开票日期:2018年12月5日

承运人及纳税人识别号	鄂尔多斯飞速物流有限公司 91152902EROMY36Q3L	密码区	略	
实际收票方及纳税人识别号	内蒙古温暖羊绒有限公司 91150102MAOMY36Q2B			
收货人及纳税人识别号	内蒙古温暖羊绒有限公司 91150102MAOMY36Q2B	发货人及纳税人识别号	鄂尔多斯宏盛绒毛制品加工厂 15290735876225	
起运地、经由、到达地	鄂尔多斯市—呼和浩特市			
费用项目及金额	费用项目　　　　　金额 运输　　　　　2 000.00	运输货物信息		
合计金额：2 000.00	税率 10% 税额	200.00	机器编号	
价税合计(大写)	贰仟贰佰元整		(小写)￥2 200.00	
车种车号	厢式货车 蒙K59247 车船吨位 8吨	备注		
主管税务机关及代码	鄂尔多斯国家税务局			
收款人：张小虎	复核人： 开票人：周洁		承运人（章）	

第二联　发票联　购货方记账凭证

图4-8　货物运输业增值税专用发票

　　借：在途物资——白色羊绒呢　　　　　　　　　　　　　　　　280 400

　　　　　　　　——红色羊绒呢　　　　　　　　　　　　　　　　140 200

　　　　　　　　——黑色羊绒呢　　　　　　　　　　　　　　　　560 800

　　　　　　　　——紫色羊绒呢　　　　　　　　　　　　　　　　420 600

　　　　应交税费——应交增值税(进项税额)　　　　　　　　　　224 200

　　　　贷：应付账款——宏盛绒毛　　　　　　　　　　　　　1 624 000

　　　　　　银行存款　　　　　　　　　　　　　　　　　　　　　2 200

【例4-7】2018年12月8日，收到该批材料，验收入库(见表4-3)。

增值税专用发票

330401164

No 8214357

开票日期：2018年12月5日

购货单位		密码区	（略）			
名　　　　称：内蒙古温暖羊绒有限公司						
纳税人识别号：91150102MAOMY36Q2B						
地址、电话：内蒙古呼和浩特市鸿盛工业园区创业路1号 电话：0471-3214567						
开户行及账号：中国银行鸿盛园区支行 201150820160830						

货物或应税劳务名称	规格型号	单位	数量	单价	金额	税率	税额
＊羊绒＊白色羊绒呢	100%	米	2 000	140.00	280 000.00	16%	67 200.00
＊羊绒＊红色羊绒呢	100%	米	1 000	140.00	140 000.00	16%	22 400.00
＊羊绒＊黑色羊绒呢	100%	米	4 000	140.00	560 000.00	16%	89 600.00
＊羊绒＊紫色羊绒呢	100%	米	3 000	140.00	420 000.00	16%	67 200.00
合　计					￥1 400 000.00	16%	￥224 000.00

价税合计（大写）	⊗ 壹佰陆拾贰万肆仟圆整	（小写）￥1 624 000.00

销货单位	
名　　　　称：鄂尔多斯宏盛绒毛制品加工厂	备注
纳税人识别号：1529073566225	
地址、电话：鄂尔多斯 0477-2356778	
开户行及账号：中国工商银行南大街支行 3124565786552	

收款人：周宁　　　复核：王爱国　　　开票人：林子涵　　　销货单位：（章）

图 4-9　增值税专用发票

表 4-3　入　库　单

2018 年 12 月 8 日

发票号码：1308088011　　　　　　　　　　　　　　　　　　收料单编号：002

供应单位：鄂尔多斯宏盛绒毛制品加工厂　　　　　　　　　　收料仓库：1 号库

材料类别：原材料及主要材料

编号	名称	规格	单位	数量/米		实际成本					备注
				应收	实收	买价		运杂费	其他	合计	
						单价	金额				
003	白色羊绒呢	100%	米	2 000	2 000	140	280 000	400		280 400	140.2
004	红色羊绒呢	100%	米	1 000	1 000	140	140 000	200		140 200	140.2
005	黑色羊绒呢	100%	米	4 000	4 000	140	560 000	800		560 800	140.2
006	紫色羊绒呢	100%	米	3 000	3 000	140	420 000	600		420 600	140.2
合　计							1 400 000	2000		1 402 000	—

主管：林萍　　采购员：王一　　检验员：赵凯　　记账员：马芳　　保管员：吴海

借：原材料——白色羊绒呢　　　　　　　　　　　　　　　　　280 400

　　　　　　——红色羊绒呢　　　　　　　　　　　　　　　　140 200

　　　　　　——黑色羊绒呢　　　　　　　　　　　　　　　　560 800

——紫色羊绒呢		420 600
贷：在途物资——白色羊绒呢		280 400
——红色羊绒呢		140 200
——黑色羊绒呢		560 800
——紫色羊绒呢		420 600

【例 4-8】承例 4-5 和例 4-6，12 月 15 日，内蒙古温暖羊绒有限公司以银行电汇的方式偿还鄂尔多斯宏盛绒毛制品加工厂款项 2 112 300 元，收到银行回单一张（见图 4-10）。

图 4-10　电汇凭证

借：应付账款——宏盛绒毛		2 112 300
贷：银行存款		2 112 300

【例 4-9】12 月 17 日，与义乌乐清服装辅料有限公司签订购销合同，根据合同约定支付服装辅料定金 20 000 元。以电汇形式支付给对方，收到银行回单 1 张。

借：预付账款——乐清服装		20 000
贷：银行存款		20 000

【例 4-10】12 月 20 日，收到义乌乐清服装辅料有限公司发来的服装辅料，增值税专用发票注明的价款 50 000 元，增值税 8 500 元，材料已验收入库，余款通过银行转账偿还。

借：原材料——服装辅料		50 000
应交税费——应交增值税（进项税额）		8 500
贷：预付账款——乐清服装		20 000
银行存款		38 500

任务三 生产过程业务的账务处理

企业产品的生产过程同时也是生产资料的耗费过程。企业在生产过程中发生的各项生产费用是企业为获得收入而预先垫支并需要得到补偿的资金耗费，这些费用最终都要归集、分配给特定的产品，形成产品的成本。

一、生产过程业务的内容

制造业的生产过程是从投入材料到产品完工并验收入库的全过程。在生产过程中，工人利用厂房、机器设备等劳动资料，对原材料、辅助材料等劳动对象进行加工，生产出满足社会需要的产品。在生产过程中所消耗的材料、支付给职工的薪酬和机器设备等固定资产的磨损的价值逐步转移到产品的价值中去。因此，生产过程既是产品的制作过程，也是生产资料耗费的过程。

二、生产过程费用分类

企业在生产产品的过程中所发生的各种耗费称为生产费用，主要包括为生产产品所消耗的材料、生产工人的薪酬、厂房和机器设备等固定资产的折旧费，以及管理和组织生产而发生的各种费用。企业在生产经营过程中发生的上述费用，按其经济用途可分为直接费用、间接费用和期间费用。

（一）直接费用

直接费用是指企业为生产产品所发生的各项直接支出，包括直接材料、直接人工和其他直接支出。

（二）间接费用

间接费用是指企业为生产产品所发生的各项间接支出，包括车间一般消耗的材料、车间管理人员人工费、折旧费和其他间接支出。

（三）期间费用

期间费用是指企业行政管理部门为组织和管理生产经营活动以及为销售产品等所发生的各种费用，包括管理费用、财务费用和销售费用。

三、生产过程业务核算

（一）材料费用的归集与分配

▶ 1. 材料费用归集与分配业务的内容

材料费用归集与分配业务是指生产过程中领用原材料，并且按照材料费用发生的地点和经济用途，归集、分配到有关成本、费用账户的业务。

▶ 2. 账户设置

1）"生产成本"账户

"生产成本"账户属于成本类账户，用于核算企业生产各种产品（产成品、自制半成品等)、自制材料、自制工具、自制设备等发生的各项生产成本。

"生产成本"账户借方登记应计入产品生产成本的各项费用,包括直接计入产品生产成本的直接材料费用、直接人工费用和其他直接支出,以及期末按照一定的方法分配计入产品生产成本的制造费用;贷方登记完工入库产品应结转的生产成本。期末余额在借方,反映企业期末尚未加工完成的在产品成本。该账户应按照成本核算对象设置明细账进行明细核算。

2)"制造费用"账户

"制造费用"账户属于成本类账户,用于核算企业生产车间(部门)为生产产品和提供劳务而发生的各项间接费用,包括生产车间机物料消耗、车间技术人员和管理人员的工资及福利费、车间固定资产折旧费,以及车间办公费、水电费、季节性停工损失费等。

"制造费用"账户借方登记实际发生的各项制造费用,贷方登记期末按照一定标准分配转入"生产成本"账户借方的应计入产品成本的制造费用。期末结转后,该账户一般无余额。该账户应按不同的生产车间、部门和费用项目进行明细核算。

3)"管理费用"账户

"管理费用"账户属于损益类账户,用于核算企业行政管理部门为组织和管理生产经营活动而发生的各项费用,包括行政管理部门领用材料、管理人员薪酬、管理用固定资产折旧费、企业办公费、业务招待费、差旅费、技术转让费、开办费、无形资产摊销、研究开发费等。

"管理费用"账户借方登记月份内发生的各种管理费用,期末,应将本账户的余额转入"本年利润"账户,结转后本账户无余额。该账户应按费用项目设置明细账进行明细核算。

▶ 3. 会计处理

企业在生产过程中领用的材料,根据有关领料单、限额领料单等原始凭证进行会计处理。

1)生产产品领用材料

企业为了生产产品领用的材料叫作直接材料,是指构成产品实体的原材料以及有助于产品形成的主要材料和辅助材料,如生产羊绒大衣的主要材料为羊绒呢。

2)生产车间一般耗用材料

生产车间一般耗用的材料应计入"制造费用"账户的借方。月末,将制造费用分配计入产品成本。

3)行政管理部门耗用材料

行政管理部门领用的消耗性材料,应作为当期费用计入"管理费用"账户的借方。

现以内蒙古温暖羊绒有限公司生产过程有关业务为例,说明材料费用的会计处理。

【例4-11】12月5—8日,生产车间领用坯布、各种羊绒呢等材料用于生产各种产品(见表4-4~表4-8)。

表4-4　领　料　单

领用单位：生产车间　　　　　　　　　2018 年 12 月 5 日　　　　　　　　　领料单编号：001

用　途	材料名称：坯布		规格型号		计量单位：米
	请领/米	实发/米	单位成本/元	成本/元	备注
长款大衣	2 400	2 400	1.5	3 600	
短款大衣	1 200	1 200	1.5	1 800	
合　计	3 600	3 600	1.5	5 400	

主管：林萍　　　　　　　领料：王川　　　　　　　　　仓库：魏伟

此联交财务

表4-5　领　料　单

领用单位：生产车间　　　　　　　　　2018 年 12 月 8 日　　　　　　　　　领料单编号：002

用　途	材料名称：黑色羊绒呢		规格型号		计量单位：米
	请领/米	实发/米	单位成本/元	成本/元	备注
长款大衣	3 000	3 000	140.2	420 600	
合　计	3 000	3 000	140.2	420 600	

主管：林萍　　　　　　　领料：王川　　　　　　　　　仓库：魏伟

此联交财务

表4-6　领　料　单

领用单位：生产车间　　　　　　　　　2018 年 12 月 8 日　　　　　　　　　领料单编号：003

用　途	材料名称：白色羊绒呢		规格型号		计量单位：米
	请领/米	实发/米	单位成本/元	成本/元	备注
短款大衣	1 100	1 100	140.2	154 220	
合　计	1 100	1 100	140.2	154 220	

主管：林萍　　　　　　　领料：王川　　　　　　　　　仓库：魏伟

此联交财务

表4-7　领　料　单

领用单位：生产车间　　　　　　　　　2018 年 12 月 8 日　　　　　　　　　领料单编号：004

用　途	材料名称：彩线		规格型号		计量单位：米
	请领/米	实发/米	单位成本/元	成本/元	备注
长款大衣	9 600	9 600	0.5	4 800	
短款大衣	5 760	5 760	0.5	2 880	
合　计	15 360	15 360	0.5	7 680	

主管：林萍　　　　　　　领料：王川　　　　　　　　　仓库：魏伟

此联交财务

表 4-8 领 料 单

领用单位：生产车间 　　　　　　　　　2018 年 12 月 8 日 　　　　　　　　　领料单编号：005

用　　途	材料名称：高级衣车油		规　格　型　号		计量单位：千克
	请领/千克	实发/千克	单位成本/元	成本/元	备　注
生产用	8	8	85	680	
合　　计	8	8	85	680	

此联交财务

主管：林萍 　　　　　　　领料：王川 　　　　　　　仓库：魏伟

12 月 20 日，行政管理部门领用松紧带（见表 4-9）。

表 4-9 领 料 单

领用单位：行政管理部门 　　　　　　　2018 年 12 月 20 日 　　　　　　　领料单编号：006

用　　途	材料名称：备件		规　格　型　号		计量单位：千克
	请领/件	实发/件	单位成本/元	成本/元	备　注
一般消耗	5	5	200	1 000	
合　　计	5	5	200	1 000	

此联交财务

主管：林萍 　　　　　　　领料：王川 　　　　　　　仓库：魏伟

月末，汇总本月领料单，根据基本生产车间为生产产品领用材料、车间一般耗用材料，行政管理部门领用材料情况编制发出材料汇总表（见表 4-10）。

表 4-10 发出材料汇总表

2018 年 12 月 31 日 　　　　　　　　　　　　　　　　　　　　　　单位：元

借方＼贷方		直接材料项目					高级衣车油	备件	合计
		直接计入							
		黑色羊绒呢	白色羊绒呢	坯布	彩线	小计			
生产成本	长款大衣	420 600		3 600	4 800	429 000			429 000
	短款大衣		154 220	1 800	2 880	158 900			158 900
	小计	420 600	154 220	5 400	7 680	587 900			587 900
制造费用							680		680
管理费用								1 000	1 000
合　　计		420 600	154 220	5 400		587 900	680	1 000	589 580

借：生产成本——长款大衣 　　　　　　　　　　　　　　　　　　　　　　429 000

　　　　　　——短款大衣 　　　　　　　　　　　　　　　　　　　　　158 900

制造费用	680
管理费用	1 000
贷：原材料——黑色羊绒呢	420 600
——白色羊绒呢	154 220
——坯布	5 400
——彩线	7 680
——高级衣车油	680
——松紧带	1 000

（二）人工费用的归集与分配

▶ 1. 人工费用的内容

人工费用是指企业员工为生产、经营活动所发生的人力耗费。人工费用的货币表现形式为职工薪酬，包括工资、奖金、津贴、职工福利费、养老保险费、医疗保险费、住房公积金、工会经费、职工教育经费等。人工费用应按照职工提供服务的受益对象，归集、分配到有关成本、费用账户。

▶ 2. 账户设置

"应付职工薪酬"账户属于负债类账户，用于核算企业根据有关规定应付给职工的各种薪酬。该账户借方登记本期实际支付的职工薪酬，贷方登记本期实际发生的应付职工薪酬，期末贷方余额反映企业应付职工薪酬的结余。该账户可按"工资""福利费"等设置明细账进行明细核算。

▶ 3. 会计处理

人工费用应按受益对象即职工的服务对象进行归集和分配，主要包括以下几种情况。

1）生产工人的薪酬支出

直接从事产品生产的工人的职工薪酬称为直接人工，直接计入"生产成本——某产品"账户。

2）车间管理人员的薪酬支出

车间管理人员的薪酬支出是为了进行车间管理而发生的间接费用，应计入"制造费用"账户的借方。

3）行政管理人员的薪酬支出

行政管理人员的薪酬支出应作为当期费用，直接计入"管理费用"账户。如果企业设有专门的销售机构，该销售机构人员的薪酬应计入"销售费用"账户。

【例 4-12】12 月末，根据人事部门提供的职工薪酬汇总表（见表 4-11）编制职工薪酬分配表（见表 4-12）。

借：生产成本——长款大衣	40 000
——短款大衣	24 000
制造费用	12 000
管理费用	27 000
贷：应付职工薪酬	103 000

表 4-11　职工薪酬汇总表

2018 年 12 月 31 日

单位：元

部　门		应付工资	福利费	医疗、工伤、生育险	养老及失业保险	住房公积金	工会经费	职工教育经费	合计
基本生产车间	生产工人	52 000.00	3 420.00	3 120.00	2 080.00	1 040.00	1 040.00	1 300.00	64 000.00
	管理人员	9 500.00	932.50	570.00	380.00	190.00	190.00	237.50	12 000.00
行政管理部门人员		21 000.00	2 535.00	1 260.00	840.00	420.00	420.00	525.00	27 000.00
合　计		82 500.00	6 887.50	4 950.00	3 300.00	1 650.00	1 650.00	2 062.50	103 000.00

表 4-12　职工薪酬分配表

2018 年 12 月 31 日

部　　门		分配标准/工时	分配率	分配金额/元
生产车间工人	长款大衣	4 000	10	40 000.00
	短款大衣	2 400	10	24 000.00
	小计	6 400	10	64 000.00
车间管理人员				12 000.00
行政管理人员				27 000.00
合　计				103 000.00

【例 4-13】12 月 10 日，开具现金支票从银行提取现金 82 500 元，用于发放上月职工工资（见图 4-11）。

中国银行

支票存根

10400030

37080880

附加信息

_____

_____

出票日期 2018 年 12 月 10 日

收款人：内蒙古温暖羊绒有限公司
金　　额：￥82 500.00
用　　途：备发工资

单位主管 白方　　会计 马芳

图 4-11　支票存根

借：库存现金 82 500

　　贷：银行存款 82 500

【例 4-14】12 月 10 日，以现金发放职工工资 825 000 元。

借：应付职工薪酬 82 500

　　贷：库存现金 82 500

需要说明的是，实务工作中，大部分单位不再采取现金来发放工资，而是通过银行办理代发工资业务，即在发工资的时间通知银行将工资直接划入每个员工的工资卡中。发放工资的会计处理如下：

借：应付职工薪酬——职工工资、奖金

　　贷：银行存款——开户行名称

(三) 其他费用的归集与分配

其他费用主要包括固定资产折旧费、水电费、办公费、差旅费等有关费用。其他费用发生时，应按费用发生的地点和用途，归集、分配到相关成本、费用账户。

▶ 1. 固定资产折旧费的计提

固定资产折旧是指固定资产在使用寿命内，按照确定的方法对应计提的折旧额进行系统分摊。固定资产折旧是固定资产的耗费，应按固定资产收益对象的不同分别计入"制造费用""管理费用""销售费用"等不同的成本、费用账户。

▶ 2. 账户设置

为了核算固定资产折旧的计提情况，应设置"累计折旧"等账户。

"累计折旧"账户属于资产类账户，用于核算企业对固定资产计提的累计折旧。固定资产在使用过程中会不断发生磨损，固定资产的价值将随着实物磨损而逐渐、部分地转化为当期的成本和费用。固定资产由于使用而逐渐转移的价值称为固定资产折旧。固定资产折旧反映了固定资产原始价值的减少。为了在账簿上反映固定资产的原始价值的同时也反映固定资产的净值，在计提折旧时，不直接冲减固定资产的原始价值，而是设置一个专门反映固定资产折旧情况的"累计折旧"账户。该账户贷方登记累计折旧的增加数，借方登记已提折旧的减少数或转销数，期末余额在贷方，反映企业固定资产累计折旧额。

▶ 3. 会计处理

下面以内蒙古温暖羊绒有限公司的业务为例，说明其他费用业务的会计处理。

【例 4-15】12 月 31 日，以转账支票支付本月电费和水费（见图 4-12～图 4-15）。月末根据车间及行政部门的实际耗用量分配水费和电费（见表 4-13）。

根据外购水电费分配表，生产车间应负担水电费 5 000 元，管理部门应负担水电费 2 000 元，分别作为制造费用、管理费用进行核算。

借：制造费用 5 000

　　管理费用 2 000

　　应交税费——应交增值税（进项税额） 1 000

　　贷：银行存款 8 000

实务中，企业除了月末分配材料、人工、动力等费用，还会发生一些其他的日常经营费用，如办公费、差旅费等。

中国工商银行
支票存根

10200030
37080905

附加信息

出票日期 2018 年 12 月 31 日

收款人：呼和浩特自来水公司

金　额：¥ 2 200.00

用　途：缴纳水费

单位主管 白方　会计 马芳

图 4-12　支票存根（缴纳水费）

中国工商银行
支票存根

10200030
37080906

附加信息

出票日期 2018 年 12 月 31 日

收款人：呼和浩特供电局

金　额：¥ 5 800.00

用　途：缴纳电费

单位主管 白方　会计 马芳

图 4-13　支票存根（缴纳电费）

增值税专用发票

2340401161

发 票 联

No 06214641

开票日期：2018年12月31日

| 购货单位 | 名　称：内蒙古温暖羊绒有限公司
纳税人识别号：91150102MAOMY36Q2B
地址、电话：内蒙古呼和浩特市鸿盛工业园区创业路1号　电话：0471-3214567
开户行及账号：中国银行鸿盛园区支行 201150820160830 | | | | 密码区 | （略） | | |

货物或应税劳务名称	规格型号	单位	数量	单价	金额	税率	税额
＊自来水＊自来水		吨	2 000	1.00	2 000.00	10%	200.00
合　计					¥ 2 000.00		¥ 200.00

价税合计（大写）　⊗ 贰仟贰佰圆整　　（小写）¥ 2 200.00

| 销货单位 | 名　称：呼和浩特自来水公司
纳税人识别号：91150100114151466N
地址、电话：内蒙古自治区呼和浩特市赛罕区清源路甲2号　0471-6924587
开户行及账号：中国工商银行北垣街支行 3124565789788 | 备注 |

收款人：李小平　　复核：赵子楠　　开票人：周晓敏　　销货单位：（章）

（第三联 发票联 购货方记账凭证）

图 4-14　增值税专用发票（水费）

增值税专用发票

2340401161

No 06214641

开票日期：2018年12月31日

购货单位	名　　称：内蒙古温暖羊绒有限公司 纳税人识别号：91150102MAOMY36Q2B 地址、电话：内蒙古呼和浩特市鸿盛工业园区创业路1号 电话：0471-3214567 开户行及账号：中国银行鸿盛园区支行 201150820160830	密码区	（略）

货物或应税劳务名称	规格型号	单位	数量	单价	金额	税率	税额
＊电力＊电力		度	5 000	1.00	5 000.00	16%	800.00
合　计					￥5 000.00		￥800.00

价税合计（大写）	⊗ 伍仟捌佰圆整	（小写）￥5 800.00

销货单位	名　　称：呼和浩特供电局 纳税人识别号：91150124MAOMW4J85N 地址、电话：内蒙古自治区呼和浩特市新城区 0471-4982145 开户行及账号：中国工商银行海东路支行 5224565789788	备注	呼和浩特供电局 91150124MAOMW4J85N 发票专用章

收款人：周宁　　复核：黄天　　开票人：刘娜　　销货单位：（章）

图 4-15　增值税专用发票（电费）

表 4-13　外购水电费分配表

2018 年 12 月 31 日　　　　　　　　　金额单位：元

使用对象	外 购 水 费			外 购 电 费			合　计
	耗用量/吨	单价/元	分配额/元	耗用量/度	单价/元	分配额/元	
生产车间	1 200	1	1 200	3 800	1	3 800	5 000
管理部门	800	1	800	1 200	1	1 200	2 000
合　计	2 000	1	2 000	5 000	1	5 000	7 000

【例 4-16】12 月 7 日，行政管理部门购买办公用品花费 3 480 元，以银行存款支付（见图 4-16 和图 4-17）。

借：管理费用　　　　　　　　　　　　　　　　　　　　　　　　　　3 000

　　应交税费——应交增值税（进项税额）　　　　　　　　　　　　　480

　　贷：银行存款　　　　　　　　　　　　　　　　　　　　　　　　　　3 480

2340401161

增值税专用发票

发 票 联

No 06214641

开票日期：2018年12月7日

购货单位	名　　　称：内蒙古温暖羊绒有限公司 纳税人识别号：91150102MAOMY36Q2B 地址、电话：内蒙古呼和浩特市鸿盛工业园区创业路1号 电话：0471-3214567 开户行及账号：中国银行鸿盛园区支行 201150820160830				密码区	（略）		

货物或应税劳务名称	规格型号	单位	数量	单价	金额	税率	税额
*纸制品*打印纸	A4	箱	20	150.00	3 000.00	16%	480.00
合　　计					￥ 3 000.00		￥480.00

价税合计（大写）	⊗ 叁仟肆佰捌拾圆整	（小写）￥3 480.00

销货单位	名　　　称：维客利纸品有限公司 纳税人识别号：91150102MAOZY36Q2B 地址、电话：呼和浩特中心街4号 0471-2356778 开户行及账号：中国工商银行中心街支行 2564565789788	备注

收款人：周玲　　　复核：刘柳　　　开票人：赵凯　　　销货单位：（章）

第三联　发票联　购货方记账凭证

图 4-16　增值税专用发票

中国工商银行
支票存根

1 0 2 0 0 0 3 0
3 7 0 8 0 9 0 1

附加信息

_____

_____

出票日期 2018 年 12 月 7 日

收款人：维客利纸品有限公司

金　额：￥ 3 480.00

用　途：购买办公用品

单位主管 白方　　会计 马芳

图 4-17　支票存根

【例 4-17】12 月 8 日，以银行存款支付车间办公费 1 600 元（见图 4-18 和图 4-19）。

图 4-18　增值税普通发票

图 4-19　支票存根

借：制造费用　　　　　　　　　　　　　　　　　　　　　　　　　1 600

　　贷：银行存款　　　　　　　　　　　　　　　　　　　　　　　　　　　1 600

【例 4-18】12 月 10 日，以库存现金 3 500 元支付采购部职工谭梅出差预借差旅费（见图 4-20）。

借　款　单

2018年12月10日　　　　　　　　　　第6号

借款部门	采购部	姓名	谭梅	事由	采购材料
借款金额（大写）	⊗万叁仟伍佰零拾零元零角零分				￥3 500.00
部门负责人	白杰		借款人		谭梅
单位领导批示	李传奇		财务部经理审核		白方

图 4-20　借款单

根据借款单可知，该笔业务属于出差前预借差旅费，应通过"其他应收款"账户核算。

借：其他应收款——谭梅　　　　　　　　　　　　　　　　　　　　　　　3 500

　　贷：库存现金　　　　　　　　　　　　　　　　　　　　　　　　　　　　3 500

【例 4-19】12 月 22 日，采购部职工谭梅报销差旅费 3 100 元，多余现金 400 元已退回（见图 4-21 和图 4-22）。

差旅费报销单
2018年12月22日

所属部门	采购部		姓名	谭梅	出差天数	自12月11日至12月20日 共10天		
出差事由	采购材料				借支差旅费		金额：¥3 500元	
出发		到达		起止地点	交通费	住宿费	餐费	其他	小计
月	日	月	日						
12	11	12	11	呼和浩特 鄂尔多斯	500	1500	800	100	2900
12	20	12	20	鄂尔多斯 呼和浩特	200				200
合计				⊗万叁仟壹佰零拾零元零角零分；¥3 100元				应退回：¥400元	

总经理：李传奇　　　　财务经理：白方　　　　部门经理：白杰　　　　会计：马芳　　　　报销人：谭梅

图 4-21　差旅费报销单

收款收据
2018年12月22日

今收到　　　谭梅交来

人民币　肆佰元整　　　　　¥400.00

系付　　退回预支差旅费

现金收讫

单位盖章

第三联 交财务

会计 马芳　　　　　出纳 周晓雪　　　　　经手人 谭梅

图 4-22　收款收据

企业报销差旅费业务，通常采用多退少补的方式。如上述业务，借款 3 500 元，报销 3 100 元，则报销时需将多余的 400 元退还给企业；如果该笔业务的借款额为 3 000 元，则说明实际的费用大于借款额，在报销时应由企业补付给谭梅 100 元。

职工差旅费应计入"管理费用"账户。

借：管理费用——差旅费　　　　　　　　　　　　　　　　　　　　　　　3 100

　　库存现金　　　　　　　　　　　　　　　　　　　　　　　　　　　　　400

　　贷：其他应收款——谭梅　　　　　　　　　　　　　　　　　　　　　　3 500

【例 4-20】月末，计提本月固定资产折旧 38 000 元。其中，车间固定资产折旧 14 000 元，行政管理部门 24 000 元(见表 4-14)。

表 4-14 固定资产折旧计算表

2018 年 12 月 31 日

使用单位和固定资产类别		月初原值/元	月折旧率/%	本月应提折旧额/元
生产车间	厂房	1 150 000	0.40	4 600
	生产设备	2 350 000	0.40	9 400
	小计	3 500 000	—	14 000
管理部门	房屋	2 300 000	0.40	9 200
	运输设备	2 000 000	0.40	8 000
	管理设备	1 700 000	0.40	6 800
	小计	6 000 000	0.40	24 000
合 计		9 500 000	—	38 000

审核：李传奇　　　　　　　　　　　制单：马芳

借：制造费用　　　　　　　　　　　　　　　　　　　14 000

　　管理费用　　　　　　　　　　　　　　　　　　　24 000

　　贷：累计折旧　　　　　　　　　　　　　　　　　　38 000

(四)制造费用的归集与分配

企业在生产过程中发生的制造费用是车间为了生产多种产品而发生的间接费用，需按照一定的标准在车间生产的多种产品之间进行分配，并计入各种产品的成本。例如，内蒙古温暖羊绒有限公司共生产长款大衣、短款大衣两种产品，车间为了生产这两种产品发生了材料的一般消耗、车间管理人员的薪酬支出、水电费、固定资产折旧等费用，这些费用发生时计入"制造费用"账户，月末必须按照一定的标准分配后计入上述两种产品的成本。

常用的制造费用分配标准有生产工人工时、生产工人工资、机器工时等。以生产工人职工薪酬总额分配标准为例，制造费用的分配过程如下：

制造费用分配率＝制造费用总额÷各产品生产工人工资总额

某产品应负担的制造费用＝该产品的生产工人工资总额×制造费用分配率

【例 4-21】月末，将本月发生的制造费用 33 280 元(680＋12 000＋5 000＋1 600＋14 000)，以各种产品的生产工人工资为标准分配转入各种产品的生产成本。原始凭证为制造费用分配表(见表 4-15)。

表 4-15 制造费用分配表

2018 年 12 月 31 日

分配对象	生产工人工资/元	分配率	分配金额/元
长款大衣	40 000	0.52	20 800
短款大衣	24 000		12 480
合计	64 000	—	33 280

制造费用分配率＝制造费用总额÷各产品生产工人工资总额＝33 280÷64 000＝0.52

长款大衣应负担的制造费用＝该产品的生产工人工资总额×制造费用分配率

$$＝40 000×0.52＝20 800$$

短款大衣应负担的制造费用＝该产品的生产工人工资总额×制造费用分配率

$$＝24 000×0.52＝12 480$$

借：生产成本——长款大衣　　　　　　　　　　　　　　　　　　20 800

　　　　　　——短款大衣　　　　　　　　　　　　　　　　　　12 480

　　贷：制造费用　　　　　　　　　　　　　　　　　　　　　　　　　　33 280

（五）完工产品成本计算与结转

产品制造成本的计算应在生产成本明细账中进行，生产成本明细账应按产品的名称或类别设置，以便分配、归集所发生的各种生产费用，分别计算各种产品的生产总成本和单位成本。

产品的制造成本包括直接材料、直接人工和制造费用。产品制造成本应以生产的产品为成本计算对象，对于在一定会计期间内所发生的各种直接费用如直接材料、直接人工，通过归集直接计入有关成本对象；对于发生的制造费用按照一定标准分配后计入各成本对象，即将直接费用和间接费用均计入"生产成本"账户。因此，"生产成本"账户的借方反映了本期为生产产品所发生的全部费用。月末，企业生产的产品有的已经完工，有的尚未完工，对于已经完工的产品应及时办理验收入库手续，并将完工产品成本从"生产成本"账户转入"库存商品"账户。结转完工产品成本后，"生产成本"账户余额反映月末在产品的生产成本。

根据上述分析可得：

期初在产品成本＋本期的生产费用＝完工产品成本＋期末在产品成本

当企业在期末没有在产品的情况下，则完工产品成本计算公式如下：

完工产品成本＝期初在产品成本＋本期的生产费用

▶ 1. 账户设置

"库存商品"账户属于资产类账户，用于核算企业库存的各种商品的实际成本。该账户借方登记已经完工验收入库的产成品成本，贷方登记销售发出的库存商品成本，期末余额在借方，反映企业期末库存商品的实际成本。该账户可按库存商品的种类、品种和规格进行明细核算。

▶ 2. 会计处理

下面以内蒙古温暖羊绒有限公司12月的生产过程为例，说明完工产品成本计算和结转业务的办理。

【例4-22】月末，本期生产产品全部完工并入库（见表4-16和表4-17）。根据材料费用、人工费用、制造费用核算的内容编制产品成本计算单，计算并结转完工产品成本。

由产成品入库单及产成品成本计算单可知企业各产品的完工成本和入库情况，应将完工产品成本从"生产成本"账户转入"库存商品"账户。

借：库存商品——长款大衣　　　　　　　　　　　　　　　　　　489 800

　　　　　　——短款大衣　　　　　　　　　　　　　　　　　　195 380

　　贷：生产成本——长款大衣　　　　　　　　　　　　　　　　　　　489 800

　　　　　　　　——短款大衣　　　　　　　　　　　　　　　　　　　195 380

表4-16 产成品入库单(长款大衣)

编　号：1

交库单位：生产车间　　　　2018 年 12 月 31 日　　　　收料仓库：3 号仓库

编 号	名 称	规 格	单 位	交付数量	检 测 情 况		实收数量
					合格	不合格	
1	长款大衣	长款	件	500	500		

第三联　记账联

交库人：刘明　　　　保管员：吴海

表4-17 产成品入库单(短款大衣)

编　号：1

交库单位：生产车间　　　　2018 年 12 月 31 日　　　　收料仓库：3 号仓库

编 号	名 称	规 格	单 位	交付数量	检 测 情 况		实收数量
					合格	不合格	
1	短款大衣	短款	件	400	400		

第三联　记账联

交库人：刘明　　　　保管员：吴海

表4-18 产品成本计算单(长款大衣)

单位：元

产品名称：长款大衣　　　　2018 年 12 月　　　　产量：500 件

成本项目	月初在产品成本	本月发生费用	生产费用合计	完工产品成本	单位成本	期末在产品成本
直接材料		429 000	429 000	429 000	858.00	
直接人工		40 000	40 000	40 000	80.00	
制造费用		20 800	20 800	20 800	41.60	
合　计		489 800	489 800	489 800	979.60	

制表：马芳　　　　审核：李传奇

表4-19 产品成本计算单(短款大衣)

单位：元

产品名称：短款大衣　　　　2018 年 12 月　　　　产量：400 件

成本项目	月初在产品成本	本月发生费用	生产费用合计	完工产品成本	单位成本	期末在产品成本
直接材料		158 900	158 900	158 900	397.25	
直接人工		24 000	24 000	2 4000	60.00	
制造费用		12 480	12 480	12 480	31.20	
合　计		195 380	195 380	195 380	488.45	

制表：马芳　　　　审核：李传奇

任务 四　销售过程业务及其他损益业务的账务处理

企业生产过程结束后，形成可供销售的库存商品，接下来就要进入销售过程。商品销售是工业企业生产经营过程的重要环节。企业通过销售将产品转化为货币资金，才能保证再生产的不断进行，实现其经营目标。企业销售收入的确认、货款的结算、销售成本的结转、销售费用的支付、销售税金的计算等业务是产品销售业务核算的主要内容。

一、销售收入的核算

（一）销售收入的确认

收入的确认是指收入在什么时间入账，并在利润表上反映。工业企业产品销售收入的确认采用权责发生制。

知识链接

各销售方式的收入确认时间如下：

现销方式：应在发出商品并收到销货款时确认销售收入。

赊销方式：应在企业已将商品所有权上的主要风险和报酬转移给购买方，并判断货款很可能收回时确认收入。

预收款方式：应在发出商品时确认收入，同时冲减已确认为负债的预收款项。

思考：确认收钱和确认收入是什么关系？

（二）账户设置

▶ 1."主营业务收入"账户

"主营业务收入"账户属于损益类账户，用于核算企业根据《企业会计准则第14号——收入》确认的销售商品、提供劳务、服务等主营业务的收入。该账户贷方登记企业取得的主营业务收入，即主营业务收入的增加额；借方登记期末从本账户结转入"本年利润"账户的金额，以及发生销售退回等业务时应冲减本期的主营业务收入。期末结转后，该账户无余额。该账户可按产品或劳务的类别设置明细账。

▶ 2."应收账款"账户

"应收账款"账户属于资产类账户，用于核算企业因销售商品、提供劳务等经营活动应收取的款项。该账户借方登记由于销售商品、提供劳务等发生的应收账款，包括应收取的价款、税款和代垫款；贷方登记已经收回的应收款项以及已确认为坏账的应收账款数额。期末余额通常在借方，反映企业尚未收回的应收账款；期末余额若在贷方，反映企业预收的账款。该账户可按照购货单位和个人设置明细账。

▶ 3."应收票据"账户

"应收票据"账户属于资产类账户，用于核算企业因销售商品、提供劳务等经营活动而收到的商业汇票。该账户借方登记企业收到的应收票据；贷方登记票据到期收回的应收票据。期末余额在借方，反映企业持有的商业汇票的票面金额。

▶ 4."预收账款"账户

"预收账款"账户属于负债类账户，用于核算企业按照合同规定向购货单位预收的款项。该账户贷方登记向购货单位预收的款项；借方登记销售实现时按实现的收入冲销的预收款项。期末余额通常在贷方，反映企业预收的款项；若期末余额在借方，反映企业已冲销但尚未收取的款项。该账户可按不同预付款单位设置明细账进行核算。

(三) 账务处理

现以内蒙古温暖羊绒有限公司销售过程有关业务为例，说明销售收入的账务处理。

【例 4-23】2018 年 12 月 10 日，向邢台市荣佳服饰销售有限责任公司销售羊绒呢大衣一批，增值税专用发票列示货款为 350 000 元，增值税销项税额为 56 000 元，收到银行存款 406 000 元(见图 4-23、图 4-24 和表 4-20)。

增值税专用发票

2340401161　　　　发票联　　　　No 01730001

开票日期：2018年12月10日

购货单位	名　　称：邢台市荣佳服饰销售有限责任公司 纳税人识别号：130269354422364 地 址、电 话：河北省邢台市大府路高新创业园B区3号楼 电话：0319-35896853 开户行及账号：中国工商银行邢台高新创业园支行 622201150820160830			密码区	（略）		
货物或应税劳务名称	规格型号	单位	数量	单价	金额	税率	税额
*羊绒*长款大衣	羊绒呢	件	150	2 000.00	300 000.00	16%	48 000.00
*羊绒*短款大衣	羊绒呢	件	50	1 000.00	50 000.00	16%	8 000.00
合　计					¥ 350 000.00		¥ 56 000.00
价税合计（大写）	⊗ 肆拾万零陆仟圆整				（小写）¥ 406 000.00		
销货单位	名　　称：内蒙古温暖羊绒有限公司 纳税人识别号：91150102MAOMY36Q2B 地 址、电 话：内蒙古呼和浩特市鸿盛工业园区创业路1号 电话：0471-3214567 开户行及账号：中国银行鸿盛园区支行 201150820160830			备注	内蒙古温暖羊绒有限公司 91150102MAOMY36Q2B 发票专用章		

收款人：周小玲　　复核：白方　　开票人：马芳　　销货单位：（章）

第一联 记账联 销售方记账凭证

图 4-23　增值税专用发票

该项经济业务的发生，将引起资产、负债和收入三项会计要素的变化，涉及"银行存款""应交税费""主营业务收入"三个账户。编制会计分录如下：

借：银行存款——中国银行鸿盛园区支行　　406 000

　贷：主营业务收入——长款大衣　　300 000

　　　　　　　　——短款大衣　　50 000

应交税费——应交增值税（销项税额） 56 000

中国银行 BANK OF CHINA	进账单（收账通知）3 2018年12月10日		

进账单（收账通知）3
2018年12月10日

汇款人	全 称	邢台市荣佳服饰销售有限责任公司	收款人	全 称	内蒙古温暖羊绒有限公司
	账 号	6222011508201608830		账 号	201150820160830
	汇出地点	邢台市		开户银行	呼和浩特市
汇出行名称		中国工商银行邢台高新创业园支行	汇入行名称		中国银行鸿盛园区支行

金额	人民币（大写）	肆拾万零陆仟圆整	亿	千	百	十	万	千	百	十	元	角	分
						¥	4	0	6	0	0	0	0	0

中国银行
鸿盛园区支行
2018.12.10
转讫
(01)

支付密码

附加信息及用途：

汇出行签章

复核： 记账：

此联是收款人开户行交给收款人的收账通知

图 4-24 进账单

表 4-20 产品出库单   第 603011 号
2018 年 12 月 10 日

名 称	单 位	数 量	单 价	金 额									用途或原因
				百	十	万	千	百	十	元	角	分	
长款大衣	件	150	979.6		1	4	6	9	4	0	0	0	销售
短款大衣	件	50	488.45			2	4	4	2	2	5	0	销售
合 计		200	—	¥	1	7	1	3	6	2	5	0	

主管：林萍   会计：马芳   质检员：孙莉   保管员：吴海   经手人：吴海

第三联 记账联

【例 4-24】2018 年 12 月 12 日，向山西睿智服饰有限公司销售羊绒呢大衣一批，增值税专用发票列示货款为 180 000 元，增值税销项税额为 28 800 元，货款及税款尚未收到（见图 4-25 和表 4-21）。

该项经济业务的发生，将引起资产、负债和收入三项会计要素的变化，涉及"应收账款""应交税费""主营业务收入"三个账户。编制会计分录如下：

借：应收账款——山西睿智   208 800
　　贷：主营业务收入——长款大衣   120 000
　　　　　　　　　　——短款大衣   60 000
　　　　应交税费——应交增值税（销项税额）   28 800

增值税专用发票

2340401161

发票联

No 01730002

开票日期：2018年12月12日

购货单位	名　　　称：山西睿智服饰有限公司 纳税人识别号：160265636996517 地址、电话：山西省太原市五支路蓝海大厦12层506室 电话：0351-63569542 开户行及账号：中国建设银行太原五支路支行 6568201150820135210					密码区	（略）		
货物或应税劳务名称	规格型号	单位	数量	单价	金额		税率	税额	
＊羊绒＊长款大衣	羊绒呢	件	60	2 000.00	120 000.00		16%	19 200.00	
＊羊绒＊短款大衣	羊绒呢	件	60	1 000.00	60 000.00		16%	9 600.00	
合　　计					¥180 000.00			¥28 800.00	
价税合计（大写）	⊗ 贰拾万零捌仟捌佰圆整			（小写）¥208 800.00					
销货单位	名　　　称：内蒙古温暖羊绒有限公司 纳税人识别号：91150102MAOMY36Q2B 地址、电话：内蒙古呼和浩特市鸿盛工业园区创业路1号 电话：0471-3214567 开户行及账号：中国银行鸿盛园区支行 201150820160830					备注			

收款人：周小玲　　　复核：白方　　　开票人：马芳　　　销货单位：（章）

第一联 记账联 销售方记账凭证

图 4-25　增值税专用发票

表 4-21　产品出库单　　　　　第 603012 号

2018 年 12 月 12 日

名　　称	单位	数量	单价	金　额									用途或原因
				百	十	万	千	百	十	元	角	分	
长款大衣	件	60	979.6		5	8	7	7	6	0	0		销售
短款大衣	件	60	488.45		2	9	3	0	7	0	0		销售
合　　计		120	—	¥	8	8	0	8	3	0	0		

主管：林萍　　　会计：马芳　　　质检员：孙莉　　　保管员：吴海　　　经手人：吴海

第三联 记账联

【例 4-25】2018 年 12 月 15 日，向石家庄嘉华百货商贸有限责任公司销售羊绒呢大衣一批，增值税专用发票列示货款为 160 000 元，增值税销项税额为 25 600 元，货款及税款 185 600 元由石家庄嘉华百货商贸有限责任公司开具银行承兑汇票一张（见图 4-26、图 4-27 和表 4-22）。

该项经济业务的发生，将引起资产、负债和收入三项会计要素的变化，涉及"应收票据""应交税费""主营业务收入"三个账户。编制会计分录如下：

借：应收票据　　　　　　　　　　　　　　　　　　　　　　　　　　　185 600

　　贷：主营业务收入——长款大衣　　　　　　　　　　　　　　　　　　　160 000

应交税费——应交增值税（销项税额）　　　　　　　　　　　　　　　25 600

增值税专用发票

2340401161

国统一发票监制章
国 税务局章

发票联

No 01730003

开票日期：2018年12月15日

购货单位	名　称：石家庄嘉华百货商贸有限责任公司 纳税人识别号：13258956156622121213212 地址、电话：河北省石家庄市建设北路福海商业广场A座8层 电话：0311-265559866 开户行及账号：中国银行石家庄建设大街支行63325011508203256				密码区	（略）		
货物或应税劳务名称	规格型号	单位	数量	单价	金额	税率	税额	
＊羊绒＊长款大衣	羊绒呢	件	80	2 000.00	160 000.00	16%	25 600.00	
合　计					￥160 000.00		￥25 600.00	
价税合计（大写）	⊗ 壹拾捌万伍仟陆佰圆整				（小写）￥185 600.00			
销货单位	名　称：内蒙古温暖羊绒有限公司 纳税人识别号：91150102MAOMY36Q2B 地址、电话：内蒙古呼和浩特市鸿盛工业园区创业路1号 电话：0471-3214567 开户行及账号：中国银行鸿盛园区支行 201150820160830				备注	内蒙古温暖羊绒有限公司 91150102MAOMY36Q2B 发票专用章		

收款人：周小玲　　　复核：白方　　　开票人：马芳　　　销货单位：（章）

第一联 记账联 销售方记账凭证

图4-26　增值税专用发票

银行承兑汇票（存根）3

出票日期　贰零壹捌　年壹拾贰月　壹拾伍　日
（大写）

付款人	全　称	石家庄嘉华百货商贸有限责任公司	收款人	全　称	内蒙古温暖羊绒有限公司	
	账　号	633250115082013256		账　号	201150820160830	
	开户银行	中国银行石家庄建设大街支行		开户银行	中国银行鸿盛园区支行	

出票金额	人民币（大写）　壹拾捌万伍仟陆佰圆整	亿	千	百	十	万	千	百	十	元	角	分
				￥	1	8	5	6	0	0	0	0

汇票到期日（大写）	贰零壹玖年叁月壹拾伍日	付款人开户行	行号	201019	
交易合同号码	H1230567		地址	中国银行石家庄建设大街	

备注：

石家庄嘉华百货商贸有限责任公司
★ 出票人签章
13258956156622121213212

此联由出票人存查

图4-27　银行承兑汇票

表 4-22　产品出库单

2018 年 12 月 15 日　　　　　　　　　　　　　　　第 603013 号

名　称	单　位	数量	单价	金　额									用途或原因
				百	十	万	千	百	十	元	角	分	
长款大衣	件	80	979.6			7	8	3	6	8	0	0	销售
合　计		80	—		¥	7	8	3	6	8	0	0	

主管：林萍　　　　会计：马芳　　　　质检员：孙莉　　　　保管员：吴海　　　　经手人：吴海

【例 4-26】2018 年 12 月 11 日，收到银川华美商贸有限责任公司预付货款 37 500 元，货款存入银行（见图 4-28）。

2018 年 12 月 16 日，将银川华美商贸有限责任公司订购的羊绒呢大衣发出，增值税专用发票列示货款为 150 000 元，增值税销项税额为 24 000 元，余款同时付清（见图 4-29、图 4-30 和表 4-23）。

图 4-28　进账单（预付货款）

该项经济业务的发生，将引起资产、负债和收入三项会计要素的变化，涉及"预收账款""应交税费""主营业务收入"三个账户。编制会计分录如下：

借：银行存款——中国银行鸿盛园区支行　　　　　　　　　　37 500

　　贷：预收账款——银川华美商贸　　　　　　　　　　　　　　37 500

借：银行存款——中国银行鸿盛园区支行　　　　　　　　　　136 500

　　预收账款——银川华美商贸　　　　　　　　　　　　　　37 500

　　贷：主营业务收入——长款大衣　　　　　　　　　　　　　　100 000

——短款大衣	50 000
应交税费——应交增值税（销项税额）	24 000

图 4-29 增值税专用发票

图 4-30 进账单(余款)

表 4-23 产品出库单　　　　　第 603014 号

2018 年 12 月 16 日

名　称	单位	数量	单价	金　额									用途或原因
				百	十	万	千	百	十	元	角	分	
长款大衣	件	50	979.60			4	8	9	8	0	0	0	销售
短款大衣	件	50	488.45			2	4	4	2	2	5	0	销售
合　　计		100	—	¥	7	3	4	0	2	5	0		

主管：林萍　　会计：马芳　　质检员：孙莉　　保管员：吴海　　经手人：吴海

第三联 记账联

二、销售成本(劳务成本)的结转

(一) 销售成本(劳务成本)的概念

销售成本(劳务成本)是指与销售产品(或提供劳务)相关的、已销售产品(或提供劳务)的生产成本(或劳务成本)。

$$销售成本＝本月销售数量×单位成本$$

(二) 账户设置

为了核算与主营业务收入相匹配的销售或劳务成本，应设置"主营业务成本"账户。

"主营业务成本"账户属于损益类账户，用于核算企业确认销售商品、提供劳务等主营业务收入时应结转的成本。该账户的借方登记主营业务发生的实际成本；贷方登记期末从本账户转入"本年利润"账户的主营业务成本。期末结转后，该账户无余额。

(三) 账务处理

知识链接

发出存货计价

企业发出存货的价格可以采用个别计价、先进先出、加权平均等方法确定。企业已经选择某种方法计算发出存货的成本，不得随意变更。

【例 4-27】月末结转内蒙古温暖羊绒有限公司销售产品成本，凭证参考例 4-23～例 4-26中的出库单。

编制会计分录如下：

借：主营业务成本——长款大衣　　　　　　　　　　　333 064
　　　　　　　　　——短款大衣　　　　　　　　　　　　78 152
　　贷：库存商品——长款大衣　　　　　　　　　　　　　　　333 064
　　　　　　　　　——短款大衣　　　　　　　　　　　　　　　　78 152

三、销售费用的核算

(一) 销售费用的内容

销售费用包括企业在销售产品、材料及提供劳务的过程中发生的各种销售费用，包括保险费、包装费、广告费、商品维修费用、运输费、装卸费等，以及为销售本企业产品而专设的销售机构的职工薪酬、业务费、折旧费等经营费用。

（二）账户设置

"销售费用"账户属于损益类账户，用于核算企业在销售产品、提供劳务的过程中发生的各种销售费用。该账户借方登记发生的各项销售费用；贷方登记期末从本账户转入"本年利润"账户的本期销售费用，结转后该账户无余额。该账户可设置明细账户进行分类核算。

（三）账务处理

【例4-28】2018年12月8日，用银行存款支付内蒙古鑫海广告有限责任公司的广告费6 000元，增值税税率6%，增值税税额360元。

<table>
<tr><td colspan="2">2220401161</td><td colspan="5" style="text-align:center">增值税专用发票
发票局联</td><td colspan="3">No 01254558
开票日期：2018年12月8日</td><td rowspan="10">第三联 发票联 购货方记账凭证</td></tr>
<tr><td rowspan="4">购货单位</td><td colspan="6">名 称：内蒙古温暖羊绒有限公司</td><td rowspan="4">密码区</td><td colspan="2" rowspan="4">（略）</td></tr>
<tr><td colspan="6">纳税人识别号：91150102MAOMT36Q2B</td></tr>
<tr><td colspan="6">地址、电话：内蒙古呼和浩特市鸿盛工业园区创业路1号
电话：0471-3214567</td></tr>
<tr><td colspan="6">开户行及账号：中国银行鸿盛园区支行 201150820160830</td></tr>
<tr><td>货物或应税劳务名称</td><td>规格型号</td><td>单位</td><td>数量</td><td>单价</td><td>金额</td><td>税率</td><td>税额</td></tr>
<tr><td>＊文化创意服务＊广告</td><td></td><td></td><td></td><td></td><td>6 000.00</td><td>6%</td><td>360.00</td></tr>
<tr><td>合 计</td><td></td><td></td><td></td><td></td><td>￥6 000.00</td><td></td><td>￥360.00</td></tr>
<tr><td>价税合计（大写）</td><td colspan="4">⊗ 陆仟叁佰陆拾圆整</td><td colspan="3">（小写）￥6 360.00</td></tr>
<tr><td rowspan="4">销货单位</td><td colspan="6">名 称：内蒙古鑫海广告有限责任公司</td><td rowspan="4">备注</td><td colspan="2" rowspan="4"></td></tr>
<tr><td colspan="6">纳税人识别号：91150102MAON8R8R</td></tr>
<tr><td colspan="6">地址、电话：呼和浩特北苑街4号 0471-2356778</td></tr>
<tr><td colspan="6">开户行及账号：中国农业银行北苑街支行 221215455648555</td></tr>
<tr><td colspan="4">收款人：吴娜 复核：郑彬</td><td colspan="3">开票人：赵雯</td><td colspan="3">销货单位：（章）</td></tr>
</table>

图 4-31 增值税专用发票

该项经济业务的发生，将引起资产、负债和收入三项会计要素的变化，涉及"银行存款""应交税费""销售费用"三个账户。编制会计分录如下：

借：销售费用   6 000

    应交税费——应交增值税（进项税额）   360

    贷：银行存款   6 360

四、税金及附加的核算

（一）税金及附加的内容

税金及附加是指企业发生销售产品或提供劳务等主营业务或其他业务时，按照国家税法规定应缴纳的除增值税以外的税费，主要包括消费税、资源税、城市维护建设税和教育费附加、房产税、土地使用税、车船使用税、印花税等相关税费。

（二）账户设置

"税金及附加"账户属于损益类账户，用于核算企业发生的消费税、资源税、城市维护建设税和教育费附加、房产税、土地使用税、车船使用税、印花税等相关税费。该账户借方登记按规定费率计算确定的应交的各种税费，贷方登记期末从本账户转入"本年利润"账户的本期税金。本账户无余额。

（三）账务处理

下面以内蒙古温暖羊绒有限公司为例，介绍相关税费的计算和核算。

【例 4-29】月末，按税法规定计提本月应交城市维护建设税 7 945 元，教育费附加 3 405 元（见表 4-24）。

表 4-24　地方税综合纳税申报表

填表日期：2018 年 12 月 31 日

纳税人识别号：91150102MA0MY36Q2B　　　　　　　　　　　　　金额单位：元（填至角分）

纳税人名称	内蒙古温暖羊绒有限公司		税款所属时期	2018.12.01—2018.12.31	
城市维护建设税、教育费附加计税依据	计税金额	税率	应纳税额	已纳税额	应补（退）税额
增值税	113500	7%（城市维护建设税）	7 945		
	113 500	3%（教育费附加）	3 405		
合　　计			11 350		
如纳税人填报，由纳税人填报以下各栏	如委托代理人填报，由代理人填写以下各栏				备注
会计主管（签章）	纳税人（公章）	代理人名称		代理人（签章）	
		代理人地址			
		经办人		电话	
以下由税务机关填写					
收到申报表日期			接收人		

根据纳税申报表，假设本月内蒙古温暖羊绒有限公司应交增值税为 113 500 元，城市维护建设税和教育费附加是按照当期应交增值税和消费税的合计数乘以规定的税率计算的，本期内蒙古温暖羊绒有限公司没有发生消费税，因此，应纳增值税税额乘以规定税率即可计算当期应交的城市维护建设税和教育费附加。

该项经济业务的发生，将引起资产、负债和收入三项会计要素的变化，涉及"银行存款""应交税费""销售费用"三个账户。编制会计分录如下：

```
借：税金及附加——应交城市维护建设税                          7 945
              ——应交教育费附加                              3 405
   贷：应交税费——应交城市维护建设税                          7 945
              ——应交教育费附加                              3 405
```

五、其他损益业务的核算

制造业和商品流通企业中，除了销售业务会导致企业经营成果的变动外，其他业务的收支、财务费用、投资收益及营业外收支的发生也会带来损益的变动，下面以制造业典型业务为例，介绍其他损益业务的核算。

（一）其他业务收支的核算

▶ 1. 其他业务的内容

其他业务是相对主营业务而言的，不同性质的企业主营业务和其他业务是不同的。会计核算中通常将企业营业执照上的主营范围内的业务作为主营业务核算，将兼营业务作为其他业务核算。例如制造企业，主营业务是销售商品，其他业务一般包括销售材料、提供运输劳务等。

▶ 2. 账户设置

为了核算其他业务发生时的收入及成本，应设置"其他业务收入"和"其他业务成本"账户。

（1）"其他业务收入"账户属于损益类账户，用于核算企业确认的除主营业务活动以外的其他经营活动实现的收入，如制造企业出租固定资产、销售材料等实现的收入。该账户贷方登记企业确认的其他业务收入，借方登记期末转入"本年利润"账户的数额，结转后该账户无余额。该账户可按其他业务收入种类进行明细核算。

（2）"其他业务成本"账户属于损益类账户，用于核算企业确认的除主营业务活动以外的其他经营活动所发生的支出，如制造企业出租固定资产的折旧额、销售材料的成本等。该账户借方登记企业发生的其他业务成本，贷方登记期末转入"本年利润"账户的数额，结转后该账户无余额。该账户可按其他业务收入种类进行明细核算。

▶ 3. 账务处理

【例 4-30】2018 年 12 月 29 日，企业出售原材料（白色细织羊绒）一批，单价 120 元，数量 100 千克，增值税税率为 16%，增值税税额为 1 920 元，款项收到存入银行（见图 4-32 和图 4-33）。

该项经济业务的发生，将引起资产、负债和收入三项会计要素的变化，涉及"银行存款""应交税费""其他业务收入"三个账户。编制会计分录如下：

```
借：银行存款——中国银行鸿盛园区支行                         14 040
   贷：其他业务收入——销售材料                              12 000
      应交税费——应交增值税（销项税额）                      1 920
```

增值税专用发票

2340401161

No 01730003

开票日期：2018年12月29日

购货单位	名　　称：广州元戎纺织有限责任公司 纳税人识别号：44010857895445663221 地址、电话：广东省广州市荔湾区宁发路洪湾大厦B座16层1623 电话：020-56238798 开户行及账号：中国银行广州荔湾区宁发路支行 62356223211455662	密码区	（略）

货物或应税劳务名称	规格型号	单位	数量	单价	金额	税率	税额
＊羊绒＊白色细织羊绒	30mm	千克	100	120.00	12 000.00	16%	1 920.00
合　　计					￥ 12 000.00		￥ 1 920.00

价税合计（大写）	⊗ 壹万参仟玖佰贰拾圆整	（小写）￥13 920.00

销货单位	名　　称：内蒙古温暖羊绒有限公司 纳税人识别号：91150102MAOMT36Q2B 地址、电话：内蒙古呼和浩特市鸿盛工业园区创业路1号 电话：0471-3214567 开户行及账号：中国银行鸿盛园区支行 201150820160830	备注	内蒙古温暖羊绒有限公司 91150102MAOMT36Q2B 发票专用章

收款人：周小玲　　　复核：白方　　　开票人：马芳　　　销货单位：（章）

第一联 记账联 销售方记账凭证

图 4-32　增值税专用发票

中国银行 BANK OF CHINA　　　进账单（收账通知）3

2018年12月29日

汇款人	全　　称	广州元戎纺织有限责任公司	收款人	全　　称	内蒙古温暖羊绒有限公司
	账　　号	62356223211455662		账　　号	201150820160830
	汇出地点	广州市		开户银行	呼和浩特市
汇出行名称		中国银行广州荔湾区宁发路支行	汇入行名称		中国银行鸿盛园区支行

金额	人民币（大写）	壹万叁仟玖佰贰拾圆整	亿	千	百	十	万	千	百	十	元	角	分
						￥	1	3	9	2	0	0	0

中国银行
鸿盛园区支行
2018.12.29
转讫
(01)
收款人开户行签章

此联是收款人开户行交给收款人的收账通知

复核：　　记账：

图 4-33　进账单

【例 4-31】结转销售材料的实际成本 7 016.67 元（见表 4-25）。

表 4-25　材料出库单

2018 年 12 月 29 日　　　　　　　　　　　　　　　　　　第 600001 号

名　称	单　位	数量	单　价	金　额									用途或原因
				百	十	万	千	百	十	元	角	分	
白色细织羊绒	千克	100	70.166 7				7	0	1	6	6	7	销售
合　计		100	—			¥	7	0	1	6	6	7	

第三联　记账联

主管：林萍　　　会计：马芳　　　质检员：　　　保管员：吴海　　　经手人：吴海

该项经济业务的发生，将引起资产、负债和收入三项会计要素的变化，涉及"原材料"和"其他业务成本"两个账户。编制会计分录如下：

借：其他业务成本　　　　　　　　　　　　　　　　　　　　　　　7 016.67

　　贷：原材料——白色细织羊绒　　　　　　　　　　　　　　　　　　　7 016.67

（二）期间费用的核算

▶ 1. 期间费用的内容

期间费用包括管理费用、销售费用和财务费用。管理费用是指企业为组织和管理企业生产经营活动所发生的各种费用，包括企业的董事会和行政部门在企业的经营管理中发生的，或应由企业统一负担的各项费用，如管理部门的材料耗用、行政管理部门人员的薪酬费用、管理部门的固定资产折旧费等。销售费用是指企业销售商品和材料、提供劳务的过程中发生的各种费用，以及为销售本企业产品而专设的销售机构的经营费用，如销售过程中的运输费、广告费等。财务费用是指企业为筹集生产经营所需资金等而发生的筹资费用，包括利息净支出（利息支出－利息收入）、汇兑差额，以及相关的手续费、企业发生的现金折扣或收到的现金折扣等。

▶ 2. 账户设置

为了核算期间费用，应设置"管理费用""销售费用""财务费用"等账户，"管理费用"和"销售费用"账户在之前已经介绍过，此处不再赘述。

"财务费用"账户属于损益类账户，用于核算企业为筹集生产经营所需资金等而发生的筹资费用，主要包括利息支出、汇兑差额，以及相关的手续费、筹资活动发生的其他费用等。该账户借方登记发生的各项财务费用，贷方登记期末转入"本年利润"账户的数额，结转后无余额。该账户可以设置明细账进行分类核算。

▶ 3. 账务处理

【例 4-32】月末，预计当月应负担的银行借款利息为 1 200 元。

该项经济业务的发生，将引起负债和费用两项会计要素的变化，涉及"财务费用"和"应付利息"两个账户。编制会计分录如下：

借：财务费用　　　　　　　　　　　　　　　　　　　　　　　　　1 200

　　贷：应付利息　　　　　　　　　　　　　　　　　　　　　　　　　　1 200

以后支付利息时：

借：应付利息　　　　　　　　　　　　　　　　　　　　　　　　1 200

　　贷：银行存款　　　　　　　　　　　　　　　　　　　　　　　　1 200

（三）营业外收支的核算

▶ **1. 营业外收支的内容**

营业外收支是指企业发生的与其生产经营活动无直接关系的各项收入和支出。

营业外收入主要包括非流动资产报废利得、债务重组利得、与企业日常经营活动无关的政府补助、盘盈利得、捐赠利得等。营业外支出主要包括非流动资产报废损失、债务重组损失、公益性捐赠支出、盘亏损失、非常损失等。

▶ **2. 账户设置**

为核算营业外收支业务，应设置"营业外收入"和"营业外支出"两个账户。

（1）"营业外收入"账户属于损益类账户，用于核算企业发生的各种营业外收入，包括罚款利得、与企业日常经营活动无关的政府补助、盘盈利得等。该账户贷方登记企业取得的各项营业外收入，借方登记期末结转"本年利润"账户的数额，结转后本账户无余额。该账户可设置明细分类账户进行明细分类核算。

（2）"营业外支出"账户属于损益类账户，用于核算企业发生的各种营业外支出，包括罚款支出、捐赠支出、非常损失等。该账户借方登记企业发生的各项营业外支出，贷方登记期末结转"本年利润"账户的数额，结转后本账户无余额。该账户可设置明细分类账户进行明细分类核算。

▶ **3. 账务处理**

【例 4-33】 2018 年 12 月 28 日，向呼和浩特市红星养老院捐款 20 000 元。

该项经济业务的发生，将引起利润和资产两项会计要素的变化，涉及"营业外支出"和"银行存款"两个账户。编制会计分录如下：

借：营业外支出　　　　　　　　　　　　　　　　　　　　　　　20 000

　　贷：银行存款　　　　　　　　　　　　　　　　　　　　　　　　20 000

【例 4-34】 2018 年 12 月 29 日，收到销售部张杰因违反业务办理规定的罚款 500 元。

该项经济业务的发生，将引起利润和资产两项会计要素的变化，涉及"营业外收入"和"库存现金"两个账户。编制会计分录如下：

借：库存现金　　　　　　　　　　　　　　　　　　　　　　　　　500

　　贷：营业外收入　　　　　　　　　　　　　　　　　　　　　　　　500

任务五　利润形成与分配业务的账务处理

一、利润形成业务

（一）利润的形成

利润是指企业在一定会计期间的经营成果，包括收入减去费用后的净额、直接计入当期损益的利得和损失等。利润由营业利润、利润总额和净利润三个层次构成。

▶ 1. 营业利润

营业利润这一指标能够比较恰当地反映企业管理者的经营业绩，其计算公式如下：

营业利润＝营业收入－营业成本－税金及附加－销售费用－管理费用－财务费用－

资产减值损失＋公允价值变动收益（－公允价值变动损失）＋

投资收益（－投资损失）

其中：

营业收入＝主营业务收入＋其他业务收入

营业成本＝主管业务成本＋其他业务成本

▶ 2. 利润总额

利润总额又称税前利润，是营业利润加上营业外收入减去营业外支出后的金额，其计算公式如下：

利润总额＝营业利润＋营业外收入－营业外支出

▶ 3. 净利润

净利润又称税后利润，是利润总额扣除所得税费用后的净额，其计算公式如下：

净利润＝利润总额－所得税费用

▶ 4. 应交所得税的计算

应交所得税是指企业按照税法规定计算确定的针对当期发生的交易和事项应交给税务部门的所得税金额。企业当期应交所得税的计算公式如下：

应纳税所得额＝税前会计利润＋纳税调整增加额－纳税调整减少额

应交所得税额＝应纳税所得额×所得税税率

需要注意的是，在不存在纳税调整事项的情况下，应纳税所得额等于税前会计利润，即利润总额。

（二）账户设置

企业通常设置以下账户对利润形成业务进行会计核算。

▶ 1. "本年利润"账户

为了计算企业利润的形成情况，期末应将收支类科目结转"本年利润"账户。"本年利润"账户属于所有者权益类账户，用于核算企业当期实现的净利润（或发生的净亏损）。企业期（月）末结转利润时，应将各损益类账户的金额转入本账户，结平各损益类账户。

"本年利润"账户贷方登记企业期（月）末转入的主营业务收入、其他业务收入、营业外收入和投资收益等；借方登记企业期（月）末转入的主营业务成本、税金及附加、其他业务成本、管理费用、财务费用、销售费用、营业外支出、投资损失和所得税费用等。上述结转完成后，余额如在贷方，即为当期实现的净利润；余额如在借方，即为当期发生的净亏损。年度终了，应将本年收入和支出相抵后结出的本年实现的净利润（或发生的净亏损）转入"利润分配——未分配利润"账户的贷方（或借方），结转后本账户无余额。

▶ 2. "投资收益"账户

"投资收益"账户属于损益类账户，用于核算企业确认的投资收益或投资损失。该账户贷方登记实现的投资收益和期末转入"本年利润"账户的投资净损失；借方登记发生的投资损失和期末转入"本年利润"账户的投资净收益。期末结转后，该账户无余额。该账户可按支出项目设置明细账户，进行明细分类核算。

▶ 3. "所得税费用"账户

"所得税费用"账户属于损益类账户，用于核算企业确认的应从当期利润总额中扣除的所得税费用。

该账户借方登记企业应计入当期损益的所得税；贷方登记企业期末转入"本年利润"账户的所得税。期末转入"本年利润"账户后，该账户无余额。

（三）账务处理

▶ 1. 期末结转各项收入和支出

为了计算企业利润的形成情况，期末应将各项收入类科目和费用类科目结转到"本年利润"科目，收入和费用抵减后，正数为净利润，负数为净亏损。

1）期（月）末结转各项收入类科目的账务处理

期（月）末企业应将计入当期损益的各项收入类科目的余额转入"本年利润"科目的贷方，借记"主营业务收入""其他业务收入""投资收益""公允价值变动损益""营业外收入"等科目，贷记"本年利润"科目。

【例 4-35】假定内蒙古温暖羊绒有限公司 2018 年度各收入、利得类科目结转前科目余额如表 4-26 所示。

表 4-26　科目余额表（例 4-35）　　　　　　　　　单位：元

科 目 名 称	结账前余额
主营业务收入	350 000＋180 000＋160 000＋150 000＝840 000
其他业务收入	12 000
营业外收入	500

应编制会计分录如下：

借：主营业务收入　　　　　　　　　　　　　　　　　840 000
　　其他业务收入　　　　　　　　　　　　　　　　　 12 000
　　营业外收入　　　　　　　　　　　　　　　　　　　　500
　　贷：本年利润　　　　　　　　　　　　　　　　　852 500

2）期（月）末结转各项费用类科目的账务处理

期（月）末企业应将计入当期损益的各项费用类科目的余额转入"本年利润"科目的借方，借记"本年利润"科目，贷记"主营业务成本""其他业务成本""税金及附加""销售费用""管理费用""财务费用""资产减值损失""营业外支出""所得税费用"等科目。

【例 4-36】假定内蒙古温暖羊绒有限公司 2018 年度各费用、损失类科目结转前科目余额如表 4-27 所示。

应编制会计分录如下：

借：本年利润　　　　　　　　　　　　　　　　　517 182.67
　　贷：主营业务成本　　　　　　　　　　　　　　411 216
　　　　其他业务成本　　　　　　　　　　　　　7 016.67

税金及附加	11 350
销售费用	6 000
管理费用	60 400
财务费用	1 200
营业外支出	20 000

表 4-27　科目余额表（例 4-36）　　　　　　　　　　单位：元

科 目 名 称	结账前余额
主营业务成本	411 216
其他业务成本	7 016.67
税金及附加	11 350
销售费用	6 000
管理费用	1 000＋27 000＋2 300＋3 000＋3 100＋24 000＝60 400
财务费用	1 200
营业外支出	20 000

3）计算利润总额

【例 4-37】承例 4-35 和例 4-36，计算 2018 年度的利润总额。

内蒙古温暖羊绒有限公司的利润总额＝852 500－517 182.67＝335 317.33（元）

▶ 2. 所得税的账务处理

【例 4-38】承例 4-37，计算 2018 年的应交所得税税额。

内蒙古温暖羊绒有限公司的应交所得税税额＝335 317.33×25％＝83 829.33（元）

编制会计分录如下：

借：所得税费用　　　　　　　　　　　　　　　　　83 829.33

　　贷：应交税费——应交所得税　　　　　　　　　　　　　83 829.33

与此同时，结转所得税费用账户。

借：本年利润　　　　　　　　　　　　　　　　　　83 829.33

　　贷：所得税费用　　　　　　　　　　　　　　　　　　83 829.33

二、利润分配业务

利润分配是指企业根据国家有关规定和企业章程、投资者协议等，对企业当年可分配利润指定其特定用途和分配给投资者的行为。利润分配的过程和结果不仅关系每个股东的合法权益能否得到保障，而且还关系企业的未来发展。

（一）利润分配的顺序

企业向投资者分配利润应按一定的顺序进行。按照我国《公司法》的有关规定，利润分配应按下列顺序进行。

▶ 1. 计算可供分配的利润

企业在利润分配前，应根据本年净利润（或亏损）与年初未分配利润（或亏损）、其他转

入的金额(如盈余公积弥补的亏损)等项目,计算可供分配的利润,即

$$可供分配的利润＝净利润(或亏损)＋年初未分配利润－弥补以前年度的亏报＋$$
$$其他转入的金额$$

如果可供分配的利润为负数,即累计亏损,则不能进行后续分配;如果可供分配利润为正数,即累计盈利,则可进行后续分配。

▶ 2. 提取法定盈余公积

按照《公司法》的有关规定,公司应当按照当年净利润(抵减年初累计亏损后)的10%提取法定盈余公积,提取的法定盈余公积累计额超过注册资本50%以上的,可以不再提取。

▶ 3. 提取任意盈余公积

公司提取法定盈余公积后,经股东会或者股东大会决议,还可以从净利润中提取任意盈余公积。

▶ 4. 向投资者分配利润(或股利)

企业可供分配的利润扣除提取的盈余公积后,形成可供投资者分配的利润,即

$$可供投资者分配的利润＝可供分配的利润－提取的盈余公积$$

企业经股东大会或类似机构决议,可采用现金股利、股票股利和财产股利等形式向投资者分配利润(或股利)。

(二) 账户设置

企业通常设置以下账户对利润分配业务进行会计核算。

▶ 1.“利润分配”账户

“利润分配”账户属于所有者权益类账户,用于核算企业利润的分配(或亏损的弥补)和历年分配(或弥补亏损)后的余额。该账户借方登记实际分配的利润额,包括提取的盈余公积和分配给投资者的利润,以及年末从“本年利润”账户转入的全年发生的净亏损;贷方登记用盈余公积弥补的亏损额等其他转入数,以及年末从“本年利润”账户转入的全年实现的净利润。年末,应将利润分配账户下的其他明细账户的余额转入“未分配利润”明细账户,结转后,除“未分配利润”明细账户可能有余额外,其他各个明细账户均无余额。“未分配利润”明细账户的贷方余额为历年累积的未分配利润,即可供以后年度分配的利润;借方余额为历年累积的未弥补亏损,即留待以后年度弥补的亏损。

“利润分配”账户应当分为“提取法定盈余公积”“提取任意盈余公积”“应付现金股利或利润”“转作股本的股利”“盈余公积补亏”和“未分配利润”等进行明细核算。

▶ 2.“盈余公积”账户

“盈余公积”账户属于所有者权益类账户,用于核算企业从净利润中提取的盈余公积。该账户贷方登记提取的盈余公积,即盈余公积的增加额;借方登记实际使用的盈余公积,即盈余公积的减少额。期末余额在贷方,反映企业结余的盈余公积。该账户应当分别设置“法定盈余公积”“任意盈余公积”明细账进行明细核算。

▶ 3.“应付股利”账户

“应付股利”账户属于负债类账户,用于核算企业分配的现金股利或利润。该账户贷方登记应付给投资者股利或利润的增加额;借方登记实际支付给投资者的股利或利润,即应付股利的减少额。期末余额在贷方,反映企业应付未付的现金股利或利润。该账户可按投

资者设置明细账进行明细核算。

(三)账务处理

▶ **1. 净利润转入利润分配**

会计期末,企业应将当年实现的净利润转入"利润分配——未分配利润"科目,即借记"本年利润"科目,贷记"利润分配——未分配利润"科目,如为净亏损,则做相反会计分录。

结转前,如果"利润分配——未分配利润"明细科目的余额在借方,上述结转当年所实现净利润的分录同时反映了当年实现的净利润自动弥补以前年度亏损的情况。因此,在用当年实现的净利润弥补以前年度亏损时,不需另行编制会计分录。

【例 4-39】承例 4-35~例 4-38,计算并结转内蒙古温暖羊绒有限公司的净利润。从利润总额中扣除所得税费用以后,可以得出内蒙古温暖羊绒有限公司的净利润。

净利润=335 317.33-83 829.33=251 488(元)

结转净利润的会计分录如下:

借:本年利润   251 488

 贷:利润分配——未分配利润   251 488

▶ **2. 提取法定盈余公积**

企业提取的法定盈余公积,借记"利润分配——提取法定盈余公积"科目,贷记"盈余公积——法定盈余公积"科目;提取的任意盈余公积,借记"利润分配——提取任意盈余公积"科目,贷记"盈余公积——提取法定盈余公积"科目。

【例 4-40】承例 4-39,内蒙古温暖羊绒有限公司按净利润的 10%计提法定盈余公积。

计提的法定盈余公积=251 488×10%=25 148.80(元)

编制会计分录如下:

借:利润分配——提取法定盈余公积   25 148.80

 贷:盈余公积——法定盈余公积   25 148.80

【例 4-41】承例 4-39,内蒙古温暖羊绒有限公司按净利润的 5%计提任意盈余公积。

计提的任意盈余公积=251 488×5%=12 574.4(元)

编制会计分录如下:

借:利润分配——提取任意盈余公积   12 574.40

 贷:盈余公积——任意盈余公积   12 574.40

▶ **3. 向投资者分配利润或股利**

企业根据股东大会或类似机构审议批准的利润分配方案,按应支付的现金股利或利润,借记"利润分配——应付现金股利"科目,贷记"应付股利"等科目;以股票股利转作股本的金额,借记"利润分配——转作股本股利"科目,贷记"股本"等科目。

董事会或类似机构通过的利润分配方案中拟分配的现金股利或利润,不做账务处理,但应在附注中披露。

【例 4-42】假定内蒙古温暖羊绒有限公司宣布向股东分配现金股利 10 000 元,应编制会计分录如下:

借:利润分配——应付现金股利   100 000

 贷:应付股利   100 000

支付现金股利时，应编制会计分录如下：

借：应付股利　　　　　　　　　　　　　　　　　　　　　　　　　　100 000

　　贷：银行存款　　　　　　　　　　　　　　　　　　　　　　　　　　　100 000

▶ 4. 盈余公积的使用

盈余公积的主要用途是弥补亏损和转增资本。

1) 弥补亏损

企业发生的亏损应由企业自行弥补，弥补亏损的渠道主要有三条：一是用以后年度的税前利润弥补；二是用以后年度的税后利润即净利润弥补；三是用盈余公积弥补。

用盈余公积弥补亏损时，应用法定盈余公积和任意盈余公积弥补亏损的金额，分别借记"盈余公积——法定盈余公积""盈余公积——任意盈余公积"科目，贷记"利润分配——盈余公积补亏"科目。

2) 转增资本

为了满足扩大再生产对资本的需求，经股东大会决议，企业可将盈余公积转增资本或股本。

盈余公积转增资本时，应按法定盈余公积和任意盈余公积补亏的金额，分别借记"盈余公积——法定盈余公积""盈余公积——任意盈余公积"科目，贷记"实收资本"科目。

▶ 5. 企业未分配利润的形成

年度终了，企业应将"利润分配"科目所属其他明细科目的余额转入该科目"未分配利润"明细科目，即借记"利润分配——未分配利润""利润分配——盈余公积补亏"等科目，贷记"利润分配——提取法定盈余公积""利润分配——提取任意盈余公积""利润分配——应付现金股利""利润分配——转作股本股利"等科目。

结转后，"利润分配"科目中除"未分配利润"明细科目外，所属其他明细科目无余额。"未分配利润"明细科目的贷方余额表示累积未分配的利润，该科目如果出现借方余额，则表示累计未弥补的亏损。

【例 4-43】承例 4-40～例 4-42，内蒙古温暖羊绒有限公司结转利润分配，应编制会计分录如下：

借：利润分配——未分配利润　　　　　　　　　　　　　　　　　　137 723.20

　　贷：利润分配——提取法定盈余公积　　　　　　　　　　　　　　　25 148.80

　　　　　　　　　——提取任意盈余公积　　　　　　　　　　　　　　12 574.40

　　　　　　　　　——应付现金股利　　　　　　　　　　　　　　　　100 000

───┤ 自我测验 ├───

一、单项选择题

1. 与"主营业务收入"账户的贷方有对应关系的账户是（　　　）。

A. 应交税费——应交增值税　　　　　　B. 银行存款

C. 主营业务成本　　　　　　　　　　　D. 库存商品

2. 常与"主营业务成本"的借方账户相对应的账户是（　　　）。

A. 在途物资　　　　B. 原材料　　　　C. 库存商品　　　　D. 其他应交款

3. 外购材料入库前发生的挑选整理方面的支出,应( )。

A. 列入外购材料的实际成本　　　　　B. 列入企业管理费用

C. 列入应收款项　　　　　　　　　　D. 列入营业外支出

4. 下列各项中,不属于管理费用中的是( )。

A. 车间管理人员工资　　　　　　　　B. 总部管理人员工资

C. 总部耗用材料　　　　　　　　　　D. 总部办公用房的租金

5. 企业各期发生的费用应( )。

A. 计入当期生产成本　　　　　　　　B. 计入当期损益

C. 冲减当期销售收入　　　　　　　　D. 等待以后各期分摊

6. 企业从净利润中提取公积金和公益金时,应通过( )账户核算。

A. 公积金　　　　B. 公益金　　　　C. 盈余公积　　　　D. 应付利润

7. "本年利润"账户的期末贷方余额表示( )。

A. 本期实现的利润总额　　　　　　　B. 本期实现的净利润

C. 本年累计实现的利润总额　　　　　D. 本年累计实现的净利润

8. 下列账户中,月末余额肯定为零的是( )。

A. 本年利润　　　B. 利润分配　　　C. 制造费用　　　D. 生产成本

9. 下列各项中,不影响本期营业利润的是( )。

A. 主营业务收入　　B. 生产成本　　C. 管理费用　　　D. 库存商品

10. 已售产品制造成本的结转,应从( )账户转入"主营业务成本"账户。

A. 制造费用　　　B. 生产成本　　　C. 在途物资　　　D. 库存商品

二、多项选择题

1. 与"应付职工薪酬"贷方账户相对应的借方账户有( )。

A. 生产成本　　　　　　　　　　　　B. 制造费用

C. 管理费用　　　　　　　　　　　　D. 现金

E. 银行存款

2. 产品的制造成本包括( )。

A. 为制造产品发生的材料费用

B. 为制造产品发生的人工费用

C. 为制造产品发生的固定资产折旧费

D. 自然灾害造成的材料损毁

E. 为制造产品发生的固定资产修理费

3. 企业购入的固定资产,其原始价值包括( )。

A. 支付的包装费　　　　　　　　　　B. 支付的运杂费

C. 支付的包装费　　　　　　　　　　D. 支付的安装费

E. 支付的有关税金

4. 企业当期实现的净利润,要按照法定程序进行分配,即( )。

A. 计提所得税　　　　　　　　　　　B. 对投资者分配利润

C. 计提资本公积　　　　　　　　　　D. 计提法定盈余公积

E. 计提任意盈余公积

5. "短期借款"账户核算的要点是(   )。

A. 借方反映偿还的短期借款本金　　　B. 借方反映偿还的短期借款本息

C. 贷方反映借入的短期借款本金　　　D. 贷方反映借入的短期借款本息

E. 期末余额在贷方

6. "销售费用"的内容包括(   )。

A. 进货运杂费　　　　　　　　　　B. 销售广告费

C. 销售人员工资　　　　　　　　　D. 销货企业代垫的商品运杂费

E. 销售机构发生的经费

7. 企业的利润总额是由(   )因素决定的。

A. 主营业务利润　　　　　　　　　B. 营业利润

C. 主营业务收入　　　　　　　　　D. 投资收益

E. 营业外收支净额

8. 下列各项中,(   )是企业销售过程中所使用的账户。

A. "税金及附加"账户　　　　　　　B. "应收账款"账户

C. "应收票据"账户　　　　　　　　D. "销售费用"账户

D. "主营业务成本"账户

9. 下列各项中,(   )属于"利润分配"核算的内容。

A. 提取法定盈余公积　　　　　　　B. 提取任意盈余公积

C. 给投资者分配利润　　　　　　　D. 计提所得税

E. 盈余公积补亏

10. 下列各项中,(   )是应直接计入当期损益的账户。

A. "制造费用"账户　　　　　　　　B. "管理费用"账户

C. "财务费用"账户　　　　　　　　D. "采购费用"账户

E. "销售费用"账户

三、判断题

1. 生产费用和产品成本是同一概念,都是为制造一定种类和一定数量的产品所支付的各种耗费。(   )

2. 基本生产车间管理人员的工资及福利费不属于直接人工费。(   )

3. 产品制造企业在供应过程中支付的各项采购费用,应计入期间费用进行核算。(   )

4. 企业的期间费用应于期末采用一定的方法分配计入产品成本。(   )

5. 短期借款的利息支出较大时,应按月预计,借记"财务费用",贷记"短期借款"。(   )

6. 企业按规定预付的货款就是企业的一项流动负债。(   )

7. 营业外收入与营业外支出之间也有一种配比关系。(   )

8. 企业资产增加时,企业所有者权益必定会等额增加。(   )

9. 企业的所得税是一种费用。(   )

10. 期末,"应付股利"的贷方余额表示企业尚未分配的利润净额。(   )

四、思考题

1. 产品制造企业主要经济业务的核算内容包括哪些?

2. 短期借款利息和长期借款利息在核算上有什么区别？

3. 供应过程业务的核算中，为什么设置"在途物资"账户？该账户应如何运用？

4. 什么是生产费用？什么是生产成本？两者有何区别？

5. 为什么要分别设置"生产成本"和"制造费用"账户归集生产费用？

6. 产品制造企业是如何计算产品成本的？完工产品的成本如何结转？

7. 商品发出的成本是如何确定、如何结转的？

8. 什么是加权平均法？采用加权平均法时，期末存货和本期销货成本是怎样计算的？

9. 什么是财务成果？它是如何构成的？怎样通过结转计算当期利润总额？增值税的进项税额和销项税额怎样确定？

能力拓展

实 训 一

永达工厂 2018 年 5 月发生下列经济业务（不考虑增值税）：

（1）3 日，收到大华有限责任公司投入资本 400 000 元，存入开户银行。

（2）5 日，收到 B 公司投资的一台设备，价值 50 000 元。

（3）10 日，向建设银行借入期限为 2 年的借款 200 000 元，存入银行。

（4）15 日，用银行存款 200 000 元，购入全新设备一台，当即交付生产车间使用。

（5）20 日，向工商银行借入期限为 3 个月的借款 150 000 元，存入银行。

（6）25 日，用银行存款偿还到期的长期借款 100 000 元。

（7）31 日，计提短期借款利息 1 000 元。

要求：根据以上经济业务编制会计分录。

实 训 二

通达工厂 2018 年 8 月发生下列经济业务：

（1）1 日，从利华工厂购入 A 材料 1 000 千克，单价 50 元，计价款 50 000 元，增值税进项税额 8 000 元，已用银行存款支付，材料尚未到达。

（2）3 日，上月从白云工厂购入的 B 材料 200 千克，单价 200 元，收到并验收入库。

（3）9 日，从云海工厂购入 C 材料 500 千克，单价 100 元，增值税进项税额 8 000 元，运费 500 元，运费增值税 50 元，款项未付，材料尚未验收入库。

（4）13 日，从云海工厂购入的 C 材料验收入库，开出转账支票支付。

（5）15 日，从白云工厂购入 B 材料 400 千克，单价 200 元，计价款 80 000 元，增值税进项税额 12 800 元，开出一张期限为四个月的商业汇票，材料已验收入库。

（6）18 日，从利华工厂购入的 A 材料到达工厂，验收入库。

（7）25 日，从锦州工厂购入 D 材料 400 吨，单价 150 元，计价款 60 000 元，增值税进项税额 9 600 元，供方代垫运费 3 800 元，运费增值税 380 元，款项用银行存款支付，材料尚未到达。

（8）28 日，用银行存款预付光明工厂购货款 50 000 元。

要求：根据以上经济业务编制会计分录。

实 训 三

2018 年 7 月，前进工厂从外地某工厂购入 A、B 材料（见表 4-28），增值税发票注明价款 127 000 元，税额 20 320 元，以银行存款支付。

表 4-28 前进工厂购入材料明细

品 种	数量/千克	单价/个	买价/元
A 材料	4 000	29.5	118 000
B 材料	1 000	9.00	9 000

以银行存款支付 A、B 材料的下列采购费用：水路运输费 2 500 元，运费增值税 250 元和装卸、搬运费 500 元(按材料的重量比例分配)。上述材料已验收入库。

要求：

(1)编制材料采购成本计算表，如表 4-29 所示。

表 4-29 材料采购成本计算表　　　　　　　　　　单位：元

支 出 项 目	A 材料		B 材料	
	总成本	单位成本	总成本	单位成本
买价				
水路运输费				
装卸搬运费				
材料采购成本				

(2)编制上述经济业务的有关会计分录。

实 训 四

甲企业 2018 年 5 月发生下列经济业务(不考虑增值税)。

(1)2 日，从银行提取现金 100 000 元，以备发职工薪酬。

(2)2 日，支付本月职工薪酬 10 0000 元。

(3)5 日，以现金 360 元支付厂部办公用品费。

(4)6 日，生产甲产品领用 A 材料 40 000 元，生产乙产品领用 B 材料 60 000 元，车间一般消耗领用 D 材料 300 元，厂部一般消耗领用 D 材料 450 元。

(5)10 日，厂长出差预借差旅费 2 000 元，出纳以现金支付。

(6)12 日，生产甲产品领用 C 材料 16 000 元，生产乙产品领用 C 材料 4 000 元。

(7)15 日，用银行存款支付业务招待费 1 200 元。

(8)20 日，厂长出差归来，报销差旅费 1 800 元，并交回现金 200 元，结清原借款。

(9)21 日，用银行存款支付车间水电费 1 500 元，管理部门水电费 800 元。

(10)30 日，计提本月固定资产折旧费 4 000 元，其中，车间固定资产计提 2 600 元，厂部固定资产计提 1 400 元。

(11)31 日，结转本月应付职工薪酬 100 000 元，其中，生产甲产品工人薪酬 40 000 元，生产乙产品工人薪酬 40 000 元，车间管理人员薪酬 8 000 元，厂部管理人员薪酬 12 000 元。

(12)31 日，结转本月发生的制造费用，其中，甲产品负担 60%，乙产品负担 40%。

(13) 31 日，本月生产的甲产品全部完工验收入库，乙产品全部未完工。

要求：根据以上资料编制会计分录，开设并登记"生产成本"和"制造费用"明细账。

实 训 五

某厂 2018 年 10 月生产甲产品 2 000 件、乙产品 500 件，本月发生的有关费用如下（不考虑增值税）。

（1）仓库共发生材料费用 73 200 元，用途如表 4-30 所示。

表 4-30　材料费用用途　　　　　　　　　　单位：元

用　　途	金　　额
用于生产甲产品	51 000
用于生产乙产品	10 000
车间一般性消耗	4 900
行政管理部门	7 300

（2）分配结转本月应付职工薪酬 60 400 元，用途如表 4-31 所示。

表 4-31　职工薪酬用途　　　　　　　　　　单位：元

用　　途	金　　额
甲产品生产工人职工薪酬	30 000
乙产品生产工人职工薪酬	20 000
车间管理人员职工薪酬	8 000
行政管理人员职工薪酬	2 400

（3）结算本月产品生产应付电费 7 100 元，其中，生产用电 6 000 元，行政部门用电 1 100元。

（4）计提本月固定资产折旧 10 000 元，其中，生产车间折旧 8 000 元，行政管理部门折旧 2 000 元。

（5）用银行存款支付本月应负担的保险费，其中，生产车间 700 元，工厂行政管理部门 300 元。

（6）按产品生产工人职工薪酬比例分配本月制造费用。

（7）本月投产的甲、乙产品全部完工，验收入库。

要求：

（1）根据上述经济业务编制有关会计分录。

（2）编制制造费用分配表（见表 4-32）和产品生产成本计算表（见表 4-33）。

表 4-32　制造费用分配表

产 品 名 称	分配标准（工人工资）/元	分 配 率	分配额/元
甲产品			
乙产品			
合　　计			

表 4-33 产品生产成本计算表   单位：元

成本项目	甲产品		乙产品	
	总成本	单位成本	总成本	单位成本
直接材料				
直接人工				
制造费用				
合　计				

实 训 六

南方工厂 2018 年 6 月发生下列经济业务：

(1) 5 日，向东江工厂销售甲产品 200 件，每件售价 200 元，开出的增值税发票注明：价款 40 000 元，增值税额 6 400 元，当即收到款项并存入银行。

(2) 8 日，向光明工厂销售乙产品 100 千克，每件售价 100 元，计价 10 000 元，应收增值税为 1 600 元，收到一张期限为 2 个月的商业承兑汇票。

(3) 9 日，收到上月海东公司所欠货款 23 200 元，存入开户银行。

(4) 11 日，用银行存款支付销售甲产品的运费 1 500 元，运费增值税 150 元。

(5) 19 日，向东江工厂销售甲产品 300 件，每件售价 200 元，计价款 60 000 元，应收增值税为 9 600 元，另代垫运杂费 1 000 元，运费增值税 100 元，款项尚未收到。

(6) 25 日，预收永达工厂订货款 20 000 元，存入银行。

(7) 30 日，计提本月应交城市维护建设税 770 元和教育费附加 330 元。

(8) 30 日，结转本月已售产品成本，甲产品单位成本 120 元，乙产品成本 40 元。

要求：根据以上经济业务编制会计分录。

实 训 七

云海工厂 2018 年 10 月发生下列经济业务：

(1) 3 日，用银行存款向社会福利院捐款 10 000 元。

(2) 5 日，收到一笔罚款收入 2 000 元，存入开户银行。

(3) 5 日，用银行存款支付广告费 8 000 元，增值税 480 元。

(4) 6 日，向宏远工厂销售 A 产品 500 件，每件售价 600 元，计价款 300 000 元，销项税额 48 000 元，款项已收到，存入银行。

(5) 10 日，用银行存款支付企业行政管理部门电话费 1 000 元，增值税 100 元。

(6) 11 日，向东南工厂销售甲材料 1 000 千克，每千克售价 200 元，计价款 20 000 元，销项税额为 3 200 元，款项未收到。

(7) 15 日，用银行存款缴纳上月应交税费 51 000 元。

(8) 30 日，计提应由本月负担的利息 4 000 元。

(9) 30 日，结转本月销售 A 产品的生产成本 180 000 元。

(10) 30 日，结转本月已销甲材料的成本 12 000 元。

(11) 30 日，计提本月应缴纳的城市维护建设税 3 800 元和教育费附加 1 600 元。

(12) 31 日，将本月收入、收益结转到"本年利润"账户。

（13）31 日，将本月费用、支出结转到"本年利润"账户。

（14）31 日，计算本月应交所得税（税率 25％）。

（15）31 日，将所得税费用结转到"本年利润"账户。

（16）31 日，结转本年实现的净利润，假定本年 1—11 月共实现净利润 1 000 000 元。

（17）31 日，按税后利润的 10％提取法定盈余公积，向投资者分配剩余利润的 40％。

（18）31 日，结转利润分配各明细账户。

要求：根据以上经济业务编制会计分录，开设"本年利润""利润分配——未分配利润"账户并登账。

实 训 八

某企业 5 月主营业务收入 1 200 000 元，主营业务成本 600 000 元，其他业务收入 100 000 元，其他业务成本 56 000 元，税金及附加 20 000 元，销售费用 40 000 元，管理费用 80 000 元，财务费用 20 000 元，投资净收益 100 000 元，营业外收入 12 000 元，营业外支出 8 000 元，所得税税率为 25％。

要求：分别计算该企业的营业利润、利润总额和净利润。

实 训 九

远华工厂为一般纳税人，主要生产机床用配件，2018 年 12 月期初余额如表 4-34 所示。

表 4-34　远华工厂 2018 年 12 月期初余额　　　　　　　　　单位：元

会 计 科 目	借 方 余 额	贷 方 余 额
库存现金	3 800	
银行存款	125 000	
应收账款	98 000	
其他应收款	800	
原材料	45 000	
在途物资		
库存商品	40 800	
固定资产	210 000	
累计折旧		38 000
短期借款		50 000
应付账款		38 000
应付职工薪酬		800
应交税费		7 800
应付利息		800
实收资本		250 000
资本公积		20 000
盈余公积		28 000
未分配利润		10 000
本年利润（1—11 月）		80 000
合　　计	523 400	523 400

12 月初有关明细账余额如下：

原材料——甲材料：300 吨，单价 100 元，共 30 000 元。

原材料——乙材料：5 000 千克，单价 3 元，共 15 000 元。

库存商品——A 产品：250 件，单位成本 100 元，总成本 25 000 元。

库存商品——B 产品：100 件，单位成本 158 元，总成本 15 800 元。

本月发生以下经济业务：

(1) 1 日，收到永嘉公司归还的欠款 8 800 元，存入银行。

(2) 2 日，仓库发出甲材料 10 吨，其中，生产 A 产品领用 5 吨，B 产品领用 3 吨，车间修理耗用 2 吨。

(3) 3 日，购进乙材料 1 000 千克，增值税发票注明：价款 3 000 元，税金 480 元，用银行存款支付，材料已验收入库。

(4) 4 日，开出银行支票 7 800 元，缴纳上月税费。

(5) 5 日，仓库发出乙材料 5 000 千克，全部用于生产 A 产品。

(6) 6 日，开出银行支票 40 000 元，归还短期借款。

(7) 7 日，购入甲材料 20 吨，增值税发票注明：价款 2 000 元，税金 320 元，全部用银行存款支付。

(8) 8 日，用现金购入车间劳保用品 800 元，增值税 128 元，已交付使用。

(9) 9 日，购买的甲材料已到达企业，并验收入库。

(10) 10 日，用银行存款归还前欠大明工厂的货款 28 000 元。

(11) 10 日，仓库发出甲材料 100 吨，其中，生产 A 产品领用 20 吨，生产 B 产品领用 70 吨，车间修理耗用 10 吨。

(12) 11 日，销售 A 产品 150 件，单价 180 元，开出的增值税发票注明：价款 27 000 元，税金 4 320 元，货款收到，已存入银行。

(13) 11 日，以现金支付销售 A 产品发生的运杂费 424 元（含增值税 24 元）。

(14) 12 日，销售 B 产品 100 件，单价 250 元，开出的增值税发票注明：价款 25 000 元，税金 4 000 元，货款尚未收到。

(15) 12 日，用银行存款支付 B 产品发生的广告费 2 120 元（含增值税 120 元）。

(16) 12 日，用银行存款购入一台机器，价款 20 000 元，增值税 3 200 元，当即投入使用。

(17) 13 日，以现金支付采购员王伟预借的差旅费 4 000 元。

(18) 14 日，出售乙材料 300 千克，开出的增值税发票注明：价款 1 500 元，增值税 240 元，货款已收到，当即存入银行。

(19) 15 日，销售 A 产品 50 件，单价 180 元，开出增值税发票注明：价款 9 000 元，增值税 1 440 元，货款已收到，当即存入银行。

(20) 16 日，从银行提取现金 62 000 元，备发工资。

(21) 17 日，用现金 62 000 元发放工资。

(22) 18 日，开出银行支票 1 200 元，偿还前欠东方公司货款。

(23) 20 日，收到外单位交来的合同违约金 5 000 元，存入银行。

(24) 23 日，王伟出差归来报销差旅费 3 600 元，并交回现金余款。

（25）25日，分配本月发生的电费4 412元。其中，A产品用电2 000元，B产品用电1 800元，车间照明用电412元，行政部门用电200元。

（26）28日，分配本月发生的水费368元。其中，车间耗用108元，行政部门耗用260元。

（27）30日，分配本月职工薪酬62 000元，其中，生产A产品工人薪酬25 000元，B产品工人薪酬27 000元，车间管理人员薪酬4 000元，行政部门人员薪酬6 000元。

（28）30日，计提本月固定资产折旧费，其中，车间固定资产计提1 880元，行政部门固定资产计提1 200元。

（29）31日，计提本月应负担的借款利息1 500元。

（30）31日，结转本月制造费用8 400元，其中，A产品应结转5 000元，B产品应结转3 400元。

（31）31日，本月投产的A产品500件，B产品250件，全部完工，并验收入库，计算结转完工产品的成本。

（32）31日，结转已销产品成本，A产品销售200件，B产品销售100件。

（33）31日，结转已销乙材料成本900元。

（34）31日，计提本月应缴纳的城市维护建设税744元，教育费附加319元。

（35）31日，结转有关损益类账户，计算本月利润。

（36）31日，计算并结转所得税费用（税率为25％）。

（37）31日，按全年净利润的10％提取法定盈余公积。

（38）31日，按剩余净利润的20％向投资者分配利润。

（39）31日，将"本年利润"结转至"利润分配——未分配利润"。

（40）31日，结转利润并分配至各明细账。

要求：

（1）根据上述经济业务编制会计分录。

（2）开设并登记业务涉及的有关总账。

（3）开设并登记"原材料""生产成本""库存商品""利润分配"明细账。

填制与审核会计凭证

学习目标

职业能力目标 ☞

- 能够区分原始凭证和记账凭证。
- 掌握原始凭证的基本内容。
- 能够区分外来原始凭证和自制原始凭证。
- 能够区分一次凭证、累计凭证和汇总凭证。
- 能够正确填制原始凭证。
- 能够正确审核原始凭证。
- 掌握记账凭证的基本内容。
- 能够区分单式记账凭证和复式记账凭证。
- 能够区分收款凭证、付款凭证和转账凭证。
- 能够正确编制各种记账凭证。
- 能够正确审核记账凭证。
- 能够正确传递会计凭证。
- 能够正确保管会计凭证。

知识点 ☞

会计凭证　原始凭证　记账凭证　外来原始凭证　自制原始凭证
一次凭证　累计凭证　汇总凭证　单式记账凭证　复式记账凭证
收款凭证　付款凭证　转账凭证　会计凭证传递　会计凭证保管

技能点 ☞

取得与填制原始凭证　审核原始凭证　选择记账凭证种类
填制记账凭证　审核记账凭证　传递会计凭证　整理与装订会计凭证

任 务 一 | 认识会计凭证

一、会计凭证的概念

会计凭证简称凭证，是记录经济业务发生或完成情况，明确经济责任的书面证明，是登记会计账簿的依据。

会计主体在经营过程中会发生大量的经济业务或会计事项，会计人员必须按一定程序进行账务处理，以便提供高效的会计信息。为了保证所提供的这些会计资料的真实性和可靠性，记录的全部经济业务必须做到有凭有据。因此，所有会计主体在处理任何经济业务或会计事项时，都必须取得和填制会计凭证。例如，购买材料、商品等要取得供货方开出的发票；支出款项要取得收款方开出的收据；材料、商品等入库要取得仓库开出的收货单；发出材料要有领料单；发出商品要有发货单等。这些以书面证明形式存在的发票、收据、收货单、领料单、发货单就是记录经济业务发生或完成情况的会计凭证。同时，所有的会计凭证都必须由专人进行严格审核，只有经过审核确认为合理、合法、真实的凭证，才能作为证明经济业务发生或完成的依据，也只有如此，才能保证账簿记录、财务报表反映的会计信息真实、完整。

二、会计凭证的作用

填制和审核会计凭证是会计核算工作的起点和基础，是登记账簿的前提和依据，也是实行会计核算和会计监督的一种专门方法，在整个会计核算过程中起着至关重要的作用。会计凭证的作用体现以下几方面。

▶ 1. 记载经济业务

会计凭证可以记录经济业务的发生或完成情况，为会计核算提供原始依据。对于每一个会计主体发生的每一项经济业务，各有关经办单位或个人都需要按照规定的程序和要求，将发生的时间、地点、内容和完成情况，正确、及时地填制在会计凭证上。这样，发生的业务以及这些业务的完成情况就能通过会计凭证如实地反映出来，保证了会计记录的客观、真实和准确，防止主观臆断和弄虚作假行为的发生。

▶ 2. 明确经济责任

会计凭证除了记录有关经济业务的基本内容外，相关经办部门或人员都必须在会计凭证上签章。这样，凭证在各经办部门和人员的传递过程中，既便于划清职责、加强自身责任感，也便于发现问题、查找原因、分清责任，以进行公正的惩罚和处理，进而达到相互牵制、相互监督的目的。

▶ 3. 作为记账依据

会计凭证只是对经济业务做了初步的归类记录，如果要反映企业经济活动的全貌，还必须在审核无误的会计凭证的基础上，按照账户进行进一步的系统化归类记录。所以，审核无误的会计凭证是登记账簿的依据，只有这样才能保证账簿记录的真实性和合法性，保证会计信息的质量。

▶ 4. 监督经济活动

会计主体发生的每一项经济业务都已经在会计凭证中做了详细记录，通过会计凭证的审核，可以确定该经济业务是否符合国家的有关法律、制度，是否符合企业内部计划、预算等，从而发挥会计的监督作用，及时发现经济管理中存在的问题和管理制度中存在的漏洞，并及时加以制止和纠正，保护会计主体资产的安全、完整，维护投资者、债权人和有关各方的合法权益，从而实现对经济活动的控制，保证经济活动正常、有序的运行。

三、会计凭证的种类

实际工作中，会计凭证的种类繁多，格式多样，作用不一。会计凭证按照填制程序和用途不同，可分为原始凭证和记账凭证。

▶ 1. 原始凭证

原始凭证又称单据，是在经济业务发生或完成时取得或填制的，用于记录或证明经济业务的发生或完成情况的文字凭据，如出差的车船票、购货的发票等。原始凭证是在经济业务发生的过程中产生的，记录的是发生的经济业务信息，是会计核算程序中最初的书面证明，也是编制记账凭证的基础。同时，原始凭证也是经济业务发生的原始资料和重要依据，在法律上具有证明效力。

▶ 2. 记账凭证

记账凭证又称记账凭单，是会计人员根据审核无误的原始凭证，按照经济业务事项的内容加以归类，并据以确定会计分录后所填制的会计凭证。记账凭证是登记账簿的直接依据。实际工作中，会计分录是通过填制记账凭证来完成的。

会计核算工作中，原始凭证记录经济业务的发生和完成情况，是最初的原始依据，这种记录形式是零星、分散的。为了全面、系统地反映经济业务，必须通过账簿记录来进行，而登记账簿的直接依据是记账凭证。填制记账凭证的过程是将原始凭证中的经济信息转化为会计专业语言的过程，是介于填制、审核原始凭证与登记账簿之间的会计核算工作。会计人员根据审核无误的原始凭证或汇总原始凭证，利用复式记账原理，判断经济业务应计入的科目名称、借贷记账方向和金额，确定会计分录，从而进行账簿的登记。

审核无误的会计凭证才可以成为登记账簿的依据，而审核无误的记账凭证才是登记账簿的直接依据。

任务二 取得与填制原始凭证

一、原始凭证的基本内容

由于经济业务的种类和内容不同，经营管理的要求不同，原始凭证的格式和内容也千差万别。但无论使用哪种原始凭证，作为记录和证明经济业务的发生或完成情况、明确经办单位和人员经济责任的原始证据，都必须具备以下基本内容：

(1) 原始凭证名称；

(2) 填制原始凭证的日期；

(3) 凭证的编号；

(4) 接受凭证单位名称；

(5) 经济业务内容(含数量、单价、金额等)；

(6) 填制单位签章；

(7) 有关人员(部门负责人、经办人员)签章；

(8) 填制凭证单位的名称或者填制人姓名。

提示：凡是不能证明经济业务发生和完成情况的各种书面证明，如购料申请单、购销合同、银行对账单、合同等，均不能作为原始凭证据以记账，只能作为相应原始凭证的附件。

二、原始凭证的种类

原始凭证可以按照取得来源、填制手续和格式进行分类。

(一) 按照取得来源分类

原始凭证按照取得来源的不同，可分为自制原始凭证和外来原始凭证。

▶ 1. 自制原始凭证

自制原始凭证是指由本单位有关部门和人员，在执行或完成某项经济业务时填制的仅供本单位内部使用的原始凭证。自制原始凭证在企业中占很大比重。常见的自制原始凭证有企业仓库部门填制的收料单、发出材料汇总表，生产车间及其他部门申请领料时填制的领料单，企业职工出差向单位借款填制的借款单，以及财务部门编制的工资费用分配表、制造费用分配表等。

▶ 2. 外来原始凭证

外来原始凭证是指在经济业务发生或完成时，从外部取得的原始凭证。常见的外来原始凭证有外来单位开具的购货发票、运输部门开具的乘坐飞机和火车的票据、银行开具的银行收付款通知单、收费凭证等。

(二) 按照填制手续分类

原始凭证按照填制手续的不同，可分为一次凭证、累计凭证和汇总凭证。

▶ 1. 一次凭证

一次凭证是指一次填制完成、只记录一笔经济业务且仅一次有效的原始凭证。通常，一次凭证只能反映一项经济业务事项，或同时发生的若干项同类经济业务事项。一次凭证使用方便、灵活但凭证数量较多。外来原始凭证一般都是一次凭证。常见的一次凭证有增值税专用发票或增值税普通发票、材料验收入库时由仓库保管员填制的收料单、车间或部门向仓库领用材料时填制的领料单、出差人员临行前预借差旅费时填制的借款单、销售商品填制的商品出库单、收取款项时填写的收据等。

【例 5-1】2018 年 8 月 8 日，某企业第一生产车间领用 25mm 圆钢 1 500 千克，10mm 圆钢 1 000 千克，仓库保管部门需填制领料单(见表 5-1)。

表 5-1 领 料 单

领料单位：第一车间

用　　途：用于生产 A 产品　　　　　　2018 年 8 月 8 日　　　　　　　　　　仓库编号：26

材料编号	名　称	规　格	单　位	数量		单价/元	金额/元
				请领	实领		
311	圆钢	25mm	千克	1 500	1 500	3.5	5 250
345	圆钢	10mm	千克	1 000	1 000	3.5	3 500
合　　计				2 500	2 500		8 750

领料单位负责人：海婉　　　　　发料人：蒙泽　　　　　领料人：王宁　　　　　记账人：

下面以领料单为例，介绍凭证中各项目的填制要求。

（1）日期：实际领料日期。

（2）领料单位：领用材料的部门名称，细化到具体部门，此项的正确填写可以使各部门的消耗得以正确归集。

（3）用途：所领用的材料的用途。

（4）仓库编号：领用材料所在的仓库。

（5）材料编号：所要领用的材料在企业内部的物资编码。

（6）材料名称、规格和单位：所要领用材料的名称、规格和计量单位。

（7）数量：请领数量为领料部门申请领用材料的数量，实领数量为领料部门实际领用材料的数量。此项的填写可以使仓库人员正确登记材料物资明细账。一张领料单内容填写不满时，须在数量栏下空行处画斜线注销。

（8）单价：所要领用材料的单价。

（9）金额：根据所领用材料的单价和实际领用的数量计算得出实际领用材料的金额。此项的填写便于正确计算相关成本费用。

（10）领料单位负责人发料人、领料人：领料单位负责人和具体发料人员、领料人员签章。此项的填写可以明确发料、领料的人员，如果后续出现问题，可以及时找到相关当事人了解情况并解决。

（11）记账人：登记材料物资明细账的会计人员。

领料人根据领料业务的具体情况按要求填写领料单，交领料部门主管审批。审批准许后，领料人持领料单到相关仓库领取材料。发料人审核无误后，发放材料并在领料单上签章。领料单通常一式三联，第一联为存根联；第二联为记账联，留会计部门作为出库材料核算的依据；第三联为保管联，留仓库作为登记材料明细账的依据。相关人员均需在领料单上签字，无签章或签章不全的均无效，不能作为记账的依据。

▶ **2. 累计凭证**

累计凭证是指在一定时期内多次记录重复发生的同类型经济业务且多次有效的原始凭证。在一张累计凭证内可以连续登记相同性质的经济业务，随时结出累计数及结余额，直到期末，凭证填制手续才能完成，并以期末累计数作为记账依据。工业企业用的限额领料单（见表 5-2）就是一种典型的累计凭证。

表 5-2　限额领料单

领料部门：第二车间　　　　　　　　　　　　　　　　　　　编　　号：6
用　　途：用于生产 B 商品　　　　　　　　　　　　　　　收料仓库：3

日期	材料编号	材料名称及规格	计量单位	领料限额	实际领用	单价	金额	备注
	333	生铁	千克	3 000	2 800	3.5	9 800	
	请领	实发	发料人	领料人	限额结余		退库	
							数量	退库单
8月2日	1 000	1 000	蒙泽	王宁	2 000			
8月11日	1 500	1 500	蒙泽	王宁	500			
8月26日	300	300	蒙泽	王宁	200			
合　计	2 800	2 800			200			

在一些特定单位，为了连续反映某一时期内不断重复发生且分次进行的特定业务，需要在一张凭证中连续、累计填制该特殊业务的具体情况，这类凭证的填制手续不是一次性完成的，而是随着经济业务的发生需要多次进行才能完成。

累计凭证一般为自制凭证。实际会计工作中应注意，不同性质的经济事项不能登记在一张累计凭证上。

使用累计凭证，可以增加原始凭证的使用效率、简化核算手续，同时，可以随时计算累计发生数，以便与计划或定额数量进行比较，对业务执行或完成的总工作量起到事先控制的作用，是企业进行计划管理的手段之一。

下面以限额领料单为例，介绍具体操作方法。领料人根据领料业务的具体情况按要求填写限额领料单，在限额领料单内注明每次请领数量，经有关负责人签章后，前往仓库领材料。发料人应审核请领数量是否超出限额结存数，如未超出，应准许发料。领取完毕，发料人应在限额领料单填明实发数，并结出结余，由领料、发料双方在限额领料单上签字，发料人据此登记材料明细账。期末，在限额领料单上结出实发数量和金额转交会计部门，以此计算材料成本。限额领料单通常一式两联，一联送交仓库据以发料，登记材料明细账；一联送交领料部门据以领料。

▶ 3. 汇总凭证

汇总凭证又称原始凭证汇总表，指对一定时期内反映相同经济业务内容的若干张原始凭证，按照一定标准综合而重新编制的原始凭证，如根据月份内所有领料单编制的发料凭证汇总表（见表 5-3）、出差人员根据本次全部出差单据编制的差旅费报销单等。

汇总凭证一般为自制凭证。实际会计工作中应注意的是，汇总凭证所汇总的内容只能是同类经济业务，不能汇总两类或两类以上的经济业务。汇总凭证在大中型企业中使用得非常广泛，它既可以简化核算手续、提高核算工作效率，又能够使资料系统化、使核算过程条理化，从而为经营管理提供某些综合指标。

表 5-3 发料凭证汇总表

年 月

材料类别／领用部门	A材料			B材料			合 计
	数量	单价	金额	数量	单价	金额	
生产车间——甲产品							
生产车间——乙产品							
生产车间一般耗用							
企业管理部门							
企业销售机构							
合 计							

制表人： 核对人： 财务主管：

(三) 按格式分类

原始凭证按照格式不同，可分为通用原始凭证和专用原始凭证。

▶ 1. 通用原始凭证

通用原始凭证是指由有关部门统一印制、在一定范围内使用的，具有统一格式和使用方法的原始凭证。通用原始凭证的适用范围因制作部门不同而不同，可以是某一地区、某一行业通用，也可以是全国通用，如全国通用的火车票、人民银行印制的转账结算凭证等，局部通用的某省(市)印制的发票、收据等。通用原始凭证格式标准、内容规范、便于比较，统一印制，可以降低核算费用。

▶ 2. 专用原始凭证

专用原始凭证是指由单位自行印制、仅在本单位内部使用的原始凭证。不同单位的专用原始凭证的格式不同，如领料单、工资表等。

三、原始凭证的取得与填制要求

原始凭证是会计核算的原始依据，是会计信息正确、真实的基础。为了保证原始凭证能够正确、及时、完整地反映各项经济业务的实际情况，必须按照以下要求取得与填制原始凭证。

(一) 取得原始凭证的要求

(1) 外来原始凭证必须具备以下内容。

① 凭证的名称：外来原始凭证必须有明确的名称，以便凭证的管理和业务处理。

② 填制凭证的日期：凭证填制的日期就是经济业务发生的日期，便于对经济业务进行审核。

③ 填制凭证的单位名称或者填制人姓名：填制凭证的单位或个人是经济业务发生的证明人，有利于了解经济业务的来龙去脉。

④ 经办人员的签名或者盖章：凭证上的签名人、盖章人是经济业务的直接经办人，签名、盖章可以明确经济责任。

⑤ 接受凭证的单位名称：证明经济业务是否确实是本单位发生的，以便记账和查账。

需要注意的是，单位的名称必须是全称，不得省略。

⑥ 经济业务内容完整：经济业务的内容填写完整便于了解经济业务的具体情况，检查其真实性、合理性和合法性。

⑦ 数量、单价和金额：数量、单价和金额是经济业务发生的量化证明，是保证会计资料真实性的基础。特别是大、小写金额必须按规定填写完整，防止出现舞弊行为。

（2）支付款项的原始凭证必须有收款单位的收款人的收款证明。

（3）一式多联的原始凭证应当注明各联的用途，只能以一联作为报销凭证。一式多联的发票和收据，必须用双面复写纸（发票和收据本身具有复写功能的除外）套写，并且连续编号。

（4）发生销货退回的，除填制红字退货发票外，必须取得对方的收款收据或者汇款行的凭证，不得以退货发票代替收据。

（二）原始凭证的填制要求

原始凭证作为经济业务的原始证明，是进行会计核算工作的原始资料和重要依据，是具有法律效力的书面证明文件，同时也是有效提供会计信息资料的基础。为了保证会计核算资料的真实性、正确性和及时性，原始凭证的填制必须符合一定的规范，具体要求如下。

▶ 1. 记录要真实

原始凭证所填列经济业务的内容和数字必须真实可靠，即要符合国家有关政策、法令、法规、制度的要求，按照有关经济业务的实际情况进行记录，不得弄虚作假，更不得伪造凭证。对于实物数量、单价和金额的计算，要做到准确无误，不得匡算或估计。

▶ 2. 内容要完整

原始凭证所要求填列的项目必须逐项填列齐全，不得遗漏和省略，经办业务的有关部门和人员要认真审核签名、盖章等。一式数联的原始凭证要用复写纸套写，各联的内容必须完全相同，联次也不得缺少，各联还必须注明用途，并只能以一联作为记账使用。

▶ 3. 手续要完备

（1）单位自制的原始凭证必须有经办单位领导人或者其他指定人员的签名或盖章。

（2）对外开出的原始凭证必须加盖本单位的公章。

（3）从外部取得的原始凭证，必须盖有填制单位的公章。

（4）从个人处取得的原始凭证，必须有填制人员的签名、盖章，只有这样才能增强经办人员的责任心，明确经济责任。

从外单位取得的原始凭证如有遗失，应取得原签发单位盖有公章的证明，并注明原始凭证的编号、金额和内容等，经单位负责人批准后，可代做原始凭证。对确实无法取得证明的，如飞机票、火车票、轮船票等凭证，由当事人写出详细情况，经由主办单位负责人批准后，可代做原始凭证。

▶ 4. 书写要清楚、规范

（1）原始凭证要按规定填写，文字要简要，字迹要清楚，易于辨认，不错漏、不潦草，防止涂改。

（2）大小写金额必须相符且填写规范。

小写金额用阿拉伯数字逐个书写，不得写连笔字。在金额前要填写人民币符号￥，人民币符号￥与阿拉伯数字之间不得留有空白，凡阿拉伯数字前有币种符号的，数字后面不再写货币单位，如￥128.73。金额数字一律填写到角分，无角分的，写"00"或符号"—"，如￥128.00或者￥128.—。有角无分的，分位写"0"，不得用符号"—"，如￥128.80不能写为￥128.8—。

大写金额不得使用未经国务院公布的简化汉字，中文大写金额数字应用正楷或行书填写，如"壹""贰""叁""肆""伍""陆""柒""捌""玖""拾""佰""仟""万""亿""元（圆）""角""分""零""整（正）"等字样。不得用"一""二（两）""三""四""五""六""七""八""九""十""千""毛""另（或0）"填写，不得自造简化字。

中文大写金额数字前应标明"人民币"字样，大写金额数字应紧接"人民币"字样填写，不得留有空白。大写金额数字前未印"人民币"字样的，应加填"人民币"三字。中文大写金额数字到"元"为止的，在"元"之后应写"整"（或"正"）字，在"角"之后可以不写"整"（或"正"）字。大写金额数字有"分"的，"分"后面不写"整"（或"正"）字。例如，小写金额为￥1 008.00，大写金额应写成"壹仟零捌元整"；小写金额为￥1 008.80，大写金额应写成"壹仟零捌元捌角整"；小写金额为￥1 008.88，大写金额应写成"壹仟零捌元捌角捌分"。

小写金额数字中有"0"时，中文大写金额应按照汉语的语言规律、金额数字的构成和防止涂改的要求进行书写。举例如下：

① 阿拉伯数字中间有"0"时，中文大写要写"零"字，如￥1 409.50应写成人民币壹仟肆佰零玖元伍角整。

② 阿拉伯金额数字角位是"0"，而分位不是"0"时，中文大写金额"元"后面应写"零"字，如￥325.04应写成人民币叁佰贰拾伍元零肆分。

③ 阿拉伯数字中间有几个连续的"0"时，中文大写金额中间可以只写一个"零"字，如￥6 007.14应写成人民币陆仟零柒元壹角肆分。

④ 阿拉伯金额数字万位和元位是"0"，或者数字中间连续有几个"0"，万位、元位也是"0"，但千位、角位不是"0"时，中文大写金额中可以只写一个"零"字，也可以不写"零"字。例如，￥1 680.32应写成人民币壹仟陆佰捌拾元零叁角贰分，或者写成人民币壹仟陆佰捌拾元叁角贰分；又如，￥107 000.53应写成人民币壹拾万柒仟元零伍角叁分，或者写成人民币壹拾万零柒仟元伍角叁分。

（3）数量、单价和金额的计算必须正确，大小写金额要相符。

（4）票据的出票日期必须使用中文大写。为防止变造票据的出票日期，在填写月、日时，月为壹、贰和壹拾的，日为壹至玖和壹拾、贰拾和叁拾的，应在其前加"零"；日为拾壹至拾玖的，应在其前加"壹"。例如，1月15日应写成零壹月壹拾伍日，10月20日应写成零壹拾月零贰拾日。

（5）除一式几联的原始凭证必须使用圆珠笔复写外，其他原始凭证填制要用黑色中性水笔，不得使用铅笔或者红色墨水笔填写。

▶ 5. 编号要连续

原始凭证应连续编号，并在填制时按照编号的次序使用。如果原始凭证已预先印制编号，在写坏作废时，应加盖"作废"戳记，妥善保管，不得撕毁。

▶ 6. 不得涂改、刮擦、挖补

原始凭证有错误的，应当由出具单位重开或更正，更正处应当加盖出具单位印章。原始凭证金额有错误的，应当由出具单位重开，不得在原始凭证上更正。向银行提供的原始凭证，文字、数字一律不许更正。

▶ 7. 填制要及时

各种原始凭证一定要及时填写，并按规定的程序及时送交会计机构、会计人员进行审核，防止因时过境迁、记忆模糊而出现差错，难以查清。

▶ 8. 其他要求

原始凭证除了应当符合上述要求外，还应当按照下列规定执行。

（1）购买实物的原始凭证，必须有验收证明，目的是明确经济责任，保证账物相符，防止盲目采购，避免物资短缺和流失。实物必须由购买人以外的第三方查证核实后，会计人员才能据以入账。

（2）支付款项的原始凭证，必须有收款单位和收款人的收款证明，不能仅以支付款项的有关凭证如银行汇款凭证等代替，目的是防止舞弊行为的发生。

（3）发生销货退回的，除填制退货发票外，还必须有退货验收证明；退款时，必须取得对方的收款收据或者汇款银行的凭证，不得以退货发票代替收据。在实际工作中，有些单位发生销售退回，收到的退货没有验收证明，造成退货流失。

（4）职工出差的借款凭据，必须附在记账凭证之后。职工出差归来报销，不退给职工借款凭据，而应出收据抵借据。

（5）上级有关部门批准的经济业务，应将批准文件作为原始凭证附件。如果批准文件需要单独归档的，应当在凭证上注明文件的批准机关名称、日期和文号，以便确认经济业务的审批情况。

四、原始凭证的审核与处理

（一）原始凭证的审核

在实际工作中，原始凭证可能存在伪造、虚假、错误等情况。为了正确地反映和监督各项经济业务，确保会计资料真实、正确和合法，必须对原始凭证进行严格、认真的审核。各种原始凭证除由经办业务部门审核以外，还要由会计部门进行审核。

▶ 1. 原始凭证的真实性

审核原始凭证所反映的经济业务是否与实际情况相符，如购进货物的数量、品种、规格等是否与验收单一致，销售货物的数量、品种、规格等是否与出库单一致等，有无伪造、变造凭证从中贪污等情况。

▶ 2. 原始凭证的合法合规性

审核原始凭证反映的经济业务是否符合现行财政、税收、经济、金融等有关的法令规定，是否符合现行财务会计制度。例如，费用开支是否符合开支标准、范围的财务规定，付出现款是否符合现金管理规定等。同时，还要审核原始凭证本身是否是合法凭证，任何企业、单位购进物品、材料，委外加工、运输、建筑安装以及其他服务，都必须取得对方开具的税务局规定的统一发票；外地企业来本地承办本企业单位加工、运输、建筑安装、装饰等业务的，应开具业务发生地税务局规定的统一发票(包括临时经营发票)，不得开具外地发票收款，更不得开出白条；行政事业单位开具的收费、收款收据，要符合本地财政局的规定。

▶ 3. 原始凭证的完整性

审核原始凭证的内容是否填写齐全、手续是否完备、是否有经办人签字或盖章。

在具体审核过程中，应注意以下几个方面：

(1) 对于外来发票和收据，应注意凭证上的单位名称、发票抬头、品名、计量单位、数量、单价、总金额等各项内容是否齐全，是否有单位财务专用章或发票专用章，是否有税务机关的发票监制章。

(2) 对于外来的原始凭证，应审核本单位办理手续是否齐备，如发票、收据等是否经过有关人员复核，货物是否经过验收，报销时有关经办人员是否签章，是否经过领导批准等。

(3) 对于自制的原始凭证，同样应审核填写是否齐全、有关人员是否签章、是否经有权批准人员批准等。

▶ 4. 原始凭证的准确性

会计人员应认真审核原始凭证所填列的数字是否符合要求，包括数量、单价、金额以及小计、合计等填写是否清晰，计算是否准确，是否用复写纸套写，有无涂改、刮擦挖补等弄虚作假行为。对于发票，应特别注意其金额(包括合计数)计算是否准确，大写金额和小写金额是否相符；发票上的字迹特别是金额数字有无涂改痕迹，复写的字迹和颜色是否一致，正面和反面的对照有无"头小尾大""头大尾小"情况等。

▶ 5. 原始凭证的及时性

及时性即收到原始凭证后，应及时传递，最好不要跨月，不可拖延时间进行传递，否则会影响原始凭证的时效性，从而影响原始凭证的使用。应注意审核凭证的填制日期，尤其是支票、银行汇票、银行本票等时效性比较强的原始凭证，更应仔细验证其签发日期。

(二) 原始凭证的处理

对于审核后的原始凭证，会计人员应按照《会计法》的规定进行处理。

(1) 对于审核无误的原始凭证，会计人员应及时办理各种必要的会计手续。

(2) 对于不真实、不合法的原始凭证，会计人员有权拒绝接收，并应向单位负责人报告，请求查明原因，追究当事人的责任。

(3) 对于不正确、不完整的原始凭证，应退回有关经办人员，由经办人员本人或由其退回开具凭证的单位或个人，按照《会计法》的有关规定进行更正。

任务 三 | 填制与审核记账凭证

在我国企业的会计实务中，编制会计分录具体体现为填制记账凭证。具体操作是：会计人员根据审核无误的原始凭证按照经济业务事项的内容加以归类，并据以确定会计分录，填制在记账凭证上，并将相关的原始凭证附在记账凭证后面，便于日后核对和查账。当填制的记账凭证审核无误后，再依据记账凭证登记账簿。所以说，记账凭证是介于原始凭证与登记账簿之间的中间环节，有分类归纳原始凭证和便于登记会计账簿的作用。

一、记账凭证的种类

记账凭证根据审核无误的原始凭证或汇总原始凭证填制，根据业务内容确定账户名称、记账方向和金额，是对经济业务的进一步反映。记账凭证可以按照不同的标准进行分类。

（一）按照记账凭证的用途分类

按照记账凭证的用途分类，可分为专用记账凭证和通用记账凭证。

▶ 1. 专用记账凭证

专用记账凭证是指专门用来反映某一类经济业务的记账凭证。规模较大、业务量较多的单位一般采用专用记账凭证。由于会计事项只有三种，即收款事项、付款事项和不涉及现金与银行存款收付的转账事项，因此，专用记账凭证也只有三种类型，即收款凭证、付款凭证和转账凭证。

1）收款凭证

收款凭证（见表5-4）是指专门用于记录库存现金和银行存款收款业务的会计记账凭证，是会计人员根据审核无误的有关库存现金和银行存款收入业务的原始凭证编制的记账凭证。收款凭证又可以分为库存现金收款凭证和银行存款收款凭证两种。

表 5-4　收 款 凭 证

借方科目：_____　　　　　　　年　　月　　日　　　　　　　　字第　　号

摘　　要	贷方总账科目	明 细 科 目	√	金　　额										
				千	百	十	万	千	百	十	元	角	分	附单据　　张
合　　计														

财务主管　　　　　记账　　　　　出纳　　　　　审核　　　　　制单

2）付款凭证

付款凭证（见表5-5）是指专门用于记录库存现金和银行存款付款业务的会计凭证，是会计人员根据审核无误的有关库存现金和银行存款付出业务的原始凭证填制的记账凭证。付款凭证又可以分为库存现金付款凭证和银行存款付款凭证两种。

表 5-5 付 款 凭 证

贷方科目：_____　　　　　年　　月　　日　　　　　　　　字第　　号

摘　　要	借方总账科目	明 细 科 目	√	金　　额									
				千	百	十	万	千	百	十	元	角	分
合　　计													

附单据　　张

财务主管　　　　　记账　　　　　出纳　　　　　审核　　　　　制单

3）转账凭证

转账凭证（见表 5-6）是指专门用于记录不涉及库存现金和银行存款业务的会计记账凭证，是会计人员根据审核无误的不涉及库存现金和银行存款收付的转账业务的原始凭证填制的记账凭证。

表 5-6 转 账 凭 证

贷方科目：_____　　　　　年　　月　　日　　　　　　　　转字第　　号

摘　　要	总账科目	明细科目	√	借 方 金 额										√	贷 方 金 额									
				千	百	十	万	千	百	十	元	角	分		千	百	十	万	千	百	十	元	角	分
合　　计																								

附单据　　张

财务主管　　　　　记账　　　　　出纳　　　　　审核　　　　　制单

▶ 2. 通用记账凭证

通用记账凭证（见表 5-7）是指反映所有经济业务的记账凭证。通用记账凭证以统一格式记录全部经济内容。在业务少、凭证不多的小型企业，为简化凭证手续，可以使用通用记账凭证（不具体区分收、付、转三类，其格式和填制方法与转账凭证相同），记录发生的各种经济业务。

专用记账凭证的优点是便于现金日记账、银行存款日记账的登记工作，除此之外，专用记账凭证和通用记账凭证本质上没有区别，只是形式上有所不同，企业可以根据需要自行选择其中一种。

表 5-7 　记 账 凭 证

年　　月　　日　　　　　　　　　　　　记字第　　　号

摘　　　要	总账科目	明细科目	√	借 方 金 额										√	贷 方 金 额									
				千	百	十	万	千	百	十	元	角	分		千	百	十	万	千	百	十	元	角	分
合　　　计																								

附单据　张

财务主管　　　　　　记账　　　　　　出纳　　　　　　审核　　　　　　制单

（二）按照记账凭证的填列方式分类

按照记账凭证的填列方式分类，可分为复式记账凭证和单式记账凭证。

1）复式记账凭证

复式记账凭证是指在每一张记账凭证上填列一笔会计分录的全部账户名称，按反映经济业务的全貌所编制的一种记账凭证，即将每一笔经济业务事项所涉及的全部会计科目及其发生额均在同一张记账凭证中反映。

复式记账凭证可以集中反映一项经济业务的科目对应关系，便于了解有关经济业务的全貌、减少凭证数量、节约纸张、填写方便、附件集中、便于记账凭证的分析和审核等。缺点是不便于分工记账和汇总计算每一个会计科目的发生额。在实际工作中，一般都采用复式记账凭证。收款凭证、付款凭证和转账凭证都是复式记账凭证。

2）单式记账凭证

单式记账凭证是按一项经济业务所涉及的每个会计账户单独填制一张记账凭证，每一张记账凭证中只填写一个会计账户，即每一张记账凭证只填列经济业务事项所涉及的一个会计科目及其金额。使用单式记账凭证时，该经济业务涉及几个会计科目，就必须填制几张记账凭证。为了单独反映每项经济业务涉及的会计账户及对应关系，单式记账凭证又分为借项记账凭证（见表5-8）和贷项记账凭证（见表5-9）。

表 5-8 　借项记账凭证

借方科目：　　　　　　　　　年　　月　　日　　　　　　　　编号：

明 细 科 目	摘　　　要	金　　　额	√
对方科目		合　　　计	

会计主管　　　　　　记账　　　　　　出纳　　　　　　审核　　　　　　制单

表 5-9 贷项记账凭证

贷方科目：   年   月   日   编号：

明 细 科 目	摘 要	金 额	√
对方科目		合 计	

会计主管   记账   出纳   审核   制单

单式记账凭证内容单一，便于汇总计算每一会计科目的发生额和分工记账，并可加速凭证的传递。缺点是制证工作量大，且不能在一张凭证上反映经济业务的全貌，内容分散，也不便于查账，还易出差错。单式记账凭证适用于业务量较大、会计部门分工较细的单位。

二、记账凭证的基本内容

现实生活中，记账凭证的种类、格式不一，但它的主要作用都是对原始凭证进行归类、整理，确定会计科目，据以登记账簿。所以，无论哪种形式的记账凭证，其作用都是一样的，基本内容也大体相同。

（1）记账凭证的名称；

（2）填制记账凭证的日期；

（3）记账凭证的编号；

（4）经济业务事项的内容摘要；

（5）经济业务事项所涉及的会计科目及记账方向；

（6）经济业务事项的金额；

（7）记账标记；

（8）所附原始凭证张数；

（9）会计主管、记账、审核、出纳、制单等有关人员签章。

有些特殊经济业务可直接以自制的原始凭证或汇总原始凭证代替记账凭证记账。以自制原始凭证或者原始凭证汇总表代替记账凭证的，也必须具备记账凭证应有的项目。

三、记账凭证的填制要求

记账凭证根据审核无误的原始凭证或原始凭证汇总表填制，而审核无误的记账凭证又是登记账簿的直接依据。所以，记账凭证填制的正确与否直接影响整个会计系统提供信息的质量，填制时必须符合相关的要求。

▶ 1. 必须以审核无误的原始凭证为依据

略。

▶ 2. 内容必须完整

应将记账凭证上所留项目逐一填写清楚，有关人员的签名或者盖章要齐全，不可漏缺。

▶ 3. 正确填写日期

收款凭证和付款凭证因为要及时计入当天的日记账，因此收款凭证和付款凭证要以货币资金收付的日期填写，转账凭证一般按照收到原始凭证的日期填写。

▶ 4. 记账凭证连续编号

记账凭证编号的方法有多种，可以按现金收付、银行存款收付和转账业务三类分别编号，也可以按现金收入、现金支出、银行存款收入、银行存款支出和转账五类进行编号。各单位应根据本单位业务繁简程度、人员多寡和分工情况来选择便于记账、查账、内部稽核、简单严密的编号方法。无论采用哪一种编号方法，都应该按月顺序编号，即每月都从1号编起，顺序编至月末，不得跳号、重号。一笔经济业务需要填制两张或者两张以上记账凭证的，可以采用分数编号法编号，如8号会计事项分录需要填制三张记账凭证，就可以编8 1/3、8 2/3、8 3/3，前面的数字表示这是第八笔业务，后面分数的分母表示该笔业务共有三张凭证，分子分别表示三张凭证中的第一张、第二张、第三张。

▶ 5. 摘要简明扼要

记账凭证的摘要栏应填写经济业务的简要说明，摘要应与原始凭证的内容一致，能够正确反映经济业务的主要内容，既要防止简而不明，又要防止过于烦琐。应使阅读者能够通过摘要准确了解该项经济业务的性质、特征，判断分录的正确与否，一般不需要再去翻阅原始凭证或询问有关人员。

▶ 6. 分录正确

会计分录是记账凭证的重要组成部分，要正确地编制会计分录并保持借贷平衡，必须根据国家统一会计制度的规定和经济业务的内容，正确使用会计科目，不得任意简化或改动。应填明总账科目和明细账科目，以便登记总账和明细账。会计科目的对应关系要填写清楚，先借后贷，一般填制一借一贷、一借多贷或多借一贷的会计分录。如果某项经济业务本身需要编制多借多贷的会计分录时，也可以填制多借多贷的会计分录的凭证，以集中反映经济业务的全过程。记账凭证中，借方和贷方的金额必须相等，合计数计算必须正确。金额的登记方向和数字必须准确且符合书写规范，角分位不留空白，合计金额的第一位数字之前要填写记账货币的符号。

▶ 7. 空行注销

填制记账凭证时，应按行次逐行填写，不得跳行或留有空行。记账凭证填制完经济业务事项后，如有空行，应在金额栏自最后一笔金额数字下的空行处至合计数上的空行处画线注销。

▶ 8. 依据准确

记账凭证可以根据每一张原始凭证填制或根据若干张同类原始凭证汇总编制，也可以根据原始凭证汇总表填制，但不得将不同内容和类别的原始凭证汇总填制在一张记账凭证上。

除结账和更正错账，记账凭证必须附有原始凭证并注明所附原始凭证的张数。所附原始凭证张数的计算，一般以原始凭证的自然张数为准。与记账凭证中的经济业务记录有关的每一张证据，都应作为原始凭证的附件。如果记账凭证中附有原始凭证汇总表，则应把所附的原始凭证和原始凭证汇总表的张数一起计入附件的张数之内。报销差旅费等的零散票券，可以粘贴在一张纸上，作为一张原始凭证。一张原始凭证如涉及几张记账凭证的，可以将该原始凭证附在一张主要的记账凭证后面，在其他记账凭证上注明该主要记账凭证的编号或者附上该原始凭证的复印件。

一张原始凭证所列的支出需要由两个以上的单位共同负担时，应由保存该原始凭证的单位开给其他应负担单位原始凭证分割单。原始凭证分割单必须具备原始凭证的基本内容，包括凭证的名称、填制凭证的日期、填制凭证单位的名称或填制人的姓名、经办人员的签名或盖章、接受凭证单位的名称、经济业务内容、数量、单价、金额，以及费用的分担情况等。

▶ 9. 特殊业务处理

在使用收、付、转三类记账凭证的业务中，对于只涉及现金和银行存款之间的业务，应以付款业务为主，只填制付款凭证，不填制收款凭证，以免重复。例如，将现金存入银行，应根据该项经济业务的原始凭证，只填制一张库存现金付款凭证，不再填制银行存款收款凭证；相反，从银行提取现金，应根据该项经济业务的原始凭证，只填制一张银行存款付款凭证，不再填制库存现金收款凭证。

在一笔业务中，如果既涉及现金或银行存款收付业务，又涉及转账业务，则应分别填制收款或付款凭证和转账凭证。例如，单位职工出差归来报销差旅费并交回现金时，就根据有关原始凭证按实际报销的金额填制一张转账凭证，同时按收回的现金数额填制一张收款凭证。

▶ 10. 记账凭证的书写应清楚、规范

具体要求同原始凭证。

▶ 11. 填制记账凭证时若发生错误应重新填制

已登记入账的记账凭证在当年内发现填写错误时，可以用红字填写一张与原内容相同的记账凭证，在摘要栏注明"注销某月某日某号凭证"字样，同时再用蓝字重新填制一张正确的记账凭证，注明"订正某月某日某号凭证"字样。如果会计科目没有错误，只是金额错误，也可将正确数字与错误数字之间的差额另编一张调整的记账凭证，调增金额用蓝字、调减金额用红字。发现以前年度记账凭证有错误的，应当用蓝字填制一张更正的记账凭证。

▶ 12. 机制记账凭证应符合记账凭证的一般要求

实行会计电算化的单位，其机制记账凭证应符合记账凭证的一般要求，并应对其认真审核，做到会计科目使用正确，数字准确无误。打印出来的机制记账凭证上，要加盖制单人员、审核人员、记账人员和会计主管人员印章或者签字，以明确责任。

▶ 13. 经办人员签章齐全

记账凭证上，必须有填制人员、审核人员、记账人员和会计主管的签名或盖章。对于发生的收款和付款业务必须坚持先审核后办理的原则，出纳人员要在有关收款凭证和付款凭证上签章，以明确经济责任。对已办妥的收款凭证或付款凭证及所附的原始凭证，出纳要当即加盖"收讫"或"付讫"戳记，以避免重收重付或漏收漏付的发生。

四、记账凭证填制实例

对每一笔经济业务，都要根据审核无误的原始凭证，按照各种记账凭证的格式和基本内容，遵循记账凭证填制的基本要求，正确地填制记账凭证。下面分别说明各种记账凭证的填制方法。

（一）收款凭证的填制

在借贷记账法下，收款凭证设置的科目是借方科目。在收款凭证左上角"借方科目"处，按照业务内容选填"银行存款"或"库存现金"科目；在凭证内所反映的"贷方总账科目"和"明细科目"栏填写与"库存现金"或"银行存款"收入相对应的总账科目及其明细科目；凭证上方的"　年　月　日"处，填写财务部门受理经济业务事项制证的日期；凭证右上角的"　字第　号"处，应按顺序编号填写"银收"或"收"字和已填制凭证的编号，不得漏号、重号、错号，每月从1号起编号，直至最后1张；"摘要"栏填写能反映经济业务性质和特征的简要说明；"金额"栏填写与同一行科目对应的发生额；"合计栏"填写各发生额的合计数，表示借方科目"银行存款"或"库存现金"的金额；凭证右边"附件　张"处需填写所附原始凭证的张数；"记账"栏则应在登记账簿之后画"√"，表示已经入账，以免发生漏记或重记错误；凭证下边分别由相关人员签字或盖章。

下面以内蒙古温暖羊绒有限公司部分业务为例填制相关记账凭证，假设该公司采用专用记账凭证，凭证编号为银收字、现收字、银付字、现付字和转字。

【例5-2】承例4-1，2018年12月1日，内蒙古温暖羊绒有限公司收到投资人鄂尔多斯大河有限公司投入资金100 000元，全部作为注册资本份额。填制收款凭证，如表5-10所示。

借：银行存款　　　　　　　　　　　　　　　　　　　　　100 000

　　贷：实收资本　　　　　　　　　　　　　　　　　　　　　100 000

表 5-10　收 款 凭 证

借方科目：银行存款　　　　　　　2018 年 12 月 01 日　　　　　　　银收字第 001 号

摘　　要	贷方总账科目	明　细　科　目	√	金　　额										附
				千	百	十	万	千	百	十	元	角	分	单据壹张
收到大河公司投资款	实收资本	大河公司			1	0	0	0	0	0	0	0	0	
合　　计					¥ 1	0	0	0	0	0	0	0	0	

财务主管　　　　　记账　　　　　出纳　　　　　审核　　　　　制单 马芳

（二）付款凭证的填制

在借贷记账法下，付款凭证设置的科目是贷方科目。在付款凭证左上角"贷方科目"处，按照业务内容选填"银行存款"或"库存现金"科目；在凭证内所反映的"借方总账科目"和"明细科目"栏填写与"库存现金"或"银行存款"付出相对应的总账科目及其明细科目；凭证上方的"　年　月　日"处，填写财务部门受理经济业务事项制证的日期；凭证右上角的"　字第　号"处，应按顺序编号填写"银付"或"付"字和已填制凭证的编号，不得漏号、重号、错号，每月从1号起编号，直至最后1张；"摘要"栏填写能反映经济业务性质和特征的简要说明；"金额"栏填写与同一行科目对应的发生额；"合计栏"填写各发生额的合计数，表示贷方科目"银行存款"或"库存现金"的金额；凭证右边"附件　张"处需填写所附原始凭证的张数；"记账"栏则应在登记账簿之后画"√"，表示已经入账，以免发生漏记或重记错误；凭证下边分别由相关人员签字或盖章。

【例 5-3】承例 4-4，2018 年 12 月 3 日，内蒙古温暖羊绒有限公司从呼和浩特第一纺织厂购进 5 000 米纱布坯布，单价 1.5 元，货款已经通过网银结算方式支付。编制付款凭证，如表 5-11 所示。

借：原材料——纱布坯布　　　　　　　　　　　　　　　　　　7 500
　　应交税费——应交增值税（进项税额）　　　　　　　　　　1 200
　　　贷：银行存款　　　　　　　　　　　　　　　　　　　　　　　8 700

表 5-11　付款凭证

借方科目：银行存款　　　　　2018 年 12 月 3 日　　　　　银付字第 001 号

摘　要	借方总账科目	明细科目	√	千	百	十	万	千	百	十	元	角	分
采购材料	原材料	纱布坯布					7	5	0	0	0	0	
	应交税费	应交增值税（进项税额）					1	2	0	0	0	0	
合　计						¥	8	7	0	0	0	0	

附单据叁张

财务主管　　　　记账　　　　出纳　　　　审核　　　　制单马芳

对于涉及"现金"和"银行存款"之间的经济业务，如将库存现金存入银行，或者从银行提取现金的业务。为避免重复一般只编制付款凭证，不编收款凭证。

【例 5-4】承例 4-13，12 月 10 日，开具现金支票从银行提取现金 82 500 元，用于发放上月职工工资。填制付款凭证，如表 5-12 所示。

表 5-12　付款凭证

贷方科目：银行存款　　　　　2018 年 12 月 10 日　　　　　银付字第 006 号

摘　要	借方总账科目	明细科目	√	千	百	十	万	千	百	十	元	角	分
提现备发工资	库存现金					8	2	5	0	0	0	0	
合　计						¥	8	2	5	0	0	0	

附单据壹张

财务主管　　　　记账　　　　出纳　　　　审核　　　　制单马芳

借：库存现金   82 500

    贷：银行存款   82 500

（三）转账凭证的填制

在借贷记账法下，转账凭证将经济业务事项中所涉及的全部会计科目，按照借方科目在先、贷方科目在后的顺序，分别将各会计科目所记应借应贷的金额，填列在"总账科目"和"明细科目"栏内中的"借方金额"或"贷方金额"，并且借方和贷方金额合计数应该相等。右上角填制"转字第 号"处，应按顺序编号。其他项目的填列与收、付款凭证相同，如制单人应在填制凭证后签名、盖章，在凭证的右侧填写所附原始凭证的张数等。

提示：转账凭证上记录的会计分录一定不会出现"库存现金"与"银行存款"的会计科目。

【例 5-5】承例 4-5，2018 年 12 月 4 日，内蒙古温暖羊绒有限公司向鄂尔多斯宏盛绒毛制品加工厂购进一批材料，款项尚未支付，对方代垫运费 1 000 元（不含税）。原材料于当日验收入库，收到两张增值税专用发票和一张原材料入库单。填制转账凭证，如表 5-13 所示。

表 5-13 转 账 凭 证

2018 年 12 月 4 日   转字第 001 号

摘 要	总账科目	明细科目	√	借方金额 千百十万千百十元角分	√	贷方金额 千百十万千百十元角分
采购材料	原材料	白色细织羊绒		4 2 1 0 0 0 0 0		
	应交税费	应交增值税（进项税额）		6 7 3 0 0 0 0		
	应付账款	宏盛羊毛				4 8 8 3 0 0 0 0
合　　计				￥ 4 8 8 3 0 0 0 0		￥ 4 8 8 3 0 0 0 0

财务主管   记账   出纳   审核   制单马芳

附单据叁张

此外，某些既涉及收、付款业务，又涉及转账业务的综合性业务，需要分开填制不同类型的记账凭证。

【例 5-6】承例 4-19，12 月 22 日，采购部职工谭梅报销差旅费 3 100 元，多余现金 400 元已退回。编制收款凭证和转账凭证，如表 5-14 和表 5-15 所示。

借：管理费用——差旅费   3 100

    库存现金   400

    贷：其他应收款——谭梅   3 500

表 5-14 收款凭证

借方科目：**库存现金**　　　　　　　　2018 年 12 月 22 日　　　　　　　　现收字第 001 号

摘　要	贷方总账科目	明细科目	√	金　额									
				千	百	十	万	千	百	十	元	角	分
收到谭梅差旅费报销余款	其他应收款	谭梅							4	0	0	0	0
合　计							¥	4	0	0	0	0	

附单据壹张

财务主管　　　　　记账　　　　　出纳　　　　　审核　　　　　制单马芳

表 5-15 转账凭证

2018 年 12 月 22 日　　　　　　　　转字第 006 号

摘　要	总账科目	明细科目	√	借方金额										√	贷方金额									
				千	百	十	万	千	百	十	元	角	分		千	百	十	万	千	百	十	元	角	分
采购部谭梅报销差旅费	管理费用	差旅费					3	1	0	0	0	0												
	其他应付款	谭梅																3	1	0	0	0	0	
合　计							¥	3	1	0	0	0	0					¥	3	1	0	0	0	0

附单据叁张

财务主管　　　　　记账　　　　　出纳　　　　　审核　　　　　制单马芳

(四) 通用记账凭证的填制

在借贷记账法下，将经济业务所涉及的全部会计科目所记应借应贷的金额，填列在"总账科目"和"明细科目"栏内中的"借方金额"或"贷方金额"。借方和贷方金额合计数应相等。制单人应在填制凭证完毕后签名、盖章，并在凭证右侧填写所附原始凭证的张数。

【例 5-7】承例 5-1，假设内蒙古温暖羊绒有限公司使用通用记账凭证，凭证编号为"记"字，则应编制通用记账凭证，如表 5-16 所示。

表 5-16 收 款 凭 证

借方科目：银行存款　　　　　　2018 年 12 月 01 日　　　　　　银收字第 001 号

摘　要	贷方总账科目	明细科目	√	金　额									
				千	百	十	万	千	百	十	元	角	分
收到大河公司投资款	实收资本	大河公司			1	0	0	0	0	0	0	0	0
合　计					¥	1	0	0	0	0	0	0	0	0

附单据壹张

财务主管　　　　记账　　　　　出纳　　　　　审核　　　　制单马芳

五、记账凭证的审核

记账凭证是登记账簿的依据，为了保证账簿记录的正确性，监督经济业务，提供全面的会计信息，必须在记账之前由有关人员对记账凭证进行严格的审核。记账凭证审核的主要内容如下。

（1）审核是否依据审核无误的原始凭证填制。记录的内容与所附原始凭证是否一致，金额是否相等；所附原始凭证的张数是否与记账凭证所列附件张数相符。

（2）审核记账凭证所列会计科目（包括一级科目和明细科目）、应借、应贷方向和金额是否正确；借贷双方的金额是否平衡；明细科目金额之和与相应的总账科目的金额是否相等。

（3）审核记账凭证摘要是否填写清楚，是否正确归纳了经济业务的实际内容。

（4）记账凭证的日期、编号、附件张数，以及有关人员签章等各个项目填写是否齐全，有关手续是否完备。

（5）书写是否规范。审核记账凭证中的记录文字是否工整、数字是否清晰，是否有污染、摩擦、刀刮和挖补痕迹，是否按规定使用蓝黑墨水笔或碳素墨水笔，差错是否按规定进行更正等。

（6）实行会计电算化的单位，其机制记账凭证应符合记账凭证的一般要求，并应对其认真审核，做到会计科目使用正确、数字准确无误。打印出来的机制记账凭证上，要加盖制单人员、审核人员、记账人员和会计主管人员印章或者签字，以明确责任。

六、记账凭证审核结果的处理

在审核记账凭证的过程中，如发现记账凭证填制有误或者填列不符合要求，应当按照规定的方法及时加以更正、补充或重填。只有审核无误的记账凭证，才能作为登记账簿的依据。

任务四 会计凭证的传递和保管

一、会计凭证的传递

会计凭证的传递是指从会计凭证的取得或填制时起至归档保管的过程中，在单位内部有关部门和人员之间的传送程序。

会计凭证的传递过程既是组织、协调经济活动的过程，又是传输会计数据的过程。为了能够及时利用会计凭证反映各项经济业务、提供会计信息、发挥会计监督的作用，必须正确、及时地进行会计凭证的传递，不得积压。正确组织会计凭证的传递，对于及时处理和登记经济业务、明确经济责任、实行会计监督，具有重要作用。从一定意义上来讲，会计凭证的传递起着在单位内部经营管理各环节之间协调和组织的作用。会计凭证传递程序是企业管理规章制度重要的组成部分，传递程序的科学与否说明企业管理的科学程度。

由于各部门发生的经济业务是多种多样的，不同经济业务的管理要求不同，而且每项经济业务的经办部门和人员不同，办理业务的手续、时间和程序也不相同，因此，有必要为每种会计凭证制定规范、合理的传递程序。会计凭证的正确、及时传递，既可以保证经济业务的信息能够准确传递，加强各有关部门和人员对经济业务进行监督和控制，又能够保证会计凭证传递各环节的衔接，使会计凭证可以及时传递、不积压，尽量减少人力和物力的消耗。进行会计凭证传递时应注意以下几个方面。

▶ 1. 会计凭证的传递程序要视经济业务的具体情况而定

由于经济业务的内容不同，办理业务的手续和程序也不相同，因此会计凭证的传递程序也各不相同。有的经济业务过程简单，凭证的传递过程也简单；有的经济业务过程复杂，凭证的传递过程也复杂。实际工作中，应根据经济业务本身的特点、经济管理的实际需要、企业内部的机构设置和人员分工情况，从满足企业内部控制的需要出发，具体规定各种凭证的联数和传递程序，明确经办人员。这就要求会计凭证在最短、最合理的途径传递，只经过必要的部门和人员，缩短传递时间，使有关部门既能按规定手续记录业务，又能利用凭证资料掌握情况、提供数据。

▶ 2. 会计凭证的传递时间要根据在正常情况下完成经济业务手续所需的时间而定

根据各部门和人员办理经济业务各环节上的必要时间，合理确定凭证在各部门和人员手中的停留时间和传递交接时间，并指定专人负责按照规定的顺序和时间监督凭证传递，不得拖延和积压会计凭证，以保证会计工作的正常秩序。一切会计凭证的传递和处理，都应在报告期内完成，以保证会计核算的准确性和及时性。时间太紧，不利于保证提供信息质量；时间太松则会降低工作效率，影响信息传递的及时性。

▶ 3. 会计凭证传递中的衔接手续应做到既完备严密，又简便易行

为防止会计凭证在传递过程中发生遗失、损毁或其他意外情况，会计凭证的传递应遵循一定的交接签收手续和制度，以保证会计凭证的安全和完整。做到会计凭证的传递满足需要、手续完备、层次清楚、责任明确、传递及时。

▶ 4. 要通过调查研究和协商来制定会计凭证的传递程序和传递时间

原始凭证涉及本单位内部各个部门和经办人员，因此，会计部门应会同有关部门和人员共同协商其传递程序和传递时间。会计凭证的传递程序、传递时间和传递过程中的衔接手续明确后，可以制定凭证传递流程图，规定凭证传递的路线、环节，在各环节上的时间、处理内容及交接手续，使凭证传递工作迅速、有效地进行。执行中如有不合理的地方，可随时根据实际情况加以修改。

二、会计凭证的保管

会计凭证是一项重要的经济资料和会计档案，又是登记账簿的依据。会计主体及有关部门可能因为各种原因需要查阅会计凭证，特别是发生贪污、盗窃、违法乱纪行为时，会计凭证还是依法处理的有效证据。因此，每个单位都要对其建立保管制度，妥善封存，以便随时查验。会计凭证的保管就是指会计凭证记账后的整理、装订、归档和存查工作。

▶ 1. 会计凭证的整理装订

（1）会计凭证应定期装订成册，防止散失。会计凭证登记入账后，应定期（每月或每季度）对其进行分类整理，将各类记账凭证连同所附原始凭证，分门别类、按照编号顺序整理，装订成册并加具封面。会计凭证封面（见图 5-1）应注明单位名称、凭证种类、凭证张数、起止号数、年度、月份、会计主管人员、装订人员等有关事项，会计主管人员和保管人员应在封面上签章。

图 5-1 会计凭证封面

（2）如果某些记账凭证后所附原始凭证较多时，为了装订方便，可单独装订保管，但应在该凭证封面及有关记账凭证上注明"附件另订"及原始凭证的名称和编号，以便查阅。对于重要的原始凭证，为便于随时查阅，也可单独装订保管，但应编制目录，并在原记账凭证上注明另行保管。

（3）会计凭证应加贴封条，防止抽换凭证。

▶ 2. 会计凭证的归档保管

会计凭证在未装订成册之前，一般都分散在有关会计人员手中使用或存放。在此期间，所有使用会计凭证的会计人员都应保管好会计凭证。记账人员在完成过账工作后，应及时把会计凭证交给负责会计凭证汇总的人员。

每年装订成册的会计凭证，在年度终了时可暂由单位会计机构保管一年，期满后应移交本单位档案机构统一保管；未设立档案机构的单位，应在会计机构内部指定专人保管。出纳人员不得兼管会计档案。

档案部门接受的会计凭证，原则上要保持原卷册的封装，个别需要重新整理的，应由会计部门和经办人员共同拆封整理，以明确责任。

会计凭证必须做到妥善保管、存放有序、查找方便，并要严防损毁、丢失和泄密。

会计凭证的保管期限和销毁手续应严格遵守会计凭证的保管期限要求和相关规定，期满前任何人不得自行随意销毁。

▶ 3. 会计凭证的借阅

会计凭证不得外借，其他单位如有特殊原因确实需要使用时，经本单位会计机构负责人、会计主管人员批准，可以复制。向外单位提供的会计凭证复印件，应在专设的登记簿上登记，并由提供人员和收取人员共同签名、盖章。

▶ 4. 会计凭证的销毁

会计凭证的保管期限一般是30年。按规定销毁会计凭证时，必须开列清单，报经批准后，由档案部门和会计部门共同派员监销。在销毁会计凭证前，监督销毁人员应认真清点核对，销毁后，要在销毁清册上签名或盖章，并将监销情况报告本单位负责人。我国《会计法》规定，对隐匿或者故意销毁依法应当保存的会计凭证，或授意、指使、强令会计机构、会计人员及其他人员隐匿、故意销毁依法应当保存的会计凭证，应当承担相应的法律责任。

┤ 自我测验 ├

一、单项选择题

1. 记账凭证应根据审核无误的（　　）编制。

A. 收款凭证　　　　B. 付款凭证　　　　C. 转账凭证　　　　D. 原始凭证

2. 关于记账凭证的审核，下列表述不正确的是（　　）。

A. 如果在填制记账凭证时发生错误，应当重新填制

B. 发现以前年度记账凭证有错误的，应用红字填制一张更正的记账凭证

C. 必须审核会计科目是否正确

D. 必须审核记账凭证项目是否齐全

3. 付款凭证左上角的"贷方科目"可能登记的科目是（　　）。

A. 预付账款　　　　B. 银行存款　　　　C. 应付账款　　　　D. 其他应付款

4. 汇总原始凭证与累计原始凭证的主要区别是（　　）。

A. 登记的经济业务内容不同

B. 填制的时期不同

C. 会计核算工作的繁简程度不同

D. 填制手续和方法不同

5. 会计机构和会计人员对真实、合法、合理，但内容不准确、不完整的原始凭证，应当（　　）。

    A. 不予受理   B. 予以受理

    C. 予以纠正   D. 予以退回，要求更正、补充

6. 已经登记入账的记账凭证，在当年内发现有误，可以用红字填写一张与原内容相同的记账凭证上，在摘要栏注明（　　），以冲销原错误的记账凭证。

    A. 注销某月某日某号凭证

    B. 订正某月某日某号凭证

    C. 经济业务的内容

    D. 对方单位

7. 各种原始凭证，除由经办业务的有关部门审核外，最后都要由（　　）进行审核。

    A. 财政部门   B. 董事会   C. 总经理   D. 会计部门

8. 5 月 25 日，行政管理人员将标明日期为 4 月 25 日的发票拿来报销，经审核后，会计人员依据该发票编制记账凭证时，记账凭证的日期应为（　　）。

    A. 5 月 1 日   B. 4 月 25 日   C. 5 月 25 日   D. 4 月 30 日

9. 接收外单位投资的材料一批，应填制（　　）。

    A. 收款凭证   B. 付款凭证   C. 转账凭证   D. 汇总凭证

10. 会计凭证按（　　）分类，分为原始凭证和记账凭证。

    A. 填制程序和用途   B. 来源

    C. 填制方法   D. 反映的内容

11. 为了分清会计事项处理的先后顺序，便于记账凭证和会计账簿之间的核对，确保记账凭证的完整无缺，填制记账凭证时，应当（　　）。

    A. 依据真实   B. 日期正确   C. 连续编号   D. 简明扼要

12. 在收据上书写金额正确的是（　　）。

    A. ￥788.00   B. ￥96.00

    C. 人民币伍拾陆元捌角伍分整   D. ￥26.8—

13. 填制原始凭证时，应做到大小写数字符合规范、填写正确，如大写金额为"叁仟零捌元肆角整"，其小写金额应为（　　）。

    A. 3 008.40 元   B. ￥3 008.40 元   C. ￥3 008.4   D. ￥3 008.40

14. 采购员王某为报销差旅费填制的差旅费报销单属于（　　）。

    A. 自制原始凭证   B. 记账凭单   C. 收款凭证   D. 外来原始凭证

15. 下列记账凭证中，可以不附原始凭证的是（　　）。

    A. 更正错误的记账凭证   B. 从银行提取现金的记账凭证

    C. 以现金发放工资的记账凭证   D. 职工临时性借款的记账凭证

16. 在会计实务中，自制原始凭证按照填制手续和内容的不同，可以分为（　　）。

    A. 外来原始凭证和自制原始凭证   B. 收款凭证、付款凭证和转账凭证

    C. 一次凭证、累计凭证和汇总凭证   D. 通用凭证和专用凭证

17. 依据一定时期内反映相同经济业务内容的若干张原始凭证，按照规定标准综合填制的原始凭证属于（　　）。

A. 一次凭证   B. 累计凭证   C. 汇总凭证   D. 通用凭证

18. 以下各项中，属于自制原始凭证的是（   ）。

A. 购货发票   B. 运费发票   C. 报销单   D. 收款通知

19. 下列业务中，应该编制收款凭证的是（   ）。

A. 购买原材料用银行存款支付   B. 收到销售商品的款项

C. 购买固定资产，款项尚未支付   D. 销售商品，收到商业汇票一张

20. 会计凭证的保管期限一般是（   ）年。

A. 20   B. 5   C. 10   D. 30

二、多项选择题

1. 下列关于在原始凭证上书写阿拉伯数字的说法中，正确的有（   ）。

A. 金额数字一律填写到角分

B. 无角分的，角位和分位可写"00"或者符号"—"

C. 有角无分的，分位应当写"0"

D. 有角无分的，分位也可以用符号"—"代替

2. 下列各项中，属于原始凭证审核内容的有（   ）。

A. 合理性   B. 真实性   C. 合法性   D. 完整性

3. 下列各项中，不属于会计凭证的有（   ）。

A. 对账单   B. 材料请购单   C. 购销合同   D. 发出材料汇总表

4. 以下关于原始凭证与记账凭证的区别的说法中，正确的有（   ）。

A. 原始凭证大多由经办人员填制，记账凭证一律由本单位的会计人员填制

B. 原始凭证根据已经发生或完成的经济业务填制，记账凭证根据审核后的原始凭证填制

C. 原始凭证只是经济业务发生时的原始证明，记账凭证要依据会计科目对已经发生的经济业务进行归类

D. 审核无误的原始凭证是填制记账凭证的依据，审核无误的记账凭证是登记会计账簿的依据

5. 以下各项中，属于汇总原始凭证的有（   ）。

A. 差旅费报销单   B. 收料凭证汇总表

C. 限额领料单   D. 发料凭证汇总表

6. 下列关于企业的领料单、借款单性质的描述中，正确的有（   ）。

A. 属于原始凭证   B. 属于一次凭证

C. 属于自制凭证   D. 属于累计凭证

7. 其他单位因特殊原因需要使用本单位的原始凭证，正确的做法是（   ）。

A. 可以外借

B. 将外借的会计凭证拆封抽出

C. 不得外借，经本单位会计机构负责人或会计主管人员批准，可以复制

D. 将向外单位提供的凭证复印件应在专设的登记簿上登记

8. 下列说法中，正确的有（   ）。

A. 已经登记入账的记账凭证，在当年内发现填写错误时，直接用蓝字重新填写一张

正确的记账凭证即可

B. 发现以前年度记账凭证有错误的，可以用红字填写一张与原始内容相同的记账凭证，再用蓝字重新填写一张正确的记账凭证

C. 如果会计科目没有错误只是金额错误，也可以将正确数字与错误数字之间的差额，另填制一张调整的记账凭证上，调增金额用蓝字，调减金额用红字

D. 发现以前年度记账凭证有错误的，应当用蓝字填制一张更正的记账凭证

9. 记账凭证按其所反映的经济业务的内容来划分，通常可以分为（　　）。

A. 收款凭证　　　　B. 付款凭证　　　　C. 转账凭证　　　　D. 结算凭证

10. 下列人员中，应在记账凭证上签名或盖章的有（　　）。

A. 审核人员　　　　B. 会计主管人员　　C. 记账人员　　　　D. 制单人员

11. 下列项目中，符合填制会计凭证要求的有（　　）。

A. 汉字大小写金额必须相符且填写规范

B. 阿拉伯数字连笔书写

C. 阿拉伯数字前面的人民币符号写为"￥"

D. 大写金额有分的，分字后面不写"整"或"正"字

12. 下列经济业务中，应填制付款凭证的有（　　）。

A. 从银行提取现金备用　　　　　　B. 购买材料预付定金

C. 购买材料未付款　　　　　　　　D. 以银行存款支付前欠货款

13. 记账凭证可以根据（　　）编制。

A. 一张原始凭证　　　　　　　　　B. 若干张原始凭证汇总

C. 原始凭证汇总表　　　　　　　　D. 明细账

14. 下列常见业务中，（　　）属于编制转账凭证。

A. 赊购、赊销业务　　　　　　　　B. 材料领用、成本费用的结转

C. 折旧和摊销、费用的预提　　　　D. 损益的结转、利润分配

15. 下列关于记账凭证的说法中，正确的是（　　）。

A. 收款凭证是指用于记录现金和银行存款收款业务的会计凭证

B. 收款凭证分为库存现金收款凭证和银行存款收款凭证两种

C. 从银行提取库存现金的业务应该编制库存现金收款凭证

D. 从银行提取库存现金的业务应该编制银行存款付款凭证

16. 王明出差回来，报销差旅费1 000元，原预借1 500元，交回剩余现金500元，这笔业务应该编制的记账凭证有（　　）。

A. 付款凭证　　　　B. 收款凭证　　　　C. 转账凭证　　　　D. 原始凭证

17. 记账凭证的填制必须做到记录真实、内容完整、填制及时、书写清楚外，还必须符合（　　）要求。

A. 如有空行，应在空行处画线注销

B. 如果发生错误，应该按规定的方法更正

C. 必须连续编号

D. 除另有规定外，应该有附件并注明附件张数

18. 经过审核的原始凭证应根据不同情况分别处理，下列说法中，正确的有（　　）。

A. 完全符合要求的，经会计人员填制记账凭证入账

B. 对于真实、合法和合理但内容不够完整、填写有错误的，应当退回给有关经办人员，由其负责将有关凭证补充完整，更正错误或者重开，再办理正式会计手续

C. 对于不真实、不合法的原始凭证，会计机构和会计人员有权不予接受，并向单位负责人报告

D. 有错误就不予接受

19. 增值税专用发票属于（　　）。

A. 通用凭证　　　　B. 汇总凭证　　　　C. 一次凭证　　　　D. 专用凭证

20. 购买实物的原始凭证必须有验收证明，下列说法中，正确的有（　　）。

A. 实物验收工作由经管实物的人员负责办理，会计人员无须通过原始凭证进行监督检查

B. 需要入库的实物，必须在验收后填写入库验收单，在入库单上如实填写实收数额并加盖印章

C. 不需要入库的实物，除经办人在凭证上签章外，还必须交给实物保管人或使用人进行验收后在凭证上签章

D. 购买实物必须由购买人以外的第三方查证核实后，会计人员才能据以入账

三、判断题

1. 原始凭证是编制记账凭证的依据，是会计核最基础的原始资料。（　　）

2. 原始凭证金额有错误的，应当由出具单位重开，不得在原始凭证上更正。（　　）

3. 现金存入银行时，为避免重复记账只编制银行存款收款凭证，不编制现金付款凭证。（　　）

4. 原始凭证记载的信息是整个企业会计信息系统运行的起点，原始凭证的质量将影响会计信息的质量。（　　）

5. 各单位均应根据具体情况制定每一种凭证的传递程序和方法。（　　）

6. 记账凭证所附的原始凭证数量过多，也可以单独装订保管，但应在其封面及有关记账凭证上加注说明。（　　）

7. 企业每项经济业务的发生都必须从外部取得原始凭证。（　　）

8. 经上级有关部门批准的经济业务，应将批准文件作为原始凭证附件。（　　）

9. 从外单位取得的原始凭证如果丢失，可由当事人写出详细情况，代作原始凭证。（　　）

10. 发出材料汇总表属于累计原始凭证。（　　）

11. 职工出差的借款凭据，必须附在记账凭证之后，收回借款时可以另开收据或者退还借款副本，也可以退还原借款收据。（　　）

12. D企业会计王某于2018年12月2日收到了本单位职工填制的差旅费报销单及相关发票，王某注意到其中一张发票没有填制单位名称，但仍然将其作为原始凭证并登记入账。（　　）

13. 企业使用累计原始凭证，如限额领料单，既可以对领料进行事前控制，又可以减少凭证的填制手续。（　　）

14. 外来原始凭证是指经济业务发生或完成时，从会计部门外部取得的原始凭证。（　　）

15. 会计分录应编制在记账凭证上。（　　　）

16. 原始凭证应连续编号，并在填制时按照编号的次序使用。如果原始凭证已预先印定编号，在写坏作废时，直接撕毁。（　　　）

17. 转账凭证上记录的会计分录一定不会出现"库存现金"与"银行存款"的会计科目。（　　　）

18. 出纳人员在办理收款或付款业务后，应在原始凭证上加盖"收讫"或"付讫"的戳记，以免重收重付。（　　　）

19. 有些特殊经济业务可直接以自制的原始凭证或汇总原始凭证代替记账凭证记账。以自制原始凭证或者原始凭证汇总表代替记账凭证的，也必须具备记账凭证应有的项目。（　　　）

20. 复式记账凭证可以集中反映一项经济业务的科目对应关系，便于了解有关经济业务的全貌。（　　　）

能力拓展

实　训　一

业务员李小刚 2018 年 10 月 20 日公出，预借差旅费 3 000 元，借款单据如图 5-2 所示。

借　款　单

No.0050875

借款部门：供应处　　　　　　　　2018 年 8 月 20 日　　　　　　　　业务授权人：李立

人民币（大写）　　　叁仟元　　　¥3 000.00							
用途		差旅费		财务部门		借款部门	
付款方式	李小刚	票据号码		负责人		负责人	李立
收款人		开户银行		审核	杨丽荣	借款人	李小刚
		账户		记账	李华	经办人	周桥

图 5-2　借款单

要求：指出上述原始凭证中存在的问题并提出处理意见。

实　训　二

北方机械厂 2018 年 10 月发生以下经济业务：

（1）3 日，购入 A 材料 2 500 千克，单价 80 元，增值税进项税额 32 000 元，款项通过银行付讫，材料已验收入库。

（2）5 日，收到投资者追加投资 100 000 元，存入银行。

（3）7 日，收到北京 B 公司购买甲产品的预付款 500 000 元，存入银行。

（4）10 日，通过银行向天津甲公司支付前欠货款 400 000 元。

（5）12 日，仓库发出材料，其中，生产甲产品耗用 5 000 元，车间一般耗用 4 000 元，厂部行政管理部门耗用 2 000 元。

（6）15 日，采购员李某预借差旅费 2 000 元，以现金付讫。

（7）17 日，从银行提取现金 5 000 元备用。

（8）20日，北京B公司购买甲产品300件，售价900 000元，增值税销项税额144 000元，货款已预收500 000元，不足部分已收到款项存入银行。

（9）21日，以银行存款支付当月水电费20 000元，其中，车间水电费15 000元，厂部行政管理部门水电费5 000元。

（10）22日，李某出差回来，报销差旅费1 800元，余款以现金退回。

（11）23日，原欠大华公司的货款40 000元，因大华工厂不存在而无法支付，经批准转为营业外收入。

（12）24日，以银行存款支付广告费3 000元，增值税180元。

（13）25日，购买单位交来包装物押金500元，存入银行。

（14）26日，以银行存款支付企业的滞纳金罚款1 000元。

（15）27日，以银行存款支付本季度短期借款利息3 000元。

（16）31日，结算本月应付的职工工资，其中，生产甲产品工人工资2 000元，车间一般人员工资4 000元，厂部行政管理部门人员工资8 000元。

（17）31日，计提本月折旧，其中，生产车间计提折旧6 000元，厂部行政管理部门计提折旧2 000元。

（18）31日，结转本月发生的制造费用29 000元，均为甲产品负担。

（19）31日，结转本月完工甲产品250件的生产成本375 000元。

（20）31日，计算本月已售甲产品300件的生产成本为450 000元。

（21）31日，结转本月已售甲产品300件的销售收入900 000元，营业外收入40 000元。

（22）31日，结转本月已售甲产品300件的生产成本450 000元，产品销售税费60 000元，产品销售费用3 000元。

（23）31日，计算本月应交所得税133 386元。

（24）31日，结转本月管理费用18 800元，财务费用3 000元，营业外支出1 000元，所得税费用133 386元。

（25）31日，计算本月应提盈余公积金为40 622.1元。

要求：根据上述经济业务填制记账凭证。

会 计 账 簿

学习目标

职业能力目标 ☞

- 理解账簿的用途。
- 能够识别各类账页的格式和各类账簿的类型。
- 能够规范设置现金、银行存款日记账，总账、明细账。
- 能够熟练启用各种账簿。
- 能够规范地记账、结账。
- 能发现账簿中的错误记录并正确地进行更正。
- 能进行对账、结账和更换新账，能够对通过对账发现的问题进行账务处理。
- 能编制银行存款余额调节表。

知识点 ☞

会计账簿　日记账　分类账　备查账　建账　账簿启用　记账
账簿登记　对账　错账更正　结账

技能点 ☞

启用账簿　建立总账　建立明细账　建立日记账　登记账簿　账实核对
账账核对　账证核对　更正错账　结账　更换账簿　保管账簿

任务一　认识会计账簿

一、会计账簿的概念和作用

会计账簿是由一定格式、相互联系的账页所组成，是根据会计凭证序时、分类地记录和反映各项经济业务的会计簿籍。

各单位在经济业务发生时，首先要取得和填制会计凭证。会计凭证提供了大量的会计信息，但这些信息都是零星分散的，不能连续、系统地将一个单位一定时期发生的经济业务加以反映。因此，必须通过设置和登记会计账簿的方法把会计凭证所提供的大量、零散的资料加以归类整理，序时、分门别类地计入相关会计账簿，向会计信息需求者提供系统、完整的会计资料。设置账簿是会计工作的一个重要环节，登记账簿是会计核算的一种专门方法。科学、合理地设置账簿和正确登记账簿，对于加强经济管理、发挥会计的职能具有重要意义。具体来讲，设置和登记会计账簿有以下几方面的意义：

(1) 账簿可以全面、连续、系统地反映经济活动，形成系统、完整的会计信息；

(2) 账簿为财务报表提供依据；

(3) 账簿有利于保护单位财产的安全性和完整性；

(4) 账簿可以为经济监督提供依据。

二、会计账簿的种类

各单位的经济业务和生产、经营、管理的要求不同，所设置的账簿也是多种多样。账簿可按不同的分类标准进行分类。

(一) 按照用途分类

账簿按其用途可以分为三类：序时账簿、分类账簿和备查账簿。

▶ **1. 序时账簿**

序时账簿是按照各项经济业务发生的时间顺序，逐日逐笔登记经济业务的账簿。由于序时账簿是逐日登记的，所以也称日记账。

序时账簿按其登记的业务范围，又可以分为普通序时账簿和特种序时账簿两种。普通序时账簿即普通日记账，又称分录账，是用来集中地序时登记全部经济业务的账簿。由于普通序时账簿不利于记账分工，登账工作量较大，难以比较清晰地反映各类经济业务的情况，在实际工作中一般很少采用普通日记账；特种序时账簿即特种日记账，是用来专门地序时登记某一类经济业务的簿籍，如现金日记账、银行存款日记账。实际工作中，特种日记账应用广泛。

▶ **2. 分类账簿**

分类账簿是对各项经济业务按照账户的分类进行登记的账簿。分类账簿按照分类的概括程度不同，又分为总分类账和明细分类账两种。按照总分类账户分类登记经济业务事项的是总分类账，简称总账。我国《会计法》规定，所有单位必须设置总分类账簿。按照明细账户分类登记经济业务事项的是明细分类账，简称明细账。明细账是对总账的补充和具体化，但受总账的控制和统驭。明细分类账对于加强监督财产的收发和保管、往来款项的结算、收入的取得以及费用的开支等都起到了重要作用，是总分类账的必要补充。因此，各单位在设置总分类账的基础上，还应根据会计核算和经营管理的需要设置明细分类账，进行明细分类核算。

▶ **3. 备查账簿**

备查账簿也称辅助账簿，是对某些在序时账簿和分类账簿等主要账簿中都不予登记或登记不够详细的经济业务事项进行补充登记时使用的账簿。备查账簿可以为某项经济业务的内容提供必要的参考资料，加强企业对使用和保管的属于他人的财产物资的监督，如租入固定资产登记簿，代销商品登记簿，应收、应付票据备查簿等。各单位应根据实际需要设置备查账簿，如果没有备查事项，也可以不设。备查账簿只是针对正式账簿记录的一种补充，没有固定格式，灵活机动，由单位根据需要自行设计。

（二）按照外表形式分类

账簿按其外表形式可以分为三类：订本式账簿、活页式账簿和卡片式账簿。

▶ **1. 订本式账簿**

订本式账簿即订本账，是指在使用之前，就将若干印有一定专门格式的账页装订成册，并对账页进行了连续编号的一种账簿。订本式账簿的优点是能够避免账页散失和人为抽换账页，保证账簿记录资料的安全性；缺点是开设账户时，必须事先估计每个账户所需的账页数，预留空白账页，如果预留账页过多会造成浪费，预留太少又会影响账户的连续登记。订本账的上述特点使其一般适用于重要的、具有统驭性的账簿。现行会计制度规定，现金日记账和银行存款日记账必须采用订本式（见图 6-1 和图 6-2），总分类账簿一般也适用订本式。订本式现金日记账的内页如图 6-3 所示。

图 6-1　订本式现金日记账　　　　图 6-2　订本式银行存款日记账

现金日记账

年		凭证编号	摘　　要	对方科目	借　方									√	贷　方									√	余　额								
月	日				百	十	万	千	百	十	元	角	分		百	十	万	千	百	十	元	角	分		百	十	万	千	百	十	元	角	分

图 6-3　现金日记账内页

▶ **2. 活页式账簿**

活页式账簿即活页账，是指在账簿登记完毕之前并不固定装订在一起，而是装在活页账夹中，可以根据实际需要随时添加空白账页，亦可随时抽调账页的账簿。活页式账簿的优点是便于分工记账，缺点是易发生账页散失和被抽换。因此，平时使用空白、零散账页记录经济业务时，应连续编号，由记账人员和会计主管在账页上加盖印章，装置在账夹内。会计期末(通常是一个会计年度结束之后)，要将账页装订成册，加具封面，按实际账页顺序编定总页数。明细分类账簿一般采用活页式。

▶ **3. 卡片式账簿**

卡片式账簿即卡片账，是指用印有记账格式的卡片登记经济业务的账簿。卡片式账簿是一种特殊的活页式账簿，平时将卡片放置在卡片箱中，由专人负责保管。卡片式账簿的优缺点及使用方法与活页式账簿相同，只是卡片式账簿在账页格式的设计上更加灵活，除了具备一般账页的格式和内容外，还可以根据某些特定项目的核算要求进行设计。这种账簿适合记录内容比较复杂的财产物资明细账，如固定财产卡片，如图 6-4 所示。

图 6-4　固定资产卡片

（三）按照账页格式分类

账簿按其账页格式不同可以分为三类：三栏式账簿、多栏式账簿和数量金额式账簿。

▶ 1. 三栏式账簿

三栏式账簿中的账页设有借方、贷方和余额三个基本栏目。这种格式的账页适用于只提供价值核算信息，不需要提供数量核算信息的账簿。各种日记账、总分类账以及资本、债权、债务明细账都可以采用三栏式账，如图 6-5 所示。

总 分 类 账

科目

年	月	日	记号凭证数	账数	摘要	对方科目	页数	借方 十亿	千	百	十万	千	百	十	元	角	分	贷方 十亿	千	百	十万	千	百	十	元	角	分	借或贷	余额 十亿	千	百	十万	千	百	十	元	角	分

图 6-5 三栏式账簿

▶ 2. 多栏式账簿

多栏式账簿中的账页在两个基本栏目借方和贷方中按需要分设若干专栏。这种格式的账页适用于核算项目较多，且管理上要求提供各核算项目详细信息的账簿。收入、成本、费用明细账一般采用多栏式账簿，如图 6-6 所示。

▶ 3. 数量金额式账簿

数量金额式账簿的账页中，借方、贷方和余额三个栏目内都分设数量、单价和金额三小栏，借以反映财产物资的实物数量和价值量。这种格式的账页适用于既需要提供价值信息，又需要提供数量信息的账簿。原材料、库存商品等明细账一般采用数量金额式账簿，如图 6-7 所示。

明 细 账

科目名称＿＿＿＿

年		记账凭证		摘 要	借 方									贷 方									借或贷	余 额									（ ）方 金 额 分 析																		
月	日	字	号		千	百	十	万	千	百	十	元	角	分	千	百	十	万	千	百	十	元	角	分		千	百	十	万	千	百	十	元	角	分	千	百	十	万	千	百	十	元	角	分	千	百	十	万	千	百	十	元	角	分

图 6-6 多栏式账簿

163

库存商品明细账

最高存量 _____
最低存量 _____
编号 _____ 规格 _____

单位（ ）名称 _____

年		凭证号数	摘要	账页	借方					贷方					结存			
月	日				数量	单价	金额 千百十万千百十元角分			数量	单价	金额 千百十万千百十元角分			数量	单价	金额 千百十万千百十元角分	

图 6-7 数量金额式账簿

任务二 启用与登记账簿

一、账簿的基本内容

在实际工作中，由于各种会计账簿所记录的经济业务不同，账簿的格式也多种多样，但各种账簿都应具备以下基本内容。

（1）封面，主要用来表明账簿的名称，如总分类账、各种明细分类账、现金日记账、银行存款日记账等。

（2）扉页，主要列明账簿启用表及账户目录，如图 6-8 和图 6-9 所示。

账簿启用表

单位名称		单位公章
账簿名称		
账簿编号	字第　　号第　　册共　　册	
账簿页数	本账簿共计　　　　页	
启用日期	年　　月　　日	

经管人员		接管			移交			会计负责人		印花税票粘贴处
姓名	盖章	年	月	日	年	月	日	姓名	盖章	

图 6-8　账簿启用表

账 户 目 录

科目名称	页　号	科目名称	页　号	科目名称	页　号	科目名称	页　号

图 6-9　账户目录

（3）账页，是账簿用来记录经济业务事项的载体，包括账户的名称、登记账户的日期栏、凭证种类和号数栏、摘要栏、金额栏、总页次和分户页次等基本内容。账页是账簿的主要内容和核心。不同格式的账页反映的经济业务内容不同。

二、建立会计账簿步骤

单位成立时或原有单位在年度开始时，会计人员均应根据核算工作需要设置应用账簿，即建账。建立会计账簿必须符合国家会计法律制度的规定，单位发生的各项经济业务事项应当在依法建立的会计账簿上统一登记、核算，并要保证其真实性和完整性，不得违反规定私自设置账簿。

一个单位究竟应设计和使用何种账簿，各种账簿的账页格式如何选择，应视单位的具体情况而定，但每个单位至少应建立库存现金日记账、银行存款日记账、总分类账和明细分类账。

（一）建立库存现金日记账、银行存款日记账

库存现金日记账和银行存款日记账由出纳人员负责建立和登记。库存现金日记账是采用逐日逐笔登记库存现金增减变动及结余情况的特种日记账。银行存款日记账是用来逐日逐笔登记银行存款增减变动及结余情况的特种日记账。单位在银行开设的账户可能不止一个，如基本存款账户、一般存款账户、临时存款账户等，为了分别反映银行存款的增减变动情况，银行存款日记账应按单位在银行开立的账户设置，每个银行账户设置一本日记账。

▶ 1. 账簿与账页格式的选择

库存现金日记账和银行存款日记账必须选择订本账，账页格式一般采用三栏式，也可以采用多栏式。

1）三栏式账页

大多数单位开设日记账均选择三栏式账页。三栏式账页设借方、贷方和余额三个基本的金额栏目，分别称为收入、支出和结余，在账页内常常插入“对方科目”栏目，以便记账时标明现金收入的来源科目和现金支出的用途科目，如图 6-10 和图 6-11 所示。

现　金　账

年		记账凭证		对方科目	摘要	现金支票号码	借方										贷方										√	余额									
月	日	字	号				千	百	十	万	千	百	十	元	角	分	千	百	十	万	千	百	十	元	角	分		千	百	十	万	千	百	十	元	角	分

图 6-10　三栏式现金日记账

银行存款日记账

开户银行名称＿＿＿＿＿＿＿＿＿ 账号＿＿＿＿＿＿＿＿＿

年		凭证		对方科目	摘要	支票		借方											贷方										√	余额										√
月	日	字	号			种类	号数	亿	千	百	十	万	千	百	十	元	角	分	亿	千	百	十	万	千	百	十	元	角	分		亿	千	百	十	万	千	百	十	元	角	分	

图 6-11 三栏式银行存款日记账

2）多栏式账页

在库存现金、银行存款收付业务比较烦琐、规模比较大，财务人员比较多的单位，为了简化记账手续，库存现金日记账和银行存款日记账的账页格式可以采用多栏式。多栏式账页是在三栏式日记账的基础上发展起来的，日记账的借方（收入）和贷方（支出）金额栏都按对方科目设专栏，也就是按收入的来源和支出的用途设专栏。

▶ **2. 启用库存现金日记账、银行存款日记账**

出纳人员启用库存现金日记账、银行存款日记账时，应详细填列账簿扉页账簿启用表的内容。填列完毕后，由出纳人员在账簿启用表的经管人员一栏内签名盖章，再交由会计机构负责人（会计主管人员）审核后签名、盖章，最后加盖单位公章和法人名章。签名、盖章后由出纳人员在账簿启用表的"印花税票粘贴处"栏内粘贴印花税票，并画线完税。

▶ **3. 登记库存现金日记账、银行存款日记账的期初余额**

出纳人员启用账簿之后，在库存现金日记账、银行存款日记账第1页登记库存现金日记账、银行存款日记账的期初余额。

（二）建立总账

总分类账是由会计人员负责建立和登记的。总分类账是总分类科目的集合体，其账页是按照总分类会计科目开设的，要求按照总分类科目编码顺序分设账户。

▶ **1. 总分类账和账页格式的选择**

总分类账一般采用订本账，账页格式一般采用三栏式，也可以采用多栏式。

1）三栏式账页

总分类账一般选择三栏式账页，如图6-12所示。

2）多栏式账页

在总分类账户设置较少的单位，总分类账簿的账页也可以采用多栏式，即把全部总分类账户集中设置在一张账页上，按照每个总分类账户设置专栏，设置了多少总分类账户就需要相应设置多少专栏。这种账页格式的总分类账兼有序时账和分类账的作用，实际上是序时账簿与分类账簿结合的联合账簿，又称日记总账。

总 分 类 账

会计科目名称或编号_____

年		凭证		摘　要	借　方											√	贷　方											√	借或贷	余　额										
月	日	字	号		亿	千	百	十	万	千	百	十	元	角	分		亿	千	百	十	万	千	百	十	元	角	分			亿	千	百	十	万	千	百	十	元	角	分

图 6-12　三栏式总分类账

▶ 2. 启用总账

会计人员需填写账簿启用表，并在审核后依次加盖会计人员、会计机构负责人（会计主管人员）名章、单位公章，最后粘贴印花税票并画票完税。

▶ 3. 设置总分类账户

根据企业实际情况填写账户名称，并预留页数。将总分类科目依次写在相应页数的账页上。

▶ 4. 登记各总分类账户的期初余额

略。

（三）建立明细分类账

明细分类账是会计人员负责建立和登记的，是按照明细分类账户分类登记的账簿。

▶ 1. 明细分类账与账页格式的选择

明细分类账一般采用活页式，个别采用卡片式，根据经济管理需要和记录内容的不同，其账页格式主要有三栏式、数量金额式、多栏式三种。

1）三栏式账页

这种格式的账页适用于那些只需要进行金额核算而不需要进行数量核算的明细账，如"应收账款""应付账款"等债权债务结算的明细账。

2）数量金额式账页

这种格式的账页适用于既要进行金额核算，又要进行实物数量核算的各种财产物资明细账，如"原材料""库存商品"等明细账。

3）多栏式明细账页

这种格式的账页适用于只进行金额核算，不进行数量核算，而且管理上需要了解其构成内容的明细账，如成本、费用、收入、利润等明细账。多栏式明细账又根据各栏设置方法的不同，分为借方多栏、贷方多栏和借贷方均多栏三种格式。

▶ 2. 启用明细账

会计人员启用明细账应登记明细账账簿启用表，方法同总账。

▶ 3. 开设明细分类账户

将明细分类科目写在相应格式的明细账账页上，填写账户目录。

▶ 4. 登记各明细账户的期初余额

略。

【例 6-1】北京希望有限公司 2018 年 1 月 1 日启用新年度现金日记账。2017 年 12 月 31 日，现金日记账余额为 18 600 元。

第一步：选择该公司的现金日记账及账页格式。

现金日记账必须选择订本账，并根据该公司情况选择三栏式账页。

第二步：登记现金日记账的扉页内容。

打开现金日记账的扉页，填制账簿启用表，如图 6-13 所示。

（1）单位名称：北京希望有限公司。

（2）账簿名称：现金日记账。

（3）账簿编号：根据本年度使用账簿册数序列填号，如本册现金日记账为 001 号。

（4）启用日期：按实际启用日期填制，如 2018 年 1 月 1 日。

（5）单位盖章：加盖本单位公章。

（6）经管人员：出纳员在记账人员姓名处填写本人姓名，并加盖本人印章，再交由会计机构负责人（会计主管人员）审核后签名、盖章，最后加盖单位公章和法人名章。

（7）接交记录：若在会计期间内更换出纳员，原出纳员和出纳员应按规定办理交接手续，并应正式填写账簿交接表，经办人员应签字盖章。

（8）备注：采用购买印花税票方式缴纳印花税的单位，对应缴纳印花税的账簿，应将印花税票粘贴于启用表，并画线予以注销。

第三步：登记现金日记账的账页内容。

打开现金日记账的第一页，在第一行登记现金期初余额。

（1）时间：填 2018 年 1 月 1 日。

（2）凭证号：启用账簿时不用填制凭证号。

（3）摘要栏：填"年初余额"或"期初余额"。

（4）对方科目栏：启用账簿时不用填制对方科目栏。

（5）收入（借方）栏：启用账簿时不用填制收入栏。

（6）支出（贷方）栏：启用账簿时不用填制支出栏。

（7）余额栏：填写 18 600 元。

账簿启用表

单 位 名 称	北京希望有限公司	单 位 盖 章					
账 簿 名 称	现金日记账　（第 1 册）	公章					
账 簿 编 号	001						
账 簿 页 数	本账簿共计　100　页						
启 用 日 期	公元 2018 年 1 月 1 日						
经管人员	负责人		主管会计		复核		记账	
	姓名	盖章	姓名	盖章	姓名	盖章	姓名	盖章
	马强		刘海		吴莉		李梅	

接交记录	经管人员		接管				交出			
	职别	姓名	年	月	日	盖章	年	月	日	盖章
备注										

图 6-13　账簿启用表

三、账簿的登记

(一)现金日记账的登记

▶ 1. 三栏式现金日记账的登记方法

(1)日期栏:登记记账凭证的日期,应与现金实际收付日期一致。

(2)凭证栏:登记入账的收付款凭证的种类和编号。例如,"现金收(付)款凭证"简写为"现收(付)";"收款凭证"简写为"收";"付款凭证"简写为"付"。凭证栏还应登记凭证的编号数,以便于查账和核对。

(3)摘要栏:简要说明登记入账的经济业务的内容。文字既要简练,又要能够说明问题。

(4)对方科目栏:登记现金收入的来源科目或支出的用途科目。例如,从银行提取现金,其对方科目为"银行存款"。本栏的作用在于了解经济业务的来龙去脉。

(5)借(收入)、贷(支出)栏:登记现金实际收付的金额。

(6)借或贷栏:表明期末余额的方向。

(7)余额栏:每日终了,应分别计算现金收入和付出的合计数,结出余额,同时将余额与出纳员的库存现金核对,即通常说的"日清",如账款不符应查明原因。月终,同样要计算现金收入和付出的合计数,结出余额,通常称为"月结"。

▶ 2. 多栏式现金日记账的登记方法

在实际工作中，如果要设多栏式现金日记账，一般常把现金收入业务和支出业务分设现金收入日记账和现金支出日记账。其中，现金收入日记账按对应的贷方科目设置专栏，另设"支出合计"栏和"余额"栏；现金支出日记账则只按支出的对方科目设专栏，不设"收入合计"栏和"余额"栏。

借贷方分设的多栏式现金日记账的登记方法如下：

（1）先根据有关现金收入业务的记账凭证登记现金收入日记账，根据有关现金支出业务的记账凭证登记现金支出日记账；

（2）每日营业终了，根据现金支出日记账结计的支出合计数，一笔转入现金收入日记账的"支出合计"栏中，并结出当日余额。

▶ 3. 登账的基本程序

登记日记账的程序如图 6-14 所示。

审核收付款凭证 → 登记现金日记账 → 现金日记账日结

图 6-14 登记日记账的程序

【例 6-2】承例 6-1，2018 年 1 月，北京希望有限公司发生以下业务，登记现金日记账。

（1）2018 年 1 月 4 日，以现金 300 元购买办公用品。（现付 1 号凭证）

借：管理费用   300

  贷：库存现金   300

（2）2018 年 1 月 4 日，提取现金 5 000 元。（银付 1 号凭证）

借：库存现金   5 000

  贷：银行存款   5 000

（3）2018 年 1 月 12 日，职工张玲借差旅费 3 000 元，现金支付。（现付 2 号凭证）

借：其他应收款——张玲   3 000

  贷：库存现金   3 000

（4）2018 年 1 月 15 日，以现金支付电话费 600 元。（现付 3 号凭证）

借：管理费用   600

  贷：库存现金   600

（5）2018 年 1 月 16 日，以现金支付客户招待费 800 元。（现付 4 号凭证）

借：管理费用   800

  贷：库存现金   800

（6）2018 年 1 月 20 日，购纯净水支付现金 200 元。（现付 5 号凭证）

借：管理费用   200

  贷：库存现金   200

（7）2018 年 1 月 28 日，提取现金 8 000 元。（银付 2 号凭证）

借：库存现金   8 000

  贷：银行存款   8 000

（8）2018 年 1 月 28 日，以现金支付职工工资 8 000 元。（现付 6 号凭证）

借：应付职工薪酬   8 000

    贷：库存现金   8 000

▶ 4. 年初余额的登记

依据 2017 年度现金日记账结转下年金额，登记 2018 年度现金日记账上年结转金额。（同账簿启用表相关内容）

▶ 5. 当月业务的序时登记

第一步：根据相关经济业务的原始凭证编制会计凭证；

第二步：根据涉及库存现金的会计凭证登记现金日记账；

第三步：按日结出现金日记账余额。

例如，发生图 6-15 和图 6-16 所示业务，登记现金日记账，如图 6-17 所示。

付 款 凭 证

贷方科目：库存现金   2018 年 1 月 4 日   现付字第 1 号

摘 要	借方总账科目	明 细 科 目	√	金 额									
---	---	---	---	千	百	十	万	千	百	十	元	角	分
购买办公用品	管理费用	广告费							3	0	0	0	0
合　计								¥	3	0	0	0	0

财务主管   记账   出纳 李梅   审核   制单 周玲

附单据壹张

图 6-15 现付 1 号业务

付 款 凭 证

贷方科目：银行存款   2018 年 1 月 4 日   银付字第 1 号

摘 要	借方总账科目	明 细 科 目	√	金 额									
---	---	---	---	千	百	十	万	千	百	十	元	角	分
提取现金	库存现金							5	0	0	0	0	0
合　计								¥	5	0	0	0	0	0

财务主管   记账   出纳 李梅   审核   制单 周玲

附单据壹张

图 6-16 银付 1 号业务

每日终了应结出当日现金收入、现金支出合计数及结余数，可以在账页单起一行"本日合计"

根据"银付1号"付款凭证登记

根据"现付1号"付款凭证登记

现金日记账

2018年		凭证编号	摘 要	对方科目	借 方	√	贷 方	√	余 额
月	日				千百十万千百十元角分		千百十万千百十元角分		千百十万千百十元角分
1	1		上年结转						2 5 0 0 0 0
	4	现付1号	购办公用品	管理费用			3 0 0 0 0		
	4	银付1号	提取现金	银行存款	5 0 0 0 0 0				7 2 0 0 0 0
	4		本日合计		5 0 0 0 0 0		3 0 0 0 0		7 2 0 0 0 0
	12	现付2号	预借差旅费	其他应收款			3 0 0 0 0 0		4 2 0 0 0 0
	15	现付3号	支付电话费	管理费用			6 0 0 0 0		3 6 0 0 0 0
	16	现付4号	支付招待费	管理费用			8 0 0 0 0		2 8 0 0 0 0
	20	现付5号	购纯净水	管理费用			2 0 0 0 0		2 6 0 0 0 0
	28	银付2号	提现	银行存款	8 0 0 0 0 0				
	28	现付6号	付工资	应付职工薪酬			8 0 0 0 0 0		2 6 0 0 0 0
			本月合计						
			……						
			本年累计						

月末余额=月初余额+借方发生额−贷方发生额

图 6-17　现金日记账的序时登记

(二) 银行存款日记账的登记

银行存款日记账的登记方法与现金日记账的登记方法基本相同。

(1) 日期栏：登记记账凭证的日期，应与现金实际收付日期一致。

(2) 凭证栏：登记入账的收付款凭证的种类和编号。例如，"银行存款收(付)款凭证"简写为"银收(付)"；"收款凭证"简写为"收"；"付款凭证"简写为"付"。凭证栏还应登记凭证的编号数，以便查账和核对。

(3) 摘要栏：简要说明登记入账的经济业务的内容。文字既要简练，又要能够说明问题。

(4) 对方科目栏：登记现金收入的来源科目或支出的用途科目。例如，开出支票一张支付购料款，其对方科目为"物资采购"。本栏的作用在于了解经济业务的来龙去脉。

(5) 现金支票号数和转账支票号数栏：如果所记录的经济业务是以支票付款结算的，应在这两栏内填写相应的支票号数，以便与开户银行对账。

(6) 借(收入)、贷(支出)栏：登记银行存款实际收付的金额。

(7) 借或贷栏：表明期末余额的方向。

(8) 余额栏：每日终了，应分别计算银行存款收入和付出的合计数，结出余额，做到"日清"。月终，同样要计算现金收入和付出的合计数，结出余额，做到"月结"。

（三）总分类账的登记

总分类账登记的依据和方法取决于所采用的会计核算程序。在不同的会计核算程序下，总分类账可以直接根据各种记账凭证逐笔进行登记，也可以将各种记账凭证先汇总编制成科目汇总表或汇总记账凭证，再据以登记，还可以根据多栏式日记账登记。

会计人员每月都应将已发生的经济业务全部登记入账，并于月末结出总分类账各账户的本期发生额和期末余额，作为编制会计报表的主要依据。

（四）明细分类账的登记

明细分类账由会计人员根据审核无误的原始凭证、原始凭证汇总表和记账凭证进行登记，既可以逐日逐笔登记，也可以汇总登记。但债权债务明细账和财产物资明细账应当逐日逐笔登记并结出余额，以便随时与对方单位结算并核对库存余额。

（1）三栏式明细分类账由会计人员根据审核无误的记账凭证，按照经济业务发生顺序逐日逐笔登记。

（2）数量金额式明细分类账一般由会计人员和业务人员（如仓库保管员），根据原始凭证按照经济业务发生的时间先后顺序逐日逐笔登记，逐步结出余额（至少逐笔结出数量结存）。

（3）多栏式明细分类账由会计人员依据记账凭证顺序逐笔登记。

四、账簿登记的规则

（1）会计人员应当根据审核无误的会计凭证登记会计账簿。

（2）登记会计账簿时，应将会计凭证日期、编号、业务内容摘要、金额和其他有关资料逐项登记入账，做到数字准确、摘要清楚、登记及时、字迹工整。登记完毕后，要在记账凭证上签名或者盖章，并注明已经登账的符号，表示已经记账。

（3）账簿中书写的文字和数字上面要留有适当空格，不要写满格，一般应占格距的二分之一。

（4）登记账簿要用蓝黑墨水或者碳素墨水书写，不得使用圆珠笔（银行的复写账簿除外）或者铅笔书写。

（5）下列情况，可以用红色墨水记账：

① 按照红字冲账的记账凭证，冲销错误记录；

② 在不设借贷等栏的多栏式账页中，登记减少数；

③ 在三栏式账户的余额栏前，如未印明余额方面的，在余额栏内登记负数余额；

④ 根据国家统一会计制度的规定可以用红字登记的其他会计记录。

（6）各种账簿按页次顺序连续登记，不得跳行、隔页。如果发生跳行、隔页，应将空行、空页画线注销，或者注明"此行空白""此页空白"字样，并由记账人员签名或者盖章。

（7）凡需要结出余额的账户，结出余额后。应当在"借或贷"等栏内写明"借"或者"贷"等字样。没有余额的账户，应当在"借或贷"等栏内写"平"字，并在余额栏内用"∅"表示。现金日记账和银行存款日记账必须逐日结出余额。

（8）每一账页登记完毕结转下页时，应结出本页合计数及余额，写在本页最后一行和下页第一行有关栏内，并在摘要栏内注明"过次页"和"承前页"字样。也可以将本页合计数及金额只写在下页第一行有关栏内，并在摘要栏内注明"承前页"字样。对需要结计本月发生额的账户，结计"过次页"的本页合计数应当为自本月初起至本页末止的发生额合计数；对需要结计本年累计发生额的账户，结计"过次页"的本页合计数应当为自年初起至本页末止的累计数；对既不需要结计本月发生额也不需要结计本年累计发生额的账户，可以只将每页末的余额结转次页。

（9）登记账簿后如发现有错误，应按规定的方法更正，不得刮擦、挖补、涂改或用褪色药水更改字迹。

任务三 对 账

在日常的会计工作中，难免会发生各种差错或账实不符的情况。为了保证会计记录的正确性，有必要进行对账。对账，简单讲就是核对账目，具体讲就是定期对各种账簿记录进行核对，做到账证相符、账账相符和账实相符，以保证账簿记录的真实性和正确性，保证会计报表数据的真实可靠。

一、账证核对

账证相对就是各种账簿（总分类账、明细分类账以及现金和银行存款日记账）与会计凭证（记账凭证及所附原始凭证）进行核对。如发现不一致应立即查明原因，予以更正。

二、账账核对

账证核对后，还要检查各账簿之间是否对应和相符。账账核对就是核对存在对应关系的账簿之间所做的记录是否相符一致。一般来说，账账核对包括以下几个方面的内容。

▶ **1. 总分类账簿有关账户的核对**

总账全部账户的借方发生额合计数应与贷方发生额的合计数相等，全部账户借方余额合计数应与贷方余额的合计数相等。

▶ **2. 总分类账簿与所属明细分类账簿的核对**

总账的借方发生额、贷方发生额及余额应分别与所属的全部明细账的借方发生额合计数、贷方发生额合计数及余额合计数相等。

▶ **3. 总分类账簿与序时账簿的核对**

总账中的"库存现金""银行存款"账户的余额应分别与"库存现金日记账""银行存款日记账"的余额相等。

▶ **4. 明细分类账簿之间的核对**

财务部门的会计账簿记录应与有关经营部门及财产物资保管和使用部门的有关账簿（册、卡）对应相符。

三、账实核对

账实核对是指各项财产物资、债权债务等账面余额与实有数额之间的核对。为了保证账实相符，应将各种账簿记录与有关财产物资的实有数相核对。账实核对的具体核对内容包括以下几个方面。

(1) 现金日记账账面余额与现金实际库存数应逐日核对相符。

(2) 银行存款日记账账面余额与银行对账单的余额应定期核对相符。

(3) 各项财产物资明细账账面余额与财产物资的实有数额应定期核对相符。

(4) 有关债权债务明细账账面余额与对方单位的账面记录也应定期核对无误。

任务四 更正错账

在会计实务中，出现登账错误是难免的，如重记、漏记、数字错位、数字倒码、笔误、科目使用错误等。所以，需定期通过各种对账方法、查错方法查找会计账簿的错误信息，并视不同情况，按照规定的方法予以更正。

一、错账的查找

错账查找的方法主要有以下几种。

▶ 1. 差数法

差数法是指按照错账的差数查找错账的方法。例如，在记账过程中只登记了会计分录的借方或贷方，漏记了另一方，从而形成试算平衡中借方合计与贷方合计不等，此时可用差数法查找错账。

▶ 2. 尾数法

对于发生的角、分的差错可以只查找小数部分，以提高查错的效率。

▶ 3. 除2法

除2法是指将差数除以2来查找错账的方法。当某个借方金额错计入贷方(或相反)时，出现错账的差数表现为错误的2倍，将此差数用2去除，得出的商即是反向的金额。

▶ 4. 除9法

除9法是指以差数除以9来查找错数的方法，适用于以下三种情况。

(1) 将数字写小。查找的方法是将差数除以9后得出的商即为写错的数字，商乘以10即为正确的数字。例如，将400写为40，错误数字小于正确数字9倍，则差数360(400－40)除以9，商40即为错数，扩大10倍后即可得出正确的数字400。

(2) 将数字写大。查找的方法是将差数除以9后得出的商为正确的数字，商乘以10所得的积为错误数字。例如，将50写为500，错误数字大于正确数字9倍，则差数450(500－50)除以9，商50即为正确数字，50乘以10即500为错误数字。

(3) 领数颠倒。查找的方法是将差数除以9，得出的商连续加11，直到找出颠倒的数字为止。例如，将78记为87，其差数为9，将差数除9得1，得出的商连加11后可能的结果为12、23、34、45、56、67、78、89，当发现账簿记录中出现上述数字(本例为78)时，则有可能正是颠倒的数字。

二、错账的更正方法

在记账过程中，如果账簿记录发生错误，应根据记账错误的性质和发现时间，按规定的更正方法予以更正。错账的更正方法一般有以下几种。

（一）画线更正法

结账之前，如果发现账簿记录有错误，而记账凭证无错误，即过账时发生笔误，可采用画线更正法予以更正。

采用画线更正法进行更正时，首先将错误的文字或数字画一条红线予以注销，然后将正确的文字或数字用蓝黑墨水写在画线的上面，并在画线更正处加盖记账人员印章，以明确责任。应注意，文字错误可以只注销错字，但数字差错必须将错误数字全部画线注销，不允许只画线更正错误数字中的个别数字。同时，要保持注销的记录能清晰辨认，以备日后查考。例如，记账人员在根据记账凭证登记账簿时，将 9 860 元错误记为 9 680 元，不能只用红线画去错误数字"68"，改为"86"，而应将错误数字"9 680"全部用红线画去，并在画线上方书写正确金额"9 860"。

（二）红字更正法

如果发现以下两种情况，可采用红字更正法。

▶ 1. 记账凭证中的应借、应贷会计科目或金额有错误

首先用红字金额填制一张与原错误记账凭证内容完全相同的记账凭证，在摘要栏注明"订正某月某日某号凭证"，并据以用红字登记入账，冲销原有错误的账簿记录；然后再用蓝黑字填制一张正确的记账凭证，并据以登记入账。

【例 6-3】某公司厂长因公出差预借差旅费 5 000 元，开出现金支票付讫。在填制记账凭证时，误填写成借记"管理费用"科目，并已经据以登记入账。

借：管理费用　　　　　　　　　　　　　　　　　　　　　　　　　5 000
　贷：银行存款　　　　　　　　　　　　　　　　　　　　　　　　　5 000

更正错误时，先用红字（以 　　　 表示红字）编制记账凭证并据以用红字登记入账，用于冲销原有错误的账簿记录：

借：管理费用　　　　　　　　　　　　　　　　　　　　　　　　　5 000
　贷：银行存款　　　　　　　　　　　　　　　　　　　　　　　　　5 000

然后，用蓝黑字编制正确的记账凭证，并据以登记入账：

借：其他应收款　　　　　　　　　　　　　　　　　　　　　　　　5 000
　贷：银行存款　　　　　　　　　　　　　　　　　　　　　　　　　5 000

▶ 2. 记账凭证和账簿中所记金额大于应记的正确金额，而原记账凭证应借、应贷的会计科目并无错误

首先将多记的金额，即错误金额大于正确金额的差额，用红字填制一张与原错误记账凭证应借、应贷会计科目完全相同的记账凭证，并在摘要栏注明"冲销某月某日某号凭证多记金额"，然后据以用红字登记入账。

【例 6-4】企业某车间为产品生产领用 1 000 元的甲材料。在填制记账凭证时，误将金额写成 10 000 元，并已登记入账。错误分录如下：

借：生产成本   10 000

  贷：原材料——甲材料   10 000

此笔错账多记金额 9 000 元，更正时，应用红字填制一张记账凭证，并据以登记入账。更正分录如下：

借：生产成本   9 000

  贷：原材料——甲材料   9 000

（三）补充登记法

登记入账后，如果发现记账凭证和账簿中所记金额小于应记的正确金额，而原记账凭证中应借、应贷的会计科目并无错误，可采用补充登记法予以更正。

首先将少记的金额，即错误金额小于正确金额的差额，用蓝黑字填制一张与原错误记账凭证应借、应贷的会计科目完全相同的记账凭证，并在摘要栏注明"补充某月某日某号凭证少记金额"，然后据以登记入账。

【例 6-5】某企业根据折旧计划，计提本月车间使用固定资产的折旧费 7 500 元。在填制记账凭证时，误将金额填写成 5 700 元，并已登记入账。错误分录如下：

借：制造费用   5 700

  贷：累计折旧   5 700

此笔错账少记金额为 1 800 元，用蓝黑字填制一张记账凭证，并据以登记入账。更正分录如下：

借：制造费用   1 800

  贷：累计折旧   1 800

各种错账更正方法的要点如图 6-18 所示。

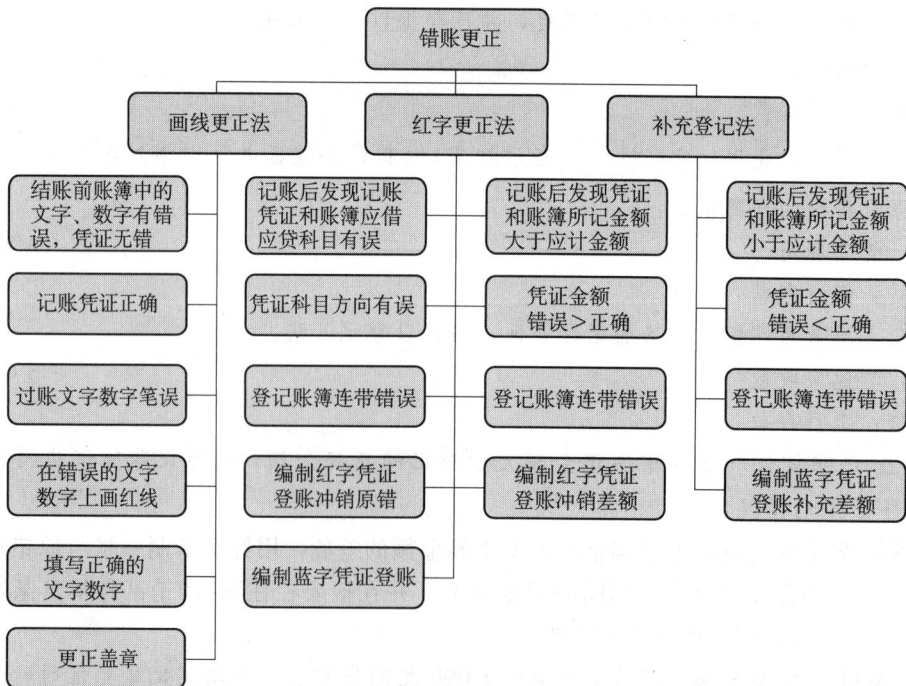

图 6-18　错账更正方法

任务五 结账及更换账簿

一、结账的含义

结账是把一定时期内发生的全部经济业务登记入账的基础上，计算并记录本期发生额和期末余额后，将余额结转下期或新的账簿的会计行为。各单位的经济活动是连续进行的，为了总结一定时期经济活动情况，考核经济成果，编制财务会计报表，各单位必须在会计期末进行结账，但不得为了赶制财务报表而提前结账，把本期发生的经济业务延至下期登记，更不得先编制报表后结账。另外，单位因撤销、合并等原因而需要交接时应办理结账。

二、结账的种类和方法

结账前，必须将本期内所发生的各项经济业务全部登记入账。结账按结算时期不同，可以分为月结、季结和年结三种。

（一）月结

月度结账时，在该月最后一笔经济业务下面画一条通栏红线，在红线下摘要栏内注明"本月合计""本月发生额及余额"字样，在借方栏、贷方栏或余额栏分别填入本月合计数和月末余额，同时在借或贷栏内注明借贷方向。然后，在这一行下面再画一条通栏红线，以便与下月发生额区分。对于有余额的账户应该在摘要栏内注明"本月发生额及期末余额"，对于没有余额的损益类等账户应在摘要栏内注明"本月合计"。

本月没有发生额的账户，不必进行月结，不画结账红线。对需要按月结出本月发生额的账户，如库存商品、应交税费、生产成本、制造费用及各种损益类明细账等，由于会计报表须填写本月发生额，都要结出本月合计发生额及余额，并在"本月合计"行下面画一条通栏红线。不需按月结计本月发生额的账户，如各项应收、应付款及各项财产物资明细账等，在月末结出余额后，只需在本月最后一笔记录下面画一条通栏红线，表示本月记录到此结束。对于需要结计本年累计发生额的收入、费用、成本等账户，每月结账时，还应在"本月合计"行下结出自年初至本月末止的累计数额，登记在月份发生额下面，在摘要栏内注明"本年累计"字样，并在下面再画一条通栏红线，与下月记录分开。

（二）季结

通常在每季度的最后一个月月结的下一行，在摘要栏内注明"本季合计""本季度发生额及余额"或"第×季度发生额或余额"，同时结出借、贷方发生总额及季末余额。然后，在这一行下面画一条通栏红线，表示季结结束。

（三）年结

年度终了，在第四季度季结的下一行在摘要栏注明"本年合计""本年发生额及余额"或"结转下年"，同时结出借、贷方发生额及期末余额。然后，在这一行下面画上通栏双红线，以示封账。

年度结账后，总账和日记账应当更换新账，明细账一般也应更换。但有些明细账，如固定资产明细账等可以连续使用，不必每年更换。年终时，要把各账户的余额结转到下一会计年度，只在摘要栏注明"结转下年"字样，结转金额不再抄写。如果账页的"结转下年"行以下还有空行，应自余额栏的右上角至日期栏的左下角用红笔画对角斜线注销。在下一会计年度新建有关会计账簿的第一行余额栏内填写上年结转的余额，并在摘要栏注明"上年结转"字样。

三、保管和更换账簿

（一）账簿的更换

为了反映每个会计年度的财务状况和经营成果情况，保持会计资料的连续性，企业应按照会计制度的规定在适当的时间进行账簿的更换。

账簿的更换是指在会计年度终了时，将上年度的账簿更换为次年度的新账簿的工作。在每一会计年度结束，新一会计年度开始时，应按会计制度的规定更换一次总账、日记账和大部分明细账。少部分明细账还可以继续使用，年初不必更换账簿，如固定资产明细账等。

更换账簿时，应将上年度各账户的余额直接计入新年度相应的账簿中，并在旧账簿中各账户年终余额摘要栏内加盖"结转下年"戳记。同时，在新账簿中相关账户的第一行摘要栏内加盖"上年结转"戳记，并在余额栏内计入上年余额。

（二）账簿的保管

各种账簿是重要的经济档案，必须按规定妥善保管，不得丢失和任意销毁。账簿的保管，既要安全、完善、机密，又要保证使用时能及时、迅速地查到。年度终了更换新账后，旧账页应清点整理，所有活页账应装订成册加具封面，统一编号加盖公章后，与各种订本账一起归档保管。

▶ 1. 账簿的日常保管

（1）在日常，账簿应由各自分管的记账人员专门保管。例如，库存现金、银行存款日记账由出纳保管；总账由总账会计人员保管；明细账由明细会计人员保管。

（2）账簿未经授权审批人员批准，不能随意翻阅、查看、摘抄和复制。

（3）除非特殊需要（如与外单位核对账目）或司法介入，会计账簿一律不允许携带外出。对于需要携带外出的账簿，必须经单位《会计档案管理办法》所授权的相关人员批准，并指定专人负责，不准交给其他人员管理，以保证账簿的安全和防止任意涂改账簿等现象发生。

▶ 2. 账簿的归档

（1）年度终了，会计人员应对更换下来的活页账、卡片账装订成册，顺序编号，加具封面、封底，连同订本账一起登记存档保管。单位可以利用计算机、网络通信等信息技术手段管理会计档案。对于满足《会计档案管理办法》要求的会计档案，单位内部形成的属于归档范围的电子会计资料可仅以电子形式保存，形成电子会计档案。不满足以电子形式保管条件的，应当将会计账簿打印后保管纸质账簿。

（2）当年形成的会计档案，在会计年度终了后，可由单位会计管理机构临时保管一年，再移交单位档案管理机构保管。因工作需要确需推迟移交的，应经单位档案管理机构同意。单位会计管理机构临时保管会计档案最长不超过三年。临时保管期间，会计档案的保管应符合国家档案管理的有关规定，且出纳人员不得兼管会计档案。期满之后，应由会计机构编制移交清册，移交本单位档案机构统一保管；未设档案机构的，应在会计机构内部指定专人保管，但出纳人员不得兼管会计档案。

（3）单位应严格按照相关制度使用会计档案，在进行会计档案查阅、复制、借出时履行登记手续，严禁篡改和损坏。单位保存的会计档案一般不得对外借出，确因工作需要且根据国家有关规定必须借出的，应当严格按照规定办理相关手续。会计档案借用单位应当妥善保管和利用借入的会计档案，确保借入会计档案的安全完整，并在规定时间内归还。

（4）会计档案的保管期限分为永久、定期两类。定期保管期限一般分为 10 年和 30 年。会计档案的保管期限，从会计年度终了后的第一天算起。各类会计档案的保管期限原则上应当按照《会计档案管理办法》执行，如表 6-1 所示，该办法规定的会计档案保管期限为最低保管期限。

表 6-1 企业和其他组织会计档案保管期限表

序号	档 案 名 称	保管期限	备 注
一	会计凭证		
1	原始凭证	30 年	
2	记账凭证	30 年	
二	会计账簿		
3	总账	30 年	
4	明细账	30 年	
5	日记账	30 年	
6	固定资产卡片		固定资产报废清理后保管 5 年
7	其他辅助性账簿	30 年	
三	财务会计报告		
8	月度、季度、半年度财务会计报告	10 年	
9	年度财务会计报告	永久	
四	其他会计资料		
10	银行存款余额调节表	10 年	
11	银行对账单	10 年	
12	纳税申报表	10 年	
13	会计档案移交清册	30 年	
14	会计档案保管清册	永久	
15	会计档案销毁清册	永久	
16	会计档案鉴定意见书	永久	

（5）单位应当定期对已到保管期限的会计档案进行鉴定，并形成会计档案鉴定意见书。经鉴定，仍需继续保存的会计档案，应重新划定保管期限；对保管期满，确无保存价值的会计档案，可以销毁。会计档案鉴定工作应由单位档案管理机构牵头，组织单位会计、审计、纪检监察等机构或人员共同进行。

经鉴定可以销毁的会计档案，应按照以下程序销毁：

① 单位档案管理机构编制会计档案销毁清册，列明拟销毁会计档案的名称、卷号、册数、起止年度、档案编号、应保管期限、已保管期限和销毁时间等内容。

② 单位负责人、档案管理机构负责人、会计管理机构负责人、档案管理机构经办人、

会计管理机构经办人在会计档案销毁清册上签署意见。

③ 单位档案管理机构负责组织会计档案销毁工作，并与会计管理机构共同派员监销。监销人在会计档案销毁前，应按照会计档案销毁清册所列内容进行清点核对；在会计档案销毁后，应在会计档案销毁清册上签名或盖章。

电子会计档案的销毁还应符合国家有关电子档案的规定，并由单位档案管理机构、会计管理机构和信息系统管理机构共同派员监销。保管期满但未结清的债权债务会计凭证和涉及其他未了事项的会计凭证不得销毁，纸质会计档案应单独抽出立卷，电子会计档案单独转存，保管到未了事项完结时为止。单独抽出立卷或转存的会计档案，应在会计档案鉴定意见书、会计档案销毁清册和会计档案保管清册中列明。

四、会计人员交接

记账人员或会计机构负责人（会计主管人员）调动工作或因故离职时，应办理交接手续，将本人所经管的会计工作全部移交给接替人员。没有办清交接手续的不得调动或离职。交接时，应在账簿启用表交接记录栏内，注明日期、接替人员和监交人员姓名，并由交接双方人员签名或盖章。一般会计人员办理交接手续，由会计机构负责人（会计主管人员）监交，而会计机构负责人（会计主管人员）办理交接手续，由单位负责人监交，必要时主管单位可以派人会同监交。

自我测验

一、单项选择题

1. 能够总括反映企业某一类经济业务增减变动的会计账簿是（   ）。

A. 总分类账   B. 两栏式账   C. 备查账   D. 序时账

2. "应收账款"明细账的格式一般采用（   ）。

A. 数量金额式   B. 多栏式   C. 订本式   D. 三栏式

3. 多栏式明细账一般适用于（   ）。

A. 债权、债务类账户   B. 财产、物资类账户

C. 费用成本类和收入成果类账户   D. 资产类账户

4. 下列明细分类账中，可以采用多栏式格式的是（   ）。

A. 应付账款明细分类账   B. 待摊费用明细分类账

C. 库存商品明细分类账   D. 管理费用明细分类账

5. 总分类账一般使用（   ）账簿。

A. 订本式   B. 活页式   C. 多栏式   D. 数量金额式

6. 库存商品明细分类账的格式一般采用（   ）。

A. 三栏式   B. 数量金额式   C. 多栏式   D. 卡片式

7. 固定资产明细账采用（   ）。

A. 订本式   B. 活页式   C. 卡片式   D. 辅助式

8. 原材料明细账的格式一般采用（   ）。

A. 数量金额式   B. 横线登记式   C. 三栏式   D. 多栏式

9. 经济业务按发生时间的先后顺序逐日逐笔进行登记的账簿是（   ）。

A. 总分类账簿　　　　B. 序时账簿　　　　C. 备查账簿　　　　D. 明细分类账簿

10. 现金日记账属于（　　）。

A. 序时账　　　　　　B. 分类账　　　　　C. 备查账　　　　　D. 卡片账

11. （　　）也称辅助账簿，是对主要账簿未能记载和记载不全的事项进行补充登记的账簿。

A. 序时账簿　　　　　B. 分类账簿　　　　C. 卡片账簿　　　　D. 备查账簿

12. 三栏式账户不设（　　）。

A. 借方栏　　　　　　B. 贷方栏　　　　　C. 余额栏　　　　　D. 数量栏

13. 从账簿的用途来看，租入固定资产登记账簿属于（　　）。

A. 序时账簿　　　　　B. 分类账簿　　　　C. 备查账簿　　　　D. 订本式账簿

14. 画线更正法更正账簿中的错误数字时，应（　　）。

A. 用一条蓝线将整个数字全部画掉　　　　B. 用多条红线将整个数字全部画掉

C. 用一条红线将有错误的数字画掉　　　　D. 用一条红线将整个数字全部画掉

15. 会计人员在填制记账凭证时，将 650 元错记为 560 元，并且已登记入账，月末结账时发现此笔错账，更正时应采用的更正方法是（　　）。

A. 画线更正法　　　B. 红字更正法　　　C. 补充登记法　　　D. 核对账目的方法

16. 采用红字更正法更正错账时，应编（　　）记账凭证。

A. 红字　　　　　　　B. 蓝字　　　　　　C. 红字和蓝字　　　D. 红字或蓝字

17. 用转账支票归还欠 A 公司货款 50 000 元，会计人员编制的记账凭证如下：借记应收账款 50 000 元，贷记银行存款 50 000 元，审核并据以登记入账，该记账凭证（　　）。

A. 没有错误　　　　　　　　　　　　　B. 有错误，应使用画线更正法更正

C. 有错误，应使用红字冲销法更正　　　D. 有错误，应使用补充登记法更正

18. 记账后，如果发现记账错误是由于记账凭证所列会计科目或金额有错误引起的，可采用（　　）。

A. 红字更正法　　　B. 画线更正法　　　C. 补充登记法　　　D. A 和 B 均可

19. 下列项目中，属于账实核对的是（　　）。

A. 总账和日记账的核对　　　　　　　　B. 银行存款日记账和银行对账单的核对

C. 总账和明细账的核对　　　　　　　　D. 总账各账户的核对

20. 银行存款日记账和银行对账单核对属于（　　）。

A. 账证核对　　　　　B. 账账核对　　　　C. 账实核对　　　　D. 账表核对

21. （　　）账户期末一般无余额。

A. 资本公积　　　　　B. 库存商品　　　　C. 应交税费　　　　D. 主营业务收入

22. 对于需结出本年累计的账户，月末结账需画（　　）条红线。

A. 1　　　　　　　　　B. 2　　　　　　　　C. 3　　　　　　　　D. 4

二、多项选择题

1. 下列各项中，必须采用订本式账簿的有（　　）。

A. 原材料明细账　　　　　　　　　　　B. 现金日记账

C. 银行存款日记账　　　　　　　　　　D. 总分类账

2. 红字更正法适用于（　　）。

A. 记账前，发现记账凭证上的文字或数字有误

B. 记账后，发现原始凭证上应借、应贷科目填错

C. 记账后，发现原始凭证上所填金额小于应填金额

D. 记账后，发现原始凭证上所填金额大于应填金额

3. 三栏式明细账格式适用于（　　）。

A."应收账款"明细账　　　　　　　　B."生产成本"明细账

C."应付账款"明细账　　　　　　　　D."制造费用"明细账

4. 下列各项中，可以采用数量金额式格式的是（　　）。

A. 银行存款日记账　　　　　　　　B. 应收账款明细分类账

C. 库存商品明细分类账　　　　　　D. 原材料明细分类账

5. 对账的内容有（　　）。

A. 账实核对　　　　B. 账证核对　　　　C. 账账核对　　　　D. 表表核对

6. 在会计账簿登记中，可以采用红色墨水记账的有（　　）。

A. 更正会计科目和金额同时错误的记账凭证

B. 登记减少数

C. 未印有余额方向的，在余额栏内登记相反方向数额

D. 更正会计科目正确但金额多记的记账凭证

7. 下列各项中，采用卡片式账簿的有（　　）。

A. 固定资产明细账　　　　　　　　B. 原材料明细账

C. 低值易耗品明细账　　　　　　　D. 应收账款明细账

8. 下列各项中，采用多栏式明细账的有（　　）。

A. 制造费用　　　B. 管理费用　　　C. 销售费用　　　D. 应收账款

9. 通常情况下，结账工作一般包括（　　）。

A. 季节　　　　B. 半年结　　　　C. 月结　　　　D. 年结

10. 下列各项中，属于明细账格式的有（　　）。

A. 三栏式　　　B. 数量金额式　　　C. 多栏式　　　D. 卡片式

11. 登记明细账的依据有（　　）。

A. 收款　　　B. 转账凭证　　　C. 付款凭证　　　D. 原始凭证

12. 会计账簿按用途可分为（　　）。

A. 序时账　　　B. 订本账　　　C. 分类账　　　D. 备查账

13. 下列各账户中，适合采用数量金额式明细账的有（　　）。

A. 生产成本　　　B. 库存商品　　　C. 原材料　　　D. 固定资产

14. 总分类账的登记方法有（　　）。

A. 逐笔登记法　　　B. 汇总登记法　　　C. 序时登记法　　　D. 备查登记法

三、判断题

1. 总账只进行金额核算，提供价值指标，不提供实物指标；而明细账有的只提供价值指标，有的既提供价值指标，又提供实物指标。（　　）

2. 多栏式明细账适用于有关费用、成本和收入、成果等科目。（　　）

3. 会计人员根据记账凭证登记时，误将 2 000 元记为 200 元，更正这种错误应采用红字更正法。（　　）

4. 在会计核算中,红笔一般只在画线、改错、冲账和表示负数金额时使用。(　　)

5. 总分类账必须采用订本式的三栏式账户。(　　)

6. 现金日记账的借方是根据收款凭证登记的,贷方是根据付款凭证登记的。(　　)

7. 明细分类账一般是根据记账凭证直接登记,但个别明细分类账可以根据原始凭证登记。(　　)

8. 任何单位,对账工作每年至少进行一次。(　　)

9. 备查账簿是对其他账簿记录的一种补充,与其他账簿之间存在依存和钩稽关系。(　　)

10. 年度终了时,更换新账页后,应将活页式账簿装订成册、存档,并由专人保管。(　　)

11. 为了保证账簿记录的合法性和完整性,明确记账责任,在账簿启用时,填写账簿启用表。(　　)

12. 为了确保账簿记录清晰耐久,并防止涂改,记账必须使用蓝黑墨水书写,不得使用圆珠笔和铅笔。(　　)

13. 记账时,必须按页次顺序连续登记,不得跳行、隔页。(　　)

14. 采用画线更正法,数字记错只需要更正个别错误字。(　　)

15. 账证核对是将账簿记录与原始凭证进行核对。(　　)

16. 会计账簿是编制会计报表的主要依据。(　　)

17. 红色墨水仅限于结账、画线更正时使用。(　　)

18. 在我国,单位一般只对固定资产的核算采用卡片账的形式。(　　)

19. 现金日记账、银行存款日记账应当采用订本式账簿。(　　)

能力拓展

实 训 一

某公司在内部审计中发现如下原始凭证:业务员李小刚 2018 年 10 月 20 日公出,预借差旅费 3 000 元,借款单据如图 6-19 所示。

借 款 单

No.0050875

借款部门:供应处　　　　　　　2018 年 8 月 20 日　　　　　　　业务授权人:李立

人民币(大写)		叁仟元		¥3 000.00				
用途		差旅费			财务部门		借款部门	
付款方式	李小刚	票据号码			负责人		负责人	李立
收款人		开户银行			审核	杨丽荣	借款人	李小刚
		账户			记账	李华	经办人	周桥

图 6-19　借款单

要求:指出上述原始凭证中存在的问题并提出处理意见。

实 训 二

北方机械厂 2018 年 10 月发生以下经济业务:

（1）3日，购入A材料2 500千克，单价80元，增值税进项税额34 000元，款项通过银行付讫，材料已验收入库。

（2）5日，收到投资者追加投资100 000元，存入银行。

（3）7日，收到北京B公司购买甲产品的预付款500 000元，存入银行。

（4）10日，通过银行向天津甲公司支付前欠货款400 000元。

（5）12日，仓库发出材料，其中，生产甲产品耗用5 000元，车间一般耗用4 000元，厂部行政、管理部门耗用2 000元。

（6）15日，采购员李某预借差旅费2 000元，以现金付讫。

（7）17日，从银行提取现金5 000元备用。

（8）20日，北京B公司购买甲产品300件，售价900 000元，增值税销项税额153 000元，货款已预收500 000元，不足部分已收到款项存入银行。

（9）21日，以银行存款支付当月水电费20 000元，其中，车间水电费15 000元，厂部行政管理部门水电费5 000元。

（10）22日，李某出差回来，报销差旅费1 800元，余款收回现金。

（11）23日，原欠大华公司的货款40 000元，因大华工厂不存在而无法支付，经批准转为营业外收入。

（12）24日，以银行存款支付广告费3 000元。

（13）25日，购买单位交来包装物押金500元，存入银行。

（14）26日，以银行存款支付企业的滞纳金罚款1 000元。

（15）27日，以银行存款支付本季度短期借款利息3 000元。

（16）31日，结算本月应付的职工工资，其中，生产甲产品工人工资28 000元，车间一般人员工资4 000元，厂部行政管理部门人员工资8 000元。

（17）31日，计提本月折旧，其中，生产车间提折旧6 000元，厂部行政管理部门提折旧2 000元。

（18）31日，结转本月发生的制造费用29 000元，均为甲产品负担。

（19）31日，结转本月完工甲产品250件的生产成本375 000元。

（20）31日，计算本月已售甲产品300件的生产成本为450 000元。

（21）31日，结转本月已售甲产品300件的销售收入900 000元，营业外收入40 000元。

（22）31日，结转本月已售甲产品300件的生产成本450 000元，产品销售税金60 000元，产品销售费用3 000元。

（23）31日，计算本月应交所得税为133 386元。

（24）31日，结转本月管理费用18 800元，财务费用3 000元，营业外支出1 000元，所得税费用133 386元。

（25）31日，计算本月应提盈余公积金为40 622.1元。

要求：根据上述经济业务填制记账凭证。

财 产 清 查

学习目标

职业能力目标 ☞

- 了解财产清查的概念。
- 了解财产清查的种类。
- 能采用正确的方法进行对账。
- 能采用正确的方法进行清查。
- 掌握库存现金清查的方法及账务处理。
- 掌握银行存款清查的方法及账务处理。
- 掌握往来款项清查的方法及账务处理。
- 掌握存货清查的方法及账务处理。

知识点 ☞

财产清查　库存现金清查的方法与内容　银行存款清查的方法
未达账项往来款项的清查方法　实物资产的清查方法　实地盘存制
永续盘存制　财产清查的处理结果

技能点 ☞

库存现金清查　银行存款清查　实物资产清查　填制盘存单
填制账存对比表　编制银行存款余额调节表　核算财产清查结果

任务一 认识财产清查

一、财产清查的概念

财产清查是指通过对货币资金、实务资产和往来款项等财产物资进行盘点或核对，确定其实存数，查明实存数与账存数是否相符的一种专门方法。

财产清查是会计核算方法之一，为了保证会计核算资料的客观真实性，保护企业财产物资的安全和完整，在会计核算中要经常对账簿记录、会计凭证进行日常审核和定期核对。但账簿记录正确还不能保证账簿记录与实际业务相一致，因为有很多客观原因会造成财产物资的账面结存和实际结存不一致，产生各种差异。例如，某些财产物资在保管的过程中由于受自然界各种因素的影响，往往会发生数量上的损耗、生溢或质量等级的变化；某些财产物质在收发计量时，由于计量器具的不准确而造成"缺斤少两"，或由于整进零出造成"分斤折两"，或因人力不可抗拒的自然因素而造成数量变化等。除了这些自然因素外，还有一些人为原因，如因管理不善或工作人员失职而造成的损坏、霉变、偷窃、贪污、营私舞弊，以及因工作责任心不强而出现的错记、漏记、多记等情况。为了保证会计账簿记录的真实、准确，为企业管理提供可靠的信息资料，就必须通过财产清查，对各项财产物资定期或不定期地进行盘点核对，以保证账实相符。

二、财产清查的种类

（一）按清查对象和范围划分

按清查对象和范围划分，可分为全面清查和局部清查。

▶ 1. 全面清查

全面清查是指对企业的全部财产物资所进行的盘点和核对，一般包括以下内容：

（1）现金、银行存款和银行借款等货币资金；

（2）固定资产、原材料、在产品、半成品、产成品以及其他物资；

（3）在途的各种材料物资、货币资金等；

（4）各种往来结算款项、预算缴拨款项；

（5）委托其他单位代保管、代加工的各项材料物资等。

由于全面清查涉及的范围广、内容多，参加的人员多，花费的时间也长，因此不宜经常进行。一般在下述情况下，需要进行全面清查：

（1）年终决算前，为了确保年终决算的会计资料的真实性，要进行一次全面清查；

（2）单位撤销、倒闭、合并或改变隶属关系时，要进行一次全面清查；

（3）开展物资清查时，要进行一次全面清查；

（4）单位主要负责人调离工作岗位时，要进行一次全面清查。

▶ 2. 局部清查

局部清查就是根据需要，只对部分财产物资进行的盘点核对。一般情况下，适用于对流动性较大的财产，如现金、原材料、产成品及贵重物品等进行的清查盘点。

由于局部清查涉及范围小，参与的人员也少，因此企业经常进行的都是局部清查。局部清查一般包括以下内容：

(1) 对于现金，应由出纳在每日业务终了时清点核对；

(2) 对于银行存款、银行借款，应由出纳员每月与银行核对一次对账单；

(3) 对于原材料、产成品、在产品及在途材料、贵重物品，应每月清查盘点一次；

(4) 对于各种债权、债务，每年至少要与对方核对 1～2 次，发现问题及时解决，避免坏账损失。

(二) 按清查时间划分

按清查时间划分，可分为定期清查和不定期清查。

▶ 1. 定期清查

定期清查是指根据事先安排好的时间，对企业财产物资进行的清查。这种清查一般是在年末、季末、月末结账前进行，以保证账实相符、会计报表真实可靠。定期清查可以是局部清查，也可以是全面清查。通常情况下，企业在年末进行全面清查，在季末、月末进行局部清查。

▶ 2. 不定期清查

不定期清查是指事先不规定清查时间，而是根据需要随时组织进行的清查。不定期清查通常在下列情况下进行：

(1) 企业更换保管、出纳人员时，要对其保管的物资进行清查，以明确经济责任；

(2) 发生自然灾害或意外损失时，对受损物品进行清查，以查明受损情况；

(3) 上级主管部门和财政、审计部门对本单位进行财务检查时；

(4) 进行临时性的清产核资时。

不定期清查可以是全面清查，也可以是局部清查，要视具体情况来确定。

三、财产清查的组织准备

财产清查是一项涉及面广、工作量大、细致而又复杂的工作，为了保证财产清查工作的顺利进行，以便为管理决策提供准确的会计核算信息，有必要在进行具体清查工作之前做好各项组织准备工作。

▶ 1. 成立财产清查的专门机构

为了保证财产清查工作有计划、有组织、有步骤地进行，由单位领导、专业人员和职工群众组成财产清查工作领导小组，并抽调一定的责任心强、业务水平高的工作人员具体从事清查工作。

▶ 2. 制订财产清查工作计划

清查工作计划包括确定清查对象的范围，规定清查工作的时间和进度，明确具体清查工作人员的分工和责任，规定清查工作的数量指标与质量指标。

▶ 3. 思想动员与业务培训

清查工作既是一种会计核算的专门方法，也是一项重要的企业管理工作。清查工作开始前应向全体职工宣传清查工作的意义，力求各有关部门互相支持与密切配合。对参加清查工作的人员应进行严肃、认真的思想教育和必要的业务知识培训，使之树立高度的工作责任感和掌握一定的技术方法，以确保清查工作的质量。

▶ 4. 提供完整的账簿资料

财产清查是为了检查财产物资的账面记录是否与实际情况相符。因此，在清查工作开始前，会计人员必须将所有财产物资的收发凭证进行整理入账并结出余额，通过认真核对账目，做到账证相符、账账相符，为检查是否账实相符提供准确的账簿记录。

▶ 5. 做好必要的物资准备工作

（1）准备好被清查财产物资的实物。财产物资的保管和使用部门应对实物存放现场进行必要的整理，对其编号贴签，放置整齐。

（2）准备好用于清查工作的工具仪器和用于登记与核算的有关表格等。

【例 7-1】为保证企业财产物资的安全完整，内蒙古温暖羊绒有限公司决定开展固定资产清查工作，清查小组下达了"关于全面开展固定资产清查工作的通知"，并发布了资产清查工作实施方案。

关于全面开展固定资产清查工作的通知

各部门及生产车间：

为贯彻落实公司工作会议精神，进一步加强固定资产管理，摸清企业资产现状，公司下发了相关通知，决定在全公司开展固定资产清查工作。现将资产清查工作实施方案下发，请严格按照要求抓紧组织实施，保证资产清查工作按要求准时、保质完成。

2018 年 5 月 10 日

资产清查工作实施方案

一、成立资产清查领导小组和清查办公室

公司专门成立了资产清查领导小组（文件另发）。

二、清查目的

1. 全面摸清家底。对单位基本情况、财务情况及资产情况进行全面清理和核查，真实、完整地反映企业的资产和财务状况，为加强资产管理、深化资产管理与预算管理、财务管理有机结合奠定基础。

2. 完善资产管理信息系统。通过资产清查为资产管理信息数据库提供全面信息，为加强资产管理和预算管理提供数据支撑。

3. 实现两个结合。建立资产管理与预算管理、资产管理与财务管理相结合的工作机制，加强资产收益管理、规范收入分配秩序创造条件。

4. 完善管理制度。对资产清查过程中发现的问题进行认真分析、全面总结，研究制定切实可行的措施和办法，建立健全资产管理制度。

三、清查基准日和内容

（一）清查基准日：5 月 16 日。

（二）清查内容：单位基本情况清查、财务清查、财产清查和完善制度。

具体内容：现金的清查、银行存款的清查、应收票据的清查、预付账款的清查、其他应收款的清查、对外投资的清查、无形资产的清查、借入款项的清查、其他应付款的清查、应交税金的清查、固定资产的清查、经营结余的清查、收入和支出的清查、在建工程的清查。

1．完善资产管理账目。

2．核对账物是否一致。采用以账对物、以物对账的清点核对方法盘点实物资产，对已盘点资产要做好记号以便核对，保证所有资产均被清点。固定资产的实物和账目要一致，如存在不一致的情况要及时查明原因，按规定做好固定资产增加、减少等登记工作。

3．做好信息纠错处理。

4．盘点结果确认。

5．检查设备标签完善与否。

四、时间和步骤

资产清查工作从 2018 年 5 月 11 日开始，6 月 15 日完成。

（一）准备阶段（2018 年 5 月 11 日—5 月 16 日）

1．成立由相关部门组成的资产清查工作领导小组和资产清查办公室。

2．制定资产清查工作实施方案。

3．资产清查办公室学习有关政策性文件等。

4．召开资产清查动员会，参加人员包括各部门负责人、资产管理员、各工作人员、财务处人员。

（二）盘点阶段（2018 年 5 月 17 日—5 月 27 日）

采取部门自查、资产清查办公室清查和抽查相结合的原则。各部门进行实物盘点时应认真进行清点，保证本部门所有固定资产实物均被清点。在各部门完成盘点工作后，由清查办公室组织专门人员对盘点工作进行抽查复核，确认盘点结果，确保盘点工作质量。

（二）确认盘点结果（2018 年 5 月 28 日—6 月 3 日）

盘点结果由资产清查办公室对各部门清查数据进行汇总确认，确保账表、账账、账卡、账实相符。

（四）资产清查信息录入和填写相关报表（2018 年 6 月 4 日—6 月 10 日）

（五）迎接中介机构对公司资产清查工作进行审计（2018 年 6 月 11 日—6 月 15 日）

（六）清查办公室提交全套清查材料，包括纸制和电子系列报表，准备清查工作汇报等

五、清查职责范围

略。

六、清查总结制定规章制度

针对资产清查工作中发现的问题，财务、资产管理中心等部门要进行全面总结，认真分析原因，提出相应整改措施，建立健全资产管理制度。

内蒙古温暖羊绒有限公司

2018 年 5 月 18 日印发

任务二 库存现金的清查

一、库存现金清查的内容

库存现金清查的基本方法是实地盘点，即将库存现金的实地盘点数与现金日记账余额相核对，以查明库存现金是否账实相符。

库存现金的清查工作包括两方面的内容：一是要求出纳人员必须对现金的收、付、结、存情况做到日清日结，即每日清点库存现金实有额，并与现金日记账余额相核对，这种经常性的现金清查工作是现金出纳人员的分内职责，属于日常自查；二是要求组织清查人员对库存现金进行定期或不定期清查，属于专门清查。

为了明确责任，对库存现金进行盘点时，一定要有出纳人员在场，一方面逐一清点现金实有数，并与现金日记账的余额核对，查明账实是否相符；另一方面还要注意检查是否遵守现金管理制度的情况，如库存现金是否超过规定的限额，是否按规定范围使用现金，有无未经批准而坐支现金的现象等。

本任务所述库存现金的清查是指专门清查。专门清查的范围包括：

(1) 库存现金的实有数额与账面数额是否相符；

(2) 库存现金是否按《现金管理暂行条例》的规定用途支出；

(3) 库存现金余额是否超过银行所规定的库存现金限额；

(4) 有无白条抵库的情况；

(5) 有无违反单位其他库存现金管理制度的情况。

《现金管理暂行条例》条例明确规定，在银行开户的单位可在下列范围内使用现金：

(1) 职工工资、津贴；

(2) 个人劳务报酬；

(3) 根据国家规定颁发给个人的科学技术、文化艺术、体育等各种奖金；

(4) 各种劳保、福利费用以及国家规定的对个人的其他支出；

(5) 向个人收购农副产品和其他物资的价款；

(6) 出差人员必须随身携带的差旅费；

(7) 结算起点以下的零星支出；

(8) 中国人民银行确定需要支付现金的其他支出。

库存现金的限额是指为了保证企业日常零星开支的需要，允许单位留存现金的最高数额。开户银行根据实际需要，原则上以开户单位 3~5 天的日常零星开支所需核定库存现金限额，可以适当放宽，但最多不得超过 15 天的日常零星开支。

白条是指不符合正规凭证要求的发货票和收付款项证据。

库存现金盘点结束后，应立即填写现金盘点表，其一般格式如图 7-1 所示。

现金盘点表

单位名称：　　　　　　　　　　　年　　月　　日

实存金额	账存金额	对比结果		备注	批复联
		盘盈	盘亏		
现金使用情况	(1)库存现金限额： (2)白条抵库情况： (3)违反规定的现金支出情况： (4)其他违规行为：				
处理决定：					
				总经理：	

会计机构负责人：　　　　　　　　盘点人：　　　　　　　　出纳员：

图 7-1　现金盘点表

二、库存现金清查结果的会计处理

(1) 查明账实不符的原因，及时退还长款、追回短款。

(2) 分析库存现金违规使用情况，建立健全库存现金管理制度。

(3) 进行账务处理，做到账实相符。

对于库存现金的盘亏与盘盈，在查明原因前，根据现金盘点表报账联通过"待处理财产损溢——待处理流动资产损溢"账户核算。待查明原因后，按规定程序报经企业的股东大会、董事会、经理会议等类似机构批准后，根据现金盘点表批复联将其转入有关账户，做到账实相符。

"待处理财产损溢"账户是用来核算企业在财产清查过程中查明的各项财产物资的盘盈盘亏和毁损情况的账户。借方登记发生的待处理财产盘亏及毁损数和结转已批准处理的财产盘盈数，贷方登记发生的待处理财产盘盈数和结转已批准处理的财产盘亏和毁损数。借方余额表示尚待批准处理的财产物资的净损失，贷方余额则表示尚待批准处理的财产物资的净溢余。明细账户分别为"待处理财产损溢——待处理固定资产损溢"账户和"待处理财产损溢——待处理流动资产损溢"账户。

(一) 盘亏账务处理

由责任人造成的盘亏，应计入"其他应收款"账户；因管理不善、计量不准等原因造成的盘亏，计入"管理费用"账户；因自然灾害造成的非常损失，计入"营业外支出"账户。

【例 7-2】10 月 29 日，内蒙古温暖羊绒有限公司在清查盘点现金时，发现短缺 800 元，其中 500 元由出纳员周小玲过失造成，300 元由无法查明的其他原因造成。

(1) 报经审批前，根据现金盘点表填制凭证，调整账面记录。

借：待处理财产损溢——待处理流动资产损溢　　　　　　　　　　800

　　贷：库存现金　　　　　　　　　　　　　　　　　　　　　　　800

(2) 报经审批后，根据批复意见，结转入账。

借：其他应收款——应收现金短缺款(周小玲)　　　　　　　　　500

管理费用	300
贷：待处理财产损溢——待处理流动资产损溢	800

（二）盘盈处理

属于应支付给相关人员或单位的盘盈，贷记"其他应付款——应付现金溢余"账户；属于无法查明原因的盘盈，经批准后，贷记"营业外收入——现金溢余"账户。

【例7-3】11月29日，内蒙古温暖羊绒有限公司指派相关人员清查盘点现金时，出纳员周小玲在监督下清点保险柜中的现金，现金的实存额为8 565.3元，现金日记账记录金额为8 065.3元。11月30日，上述现金溢余经查属于少支付给鸿飞广告有限公司的款项。

（1）报经审批前，根据现金盘点表填制凭证，调整账面记录。

借：库存现金	500
贷：待处理财产损溢——待处理流动资产损溢	500

（2）报经审批后，根据批复意见，转为"其他应付款"。

借：待处理财产损溢——待处理流动资产损溢	500
贷：其他应付款——应付现金溢余（鸿飞广告）	500

【例7-4】如果例7-3中溢余的现金无法查明原因，经批准后，应作为营业外收入处理：

借：待处理财产损溢——待处理流动资产损溢	500
贷：营业外收入——现金溢余	500

任务三　银行存款的清查

一、清查方法

银行存款的清查方法与库存现金清查方法不同，银行存款的清查基本采取存款单位与银行对账单核对的方法进行。

在核对双方账目前，存款单位应事先检查银行存款账户记录是否完整、正确，逐一核对银行存款的收款凭证和付款凭证是否全部入账，以保证账证相符。在收到银行送来的对账单后，应将银行存款账户上的每笔业务与银行送来的对账单逐笔勾对。

二、分析差异原因

当发现双方账面余额不一致时，一方面可能是双方账簿记录发生错记、漏记，应予以及时查清更正；另一方面则可能是由于双方凭证传递时间上的差异，而发生未达账项所致。

未达账项是指由于收、付款的结算凭证在传递、接收时间上不一致而导致的一方已经入账，另一方没有接到凭证尚未入账的收付款项。对于发现的未达账项，应编制银行存款余额调节表进行调整。

未达账项一般是指存款单位已经入账而银行尚未入账的款项和银行已经入账而企业尚未入账的款项，具体有以下四种情况：

（1）存款单位已经收款入账，银行尚未收款入账；

（2）存款单位已经付款入账，银行尚未付款入账；

（3）银行已经收款入账，存款单位尚未收款入账；

（4）银行已经付款入账，存款单位尚未付款入账。

上述（1）（4）两种情况的出现会使存款单位银行存款账户账面余额大于开户银行对账单所列示的存款余额；（2）（3）两种情况的出现会使存款单位银行存款账户账面余额小于开户银行对账单所列示的存款余额。

表 7-1　银行存款余额调节表

企业名称及账号：　　　　　　年　　月　　日　　　　　　　　单位：元

项　目	金　额	项　目	金　额
银行对账单存款余额		企业银行存款账面余额	
加企业已收银行未收		加银行已收企业未收	
减企业已付银行未付		减银行已付企业未付	
调整后存款余额		调整后存款余额	

企业银行存款日记账余额＋银行已收企业未收款项－银行已付企业未付款项＝银行对账单余额＋企业已收银行未收款项－企业已付银行未付款项

【例 7-5】内蒙古温暖羊绒制品有限公司 2018 年 5 月 31 日银行存款日记账面余额 61 200 元，开户银行送来的对账单所列示的余额为 64 400 元，经逐笔核对，发现未达账项如下：

（1）5 月 28 日，企业收到购货单位转账支票 2 000 元，已计入企业银行存款账，但支票尚未送存银行，因而银行尚未记账。

（2）5 月 29 日，企业开出现金支票支付职工差旅费，计 800 元，企业已记账，持票人尚未到银行取款，故银行尚未记账。

（3）5 月 30 日，银行收到企业委托代收销货款 5 000 元，已收存银行，企业因未收到收款通知而未记账。

（4）5 月 31 日，银行计算企业应付银行借款利息 600 元，银行已划账，企业因未收到付款通知而未记账。

现编制银行存款余额调节表，如表 7-2 所示。

表 7-2　银行存款余额调节表

2018 年 05 月 31 日　　　　　　单位：元

项　目	金　额	项　目	金　额
银行对账单存款余额	64 400	企业银行存款账面余额	61 200
加企业已收银行未收	2 000	加银行已收企业未收	5 000
减企业已付银行未付	800	减银行已付企业未付	600
调整后存款余额	65 600	调整后存款余额	65 600

根据存款单位银行存款日记账、银行对账单余额和未达账项的关系可得：

64 400＋2 000－800＝61 200＋5 000－600

即   65 600＝65 600

　　调整后的存款余额只能说明存款单位可以动用银行存款的实有数，不能作为调整账户的依据。对于未达账项，应该在收到有关凭证后，再进行账务处理。

任 务 四　往来款项的清查

　　往来款项的清查是指对有关应收账款、应付账款、预收账款和预付账款等进行的清查。为了保证债权债务账簿记录的正确性，促进企业及时结清债权债务，防止长期拖欠，应定期对往来款项进行清查。往来款项的清查一般采用函证核对法进行。

一、结出往来明细账余额

　　各单位清查前，应由负责往来的会计对本企业账簿中记录的债权债务事项逐项核对，自行检查账簿记录是否完整、正确，对发现的差错和未及时入账的事项按规定更正并及时入账后结出各往来明细账的余额，以备核对使用。

二、编制往来款项对账单

　　为了逐一核对各项往来的实际金额，避免企业人员截留款项挪作他用或未及时入账等情况，应由清查人员根据往来会计所提供的各往来明细账户余额编制往来款项对账单，并送交对方单位进行核对。往来款项对账单如图 7-2 所示。

往来款项对账单

大伟商贸有限公司：

　　根据我单位账簿记录，贵公司与我单位的往来款项如下：

结账日期	欠贵公司	贵公司欠
2018 年 10 月 31 日止		180 000 元

　　请贵公司核对无误后签章证明，将此信寄回，如有不符，请将情况（包括时间、内容、金额、不符原因）告知。

单位（签章）
2018 年 10 月 11 日

- -

（注：本函仅是对账，如结账日期后已付清，仍请复函）

（回函）

＊＊单位：

　　在来信所述的结账日期，本公司与贵单位的往来款项　$\dfrac{相符}{不相符（附清单）}$

单位（签章）
年　月　日

图 7-2　往来款项对账单

任 务 五　存货的清查

一、确定存货实存的方法

确定存货实存的方法有实地盘点法、技术推算法和抽样盘点法。

二、确定存货账存的方法

财产物资的盘存制度有永续盘存制和实地盘存制两种。在不同的盘存制度下，企业各项财产物资在账簿中的记录方法和清查盘点的目的是不同的。

（一）永续盘存制

永续盘存制又叫账面盘存制，是指平时对各项财产物资的增加数和减少数都要根据会计凭证计入有关账簿，并随时在账簿中结出各种财产物资的账面结存数额，其目的是以账存数控制实存数。

在永续盘存制下，期末账面结存数的计算公式如下：

期初结存数＋本期增加数－本期减少数＝期末结存数

采用永续盘存制，日常核算的工作量较大，但手续严密。通过账簿连续记录，可以随时了解财产物资的收、发、存情况，发现问题可以及时处理，弥补管理上的漏洞，有利于加强财产物资的管理。如无特殊说明，本书有关财产物资的登记都是按永续盘存制处理的。

（二）实地盘存制

采用实地盘存制的企业，平时在账簿记录中只登记财产物资的增加数，不登记减少数。月末，通过对财产物资的实地盘点来作为账面结存，然后再倒挤出本期减少数，据以登记账簿。在实地盘存制下，本期减少数的计算公式如下：

期初结存数＋本期增加数－期末实地盘存数＝本期减少数

由此可见，在实地盘存制下，月末对财产物资进行清查盘点，可以确定期末账面结存，并倒挤出本期减少数，这有悖财产清查的初衷。同时，采用实地盘存制，虽然核算工作较简单，但手续不严密，可能掩盖财产物资管理上存在的问题，致使成本核算不真实。因此，除非特殊情况，企业一般不宜采用实地盘存制。

综上所述，不论财产物资账面结存数的确定采用哪一种方法，企业对财产物资都必须定期或不定期地进行清查盘点。

三、存货清查结果的账务处理

企业存货的盘盈、盘亏首先应通过"待处理财产损溢"账户进行反映，并将盘亏和毁损的财产物资从其账户上予以冲减，盘盈的财产物资计入相应账户，通过调整账簿记录做到账实相符；其次，对财产清查中发现的盘盈、盘亏，应于期末前查明原因，并根据企业的管理权限，经股东大会、董事会、经理会议等类似机构批准后，在期末前处理完毕。

存货的盘盈，如果金额占到企业当年年末存货、固定资产余额的10%以上的，属于前期差错，应按照《企业会计准则第28号——会计政策、会计估计变更和差错更正》的规定进行处理，这部分内容将在"财务会计"课程中学习。

（一）存货盘盈的处理

发生各种材料、产成品盘盈时，应按照该资产的重置成本，借记"原材料""库存商品"等账户，贷记"待处理财产损溢"账户；按照程序批准转销时，对于流动资产的盘盈，借记"待处理财产损溢"账户，贷记"管理费用"等账户。

【例7-6】2018年10月29日，内蒙古温暖羊绒有限公司在财产清查中，发现3号库房彩线盘盈10包，单包价值150元，10月30日，经查实盘盈原因是收发货失误导致，报请公司批准后，冲减管理费用。

发现盘盈后的账务处理：

借：原材料——套装彩线　　　　　　　　　　　　　　　　　　　1 500
　　贷：待处理财产损溢——待处理流动资产损溢　　　　　　　　　　　　1 500

经查，批准后的处理：

借：待处理财产损溢——待处理流动资产损溢　　　　　　　　　　1 500
　　贷：管理费用——存货盘盈　　　　　　　　　　　　　　　　　　　1 500

（二）存货盘亏的处理

原材料、产成品等存货发生盘亏和毁损时，应借记"待处理财产损溢"账户，贷记"原材料""库存商品"等账户；经批准后，根据造成毁损的原因，区分以下几种情况分别处理。

（1）属于自然损耗产生的定额内的合理损耗，经批准后即可计入"管理费用"账户。

（2）属于超定额短缺和存货毁损的，能确定过失人的应由过失人负责赔偿，属于保险公司赔偿的，向保险公司索赔，计入"其他应收款"账户；扣除过失人或保险公司赔款后，经批准计入"管理费用"账户。

（3）属于自然灾害及意外事故造成的损失，首先，应将可以收回的残料价值借记"原材料"账户；其次，应向保险公司索赔，计入"其他应收款"账户；最后，应将扣除残料价值及可以收回的保险赔偿和过失人的赔偿后的余值作为非常损失，借记"营业外支出——非常支出"账户。

（4）属于无法收回的其他损失，在报经批准后，计入"管理费用"账户的借方。

【例7-7】8月28日，内蒙古温暖羊绒有限公司在财产清查过程中，发现毁损植物染色剂5袋，单价100元。8月31日，经查明原因为仓库屋顶漏雨造成，经批准后计入"管理费用"账户。原始凭证如图7-3和图7-4所示。

盘 存 单

单位名称：内蒙古温暖羊绒有限公司

财产类别：原料及主要材料　　　　　　　　材料编号：G106

盘点时间：2016年8月28日　　　　　　　　存放地点：北一库

编号	名称	计量单位	数量	单价	金额	备注
G106	植物染色剂	袋	90	100	9 000	

盘点人：张伟　　　　　　　　保管人：李强

图7-3　盘存单

账存实存对比表

单位名称：内蒙古温暖羊绒有限公司　　　　2016 年 8 月 28 日

编号	类别及名称	计量单位	单价	实存		账存		对比结果				备注
				数量	金额	数量	金额	盘盈		盘亏		
								数量	金额	数量	金额	
G106	植物染色剂	袋	100	90	9 000	95	9 500			5	500	漏雨毁损

处理决定：

　　上述盘亏计入"管理费用"账户。

　　同意。

　　　　　　　　　　　　　　　　　　　　　　　　　　总经理：王华

审核人：刘东　　　　　　　　制表人：马飞

图 7-4　账存实存对比表

（1）8 月 28 日，根据报表编制记账凭证，编制会计分录如下：

借：待处理财产损溢——待处理流动资产损溢　　　　　　　　　　　500

　　贷：原材料——植物染色剂　　　　　　　　　　　　　　　　　　　500

（2）查明原因后，经批准计入管理费用：

借：管理费用——盘亏损失　　　　　　　　　　　　　　　　　　500

　　贷：待处理财产损溢——待处理流动资产损溢　　　　　　　　　　500

自我测验

一、单项选择题

1. 下列情况中，既属于局部清查又属于不定期清查的是（　　　）。

A. 月末，出纳小王对单位的银行存款进行清查核对

B. 单位财务部发生盗窃事件，出纳小李对库存现金进行盘点

C. 月初，单位刘厂长辞职，企业对各项资产进行清查盘点

D. 年末决算时，企业对各项资产进行清查

2. 某企业 2018 年 12 月 31 日银行存款日记账账面余额为 217 300 元，开户银行送来对账单所列本企业存款余额为 254 690 元，经核对，发现未达账项如下：①银行收到委托收款结算方式下的结算款 42 100 元，企业尚未收到收款通知；②企业收到金额为 21 600 元的转账支票一张，银行方面尚未办理相关手续；③银行代扣本企业水电费 5 000 元企业尚未接到付款通知；④企业开出金额为 21 890 元的支票一张，收款方尚未到银行兑现。根据上述资料，企业可动用的银行存款实有数是（　　　）元。

A. 291 790　　　　　B. 217 010　　　　　C. 254 400　　　　　D. 233 900

3. 在财产清查中填制的账存实存对比表是（　　　）。

A. 登记总分类账的直接依据　　　　B. 调整账簿记录的记账凭证

C. 调整账簿记录的原始凭证　　　　D. 登记日记账的直接依据

4. 对价值小、数量多，不便于一一清点的财产应该采用（　　　）进行盘点。

A. 逐一盘点法　　　B. 测量计算法　　　C. 对账单法　　　D. 抽样盘点法

5. 下列对于各项财产清查的结果处理中，正确的是（   ）。

A. 盘盈材料一批，报经批准后，会计处理上应贷记"营业外收入"

B. 发现一笔长款，无法查明原因，报经批准后，会计处理上应贷记"管理费用"

C. 无法支付的应付账款，报经批准后，会计上处理上应贷记"营业外收入"

D. 盘亏固定资产一项，报经批准后，会计处理上应贷记"营业外支出"

6. "待处理财产损溢"科目借方核算（   ）。

A. 发生待处理财产的盘亏或毁损数　　　　B. 固定资产盘盈数

C. 发生待处理财产的盘盈数　　　　　　　D. 结转已批准处理的财产盘亏数

7. 某企业月末银行存款日记账余额为 70 000 元，银行送来的对账单余额为 71 325 元，经对未达账项调节后双方的余额均为 74 925 元，则月末该企业可动用的银行存款的实有数是（   ）元。

A. 70 300　　　　　B. 71 325　　　　　C. 74 925　　　　　D. 4 925

8. 某企业盘亏固定资产一项，账面原价为 50 000 元，累计折旧为 23 000 元，则经批准后记入"营业外支出"账户的金额应为（   ）元。

A. 27 000　　　　　B. 50 000　　　　　C. 23 000　　　　　D. 0

9. 对财产清查中查明的财产物资的盘盈盘亏，在审批之前应编制记账凭证并及时调整有关账簿记录，下列关于该工作目的的表述中，正确的是（   ）。

A. 确保账簿记录与实际盘存数相符　　　　B. 确保总账与明细账相符

C. 确保盘盈数与盘亏数相符　　　　　　　D. 确保明细账与记账凭证相符

10. 年终结算前，企业应（   ）。

A. 对所有财产进行实物盘点　　　　　　　B. 对重要财产进行局部清查

C 对所有财产进行全面清查　　　　　　　D. 对货币性财产进行重点清查

11. 库存现金清查应采用的方法是（   ）。

A. 核对　　　　　B. 查询　　　　　C. 实地盘点　　　　　D. 技术推算

12. 企业在进行现金清查时，查出现金溢余，并将溢余数计入"待处理财产损溢"科目。后经进一步核查，无法查明原因，经批准后，对该现金溢余正确的会计处理方法是（   ）。

A. 将其从"待处理财产损溢"科目转入"管理费用"科目

B. 将其从"待处理财产损溢"科目转入"营业外收入"科目

C. 将其从"待处理财产损溢"科目转入"其他应付款"科目

D. 将其从"待处理财产损溢"科目转入"其他应收款"科目

13. 企业在遭受自然灾害后，对其受损的财产物资进行清查，属于（   ）。

A. 局部清查和定期清查　　　　　　　　　B. 全面清查和定期清查

C. 局部清查和不定期清查　　　　　　　　D. 全面清查和不定期清查

14. 财产清查是对（   ）进行盘点和核对，确定实存数，并查明账存数与实存数是否相符的一种专门方法。

A. 存货　　　　　B. 固定资产　　　　　C. 货币资金　　　　　D. 各项财产

15. 银行存款清查的方法是（   ）。

A. 定期盘存法　　　　　　　　　　　　　B. 和往来单位核对账目的方法

C. 实地盘存法　　　　　　　　　　D. 与银行核对账目的方法

16. 按照清查的时间分类，企业在进行合并或撤销时，需要对其财产物资进行（　　）。

A. 定期清查　　　B. 不定期清查　　　C. 全面清查　　　D. 局部清查

17. 盘存表是一张反映企业财产物资实有数的（　　）。

A. 记账凭证　　　B. 汇总凭证　　　C. 累计凭证　　　D. 自制原始凭证

18. 财产清查中，盘亏是由于自然灾害造成的，扣除保险公司赔偿部分后应计入（　　）。

A. 其他应收款　　　B. 管理费用　　　C. 营业外支出　　　D. 其他业务成本

19. 单位在进行资产重组时，一般应进行（　　）。

A. 局部清查　　　B. 全面清查　　　C. 重点清查　　　D. 抽查

20. 企业每期期末对库存现金进行清查盘点。按清查时间划分，该项财产清查属于（　　）。

A. 定期清查　　　B. 不定期清查　　　C. 全面清查　　　D. 局部清查

二、多项选择题

1. 下列关于往来款项清查的论述中，正确的有（　　）。

A. 往来款项的清查主要是对应收款、应付款、暂收款等款项的清查

B. 往来款项的清查一般采用向对方单位发函询证的方法进行核对

C. 在保证往来款项账户记录完整正确的基础上，向对方单位填发对账单

D. 收到对方往来单位回单后，应据此编制调整有关往来款项账户记录

2. 某企业为小规模纳税企业，月初库存 A 材料 100 千克，单位成本 80 元；本月购入 A 材料 700 千克，单位成本 80 元；本期生产领用 A 材料 300 千克。期末经实地盘点，A 材料实存 450 千克。下列表述中，正确的有（　　）。

A. 永续盘存制下，本月领用 A 材料的成本为 24 000 元

B. 永续盘存制下，A 材料的账面余额为 40 000 元

C. 实地盘存制下，本月领用 A 材料的成本为 28 000 元

D. 永续盘存制下，A 材料盘亏 4 000 元，若系收发计量错误，应计入管理费用

3. 下列关于库存现金清查的表述中，错误的有（　　）。

A. 出纳人员应该对库存现金进行定期或不定期的专门清查

B. 清查小组对库存现金进行清查时，出纳人员必须在场，现金应逐张查点

C. 盘点完后应编制现金盘点表，并由会计机构负责人和出纳人员共同签章

D. 现金盘点表兼有盘存单和实存账存对比表的作用

4. 编制银行存款余额调整表时，应调整企业银行存款日记账余额的业务有（　　）。

A. 企业已付，银行未付　　　　　　B. 企业已收，银行未收

C. 银行已付，企业未付　　　　　　D. 银行已收，企业未收

5. 银行存款日记账与银行对账单不一致，可能是（　　）。

A. 银行记账有错误　　　　　　　　B. 企业记账有错误

C. 双方记账均有错误　　　　　　　D. 存在未达账项

6. 下列关于财产清查的表述中，正确的有（　　）。

A. 财产清查的根据是记账凭证

B. 财产清查要求通过对企业的货币资金、存货、固定资产等实物资产的盘点或核对，

确定其实存数

    C. 财产清查是核实实存数与账面结存数是否相符的一种专门方法

    D. 财产清查要求通过对企业的债权债务等往来款项的核对，确定其实存数

7. "待处理财产损溢"账户借方核算的内容有(　　)。

    A. 发生待处理财产的盘亏数或毁损数

    B. 结转已批准处理的财产盘盈数

    C. 发生待处理财产的盘盈数

    D. 结转已批准处理的财产盘亏数或毁损数

8. 下列情况中，需要进行定期局部财产清查的有(　　)。

    A. 贵重的财产物资清查　　　　　　　　B. 企业进行股份制改制前

    C. 企业的债权债务清查　　　　　　　　D. 单位主要负责人调离时

9. 财产清查按照清查的对象和范围可以分为(　　)。

    A. 定期清查　　　　B. 局部清查　　　　C. 不定期清查　　　　D. 全面清查

10. 对于企业发生现金长款，在批准前应(　　)。

    A. 借记"营业外收入"科目　　　　　　　B. 借记"库存现金"科目

    C. 贷记"库存现金"科目　　　　　　　　D. 贷记"待处理财产损溢"科目

11. 盘亏的存货，报经批准处理后，进行账务处理时，应该区分各种情况分别计入
(　　)。

    A."管理费用"　　　　　　　　　　　　B."销售费用"

    C."营业外支出"　　　　　　　　　　　D."其他应收款"

12. 下列各项中，会导致企业银行存款日记账余额小于银行对账单余额的事项有
(　　)。

    A. 企业开出支票，收款方尚未到银行兑现

    B. 银行误将其他企业的存款计入本企业存款户

    C. 银行代扣本企业水电费，企业尚未接到付款通知

    D. 银行收到委托收款结算方式下的结算款项，企业尚未收到收款通知

13. 财产物资的盘存制度有(　　)。

    A. 收付实现制　　　　B. 权责发生制　　　　C. 实地盘存制　　　　D. 永续盘存制

14. 导致企业银行存款账面余额小于银行对账单余额的未达账项有(　　)。

    A. 企业已收款入账，银行尚未入账　　　B. 企业已付款入账，银行尚未入账

    C. 银行已收款入账，企业尚未入账　　　D. 银行已付款入账，企业尚未入账

15. 下列情况下，(　　)，企业需要进行不定期清查。

    A. 企业被兼并、破产时　　　　　　　　B. 发生自然灾害或盗窃时

    C. 财产保管人员发生变动时　　　　　　D. 每期期末时

三、判断题

1. 在清查现金时，对于尚未入账的临时性借条及暂未领取的代保管现金，均不得计
入实存数。(　　)

2. 未达账项并非错账、漏账，应在银行存款余额调节表中进行调节，并据以进行账
务处理。(　　)

3. 财产清查盘点后，填写的存货盘存单需经盘点人员和实物保管人员共同签章方能有效。（　　）

4. 企业对于外部单位往来款项的清查，一般采取编制对账单寄交给对方单位的方式进行，因此属于账账核对。（　　）

5. 实施财产清查盘点实物资产时，为了明确责任，单位负责人必须在场。（　　）

6. 未达账项是指针对同一笔业务，银行已经记账，而企业因未收到有关凭证而尚未记账的账项。（　　）

7. 对各项实物的清查，不但要求在数量上清查，而且应在质量上进行清查。（　　）

8. 从财产清查的对象和范围来看，全面清查只有在年终进行。（　　）

9. 企业在现金清查中，经检查仍然无法查明原因的现金溢余，批准后应该冲减管理费用。（　　）

10. 现金盘点表应由盘点人员和会计机构负责人共同签章方能生效。（　　）

能力拓展

实 训 一

某企业在财产清查中发现短缺设备一台，原始价值为 25 000 元，已提折旧 8 100 元。企业已将上述情况报请领导审批。

要求：编制审批前后的有关会计分录。

实 训 二

某企业在财产清查中发现甲材料盘盈 30 千克，单价 25 元，经查是由于计量差错造成账面记录少记所致。上述情况已报请领导审批。

要求：编制审批前后的有关会计分录。

实 训 三

某企业在财产清查中发现乙材料毁损 12 件，单位成本 40 元；发现丙材料短缺 2 件，毁损 50 件，单位成本 60 元。经估价，丙材料毁损部分可收得残料 1 000 元。经调查，短缺丙材料系保管员责任所致，应由其赔偿，毁损丙材料为火灾所致，保险公司已答应赔偿 1 500 元，其余属于一般性经营损失。上述情况已报请领导审批。

要求：编制审批前后的有关会计分录。

实 训 四

某企业 2018 年 10 月银行存款日记账和银行对账单记录如表 7-3 和表 7-4 所示。

表 7-3 企业银行存款日记账　　　　　　　　　　　　　　　　　　单位：元

日　期	凭证号	摘　要	借　方	贷　方	余　额
		期初余额			100 000
10 月 3 日	♯4500	取得短期借款	100 000		
10 月 5 日	♯4506	支付圆钢款		3510	
10 月 8 日	♯4507	支付方钢款		40800	
10 月 10 日	♯4508	收取销售款	16800		

续表

日　期	凭证号	摘　要	借　方	贷　方	余　额
10 月 15 日	♯4509	支付广告费		2000	
10 月 18 日	♯4510	支付办公费		500	
10 月 20 日	♯4512	收取销售款	32500		
10 月 25 日	♯4511	交纳税金		4950	
10 月 26 日	♯4517	提取现金		38000	
10 月 30 日	♯4518	支付专利款		50800	

表 7-4　银行对账单

单位名称：某企业　　　　　　　　　　　　　　　　　　　　　　　　　　　　　　单位：元

日　期	交　易	凭证号	借　方	贷　方	余　额
	承上页				100 000
10 月 2 日	取得短期借款	♯4500		100 000	
10 月 3 日	提取现金	♯4504	2 000		
10 月 5 日	支付采购款	♯4506	3 510		
10 月 10 日	支付采购款	♯4507	40 800		
10 月 15 日	支付广告费	♯4509	2 000		
10 月 18 日	代收销售款	♯4512		32 500	
10 月 20 日	存入利息	♯4513		1 930	
10 月 20 日	代付电费	♯4515	1 000		
10 月 26 日	提取现金	♯4517	38 000		
10 月 30 日	支付专利款	♯4518	50 800		

要求：根据以上资料编制该企业银行存款余额调节表。

财务会计报告

学习目标

职业能力目标 ☞

- 能够根据总账与明细账正确编制资产负债表。
- 能够根据总账正确编制利润表。
- 能够向相关部门报送财务会计报告。

知识点 ☞

财务会计报告　财务报表　财务报表的种类　财务报表编制要求
资产负债表　利润表　现金流量表　所有者权益变动表

技能点 ☞

编制资产负债表　编制利润表

任务一 认识财务会计报告

【例8-1】李美在大学期间学的是服装设计与制作专业，大学毕业后，靠着自己对服装行业的了解决定成立一家制衣厂。李美在大学期间靠服装设计等结余5万元，父母为了支持李美创业投资了15万元，并以一处旧院落作价10万元出资，经过李美的努力，以注册资本30万元成立里美服装厂。

此时，我们要简单了解一下里美服装厂的基本情况，如表8-1所示。

表8-1 里美服装厂基本情况（资产30万元）　　　　　　单位：万元

资金的占用形式	金　额	资金的来源	金　额
货币资金	20	负债	0
固定资产	10	所有者权益	30
合　计	30	合　计	30

服装厂成立后，李美又以服装厂的名义向银行申请了10万元的贷款，购买了一些服装生产设备花费10万元，购入布匹等生产用材料5万元。

此时，里美服装厂的基本情况又是什么样呢，如表8-2所示。

表8-2 里美服装厂基本情况（资产40万元）　　　　　　单位：万元

资金的占用形式	金　额	资金的来源	金　额
货币资金	15	负债	10
存货	5		
固定资产	20	所有者权益	30
合　计	40	合　计	40

经过一年的运营，大家思考一下，有谁会关心李美的服装厂呢？首先，李美的父母想知道服装厂究竟经营的怎么样？服装厂都有哪些资产？欠了别人多少钱？今年有没有盈利？盈利是多少？其次，银行也关心里美服装厂的经营情况，想知道服装厂是否盈利，盈利了是否能有现金偿还自己的欠款？而李美自己呢，也关心自己的服装厂的具体情况。

要反映企业的财务状况、经营成果以及现金流量的基本情况，就要引入本项目的财务会计报告。

一、财务会计报告的含义及构成

▶ 1. 财务会计报告的含义

财务会计报告又称财务报告，是指企业对外提供的反映企业某一特定日期的财务状况和某一会计期间的经营成果、现金流量等会计信息的文件。

▶ 2. 财务会计报告的构成

财务会计报告包括财务报表和其他应在财务报告中披露的相关信息和资料，如图8-1

所示。其中，财务报表由报表本身及其附注两部分构成，附注是财务报表的有机组成部分，而报表至少应当包括资产负债表、利润表、和现金流量表等。全面执行企业会计准则体系的企业所编制的财务报表，还应包括所有者权益（股东权益）变动表。

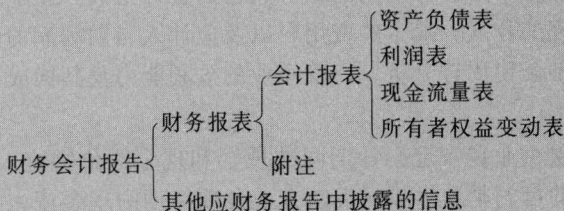

图 8-1 财务会计报告的构成

财务报表是财务报告的核心内容，但是除了财务报表之外，财务报告还应当包括其他相关信息，具体可以根据有关法律法规的规定和外部使用者的信息需求而定。例如，企业可以在财务报告中披露其承担的社会责任、对社区的贡献、可持续发展能力等信息，这些信息与使用者的决策也是相关的，尽管属于非财务信息，无法包括在财务报表中，但是如果有规定或者使用者有需求，企业应当在财务报告中予以披露。

思考：有的人认为会计报表就是财务报表，这种观点正确吗？

要点提示：这种观点不正确。会计报表与财务报表既有联系又有区别。财务报表是由会计报表和附注组成的，财务报表中的会计报表主要包括资产负债表、利润表和现金流量表，它们是对外提供的报表，由此可见两者之间是有密切联系的；两者的区别是会计报表除包括对外提供的财务报表，还包括企业不对外提供的各类报表，如财务分析表、成本报表，由此可见两者之间也有明显区别。

▶ **3. 财务报告目标**

《企业会计准则——基本准则》规定，财务报告的目标是向财务报告使用者提供与企业财务状况、经营成果和现金流量等有关的会计信息，反映企业管理层受托责任履行情况，有助于财务报告使用者做出经济决策。

财务报告使用者主要包括投资者、债权人、政府及其有关部门和社会公众等，满足投资者的信息需要是企业财务报告编制的首要出发点。近年来，我国企业改革持续深入，产权日益多元化，资本市场快速发展，机构投资者及其他投资者队伍日益壮大，对会计信息的要求日益提高。在这种情况下，投资者更加关心其投资的风险和报酬，他们需要会计信息来帮助其做出决策，比如决定是否应当买进、持有或者卖出企业的股票或者股权，他们还需要信息来帮助其评估企业支付股利的能力等。因此，《企业会计准则——基本准则》将投资者作为企业财务报告的首要使用者，凸现了投资者的地位，体现了保护投资者利益的要求，是市场经济发展的必然。

二、财务报表

(一) 财务报表的含义及组成

财务报表是对企业财务状况、经营成果和现金流量的结构性表述。

财务报表至少应当包括下列组成部分。

▶ **1. 资产负债表**

资产负债表是反映企业在某一特定日期的财务状况的会计报表。企业编制资产负债表的目的是通过如实反映企业的资产、负债和所有者权益金额及其结构情况，从而有助于使用者评价企业资产的质量以及短期偿债能力、长期偿债能力、利润分配能力等。

▶ 2. 利润表

利润表是反映企业在一定会计期间的经营成果的会计报表。企业编制利润表的目的是通过如实反映企业实现的收入、发生的费用，以及应计入当期利润的利得和损失等金额及其结构情况，从而有助于使用者分析、评价企业的盈利能力及其构成与质量。

▶ 3. 现金流量表

现金流量表是反映企业在一定会计期间的现金和现金等价物流入和流出的会计报表。企业编制现金流量表的目的是通过如实反映企业各项活动的现金流入和现金流出，从而有助于使用者评价企业生产经营过程中，特别是经营活动中所形成的现金流量和资金周转情况。

考虑到小企业规模较小，外部信息需求量相对较少，因此，小企业编制的报表可以不包括现金流量表。

▶ 4. 所有者权益变动表

所有者权益变动表是反映企业在一定时期构成所有者权益的各组成部分的增减变动情况的报表。

▶ 5. 财务报表附注

财务报表附注是对在会计报表中列示项目所做的进一步说明，以及对未能在这些报表中列示项目的说明等。附注由若干附表和对有关项目的文字性说明组成。

企业编制附注的目的是通过对财务报表本身做补充说明，以更加全面、系统地反映企业财务状况、经营成果和现金流量的全貌，从而有助于向使用者提供更为有用的决策信息，帮助其做出更加科学、合理的决策。

财务报表的上述组成部分具有同等的重要程度。

（二）财务报表的分类

▶ 1. 按照报表反映的经济内容分类

按照报表反映的经济内容的不同，可分为反映财务状况的报表、反映经营成果的报表和反映现金流量的报表。

反映财务状况的财务报表是指反映企业在一定时点上的资产、负债和所有者权益状况的财务报表，如资产负债表、所有者权益变动表等。

反映经营成果的财务报表是指反映企业在一定时期内利润情况的财务报表，如利润表等。

反映现金流量的财务报表是指反映企业在一定时期内的经营活动、投资活动和筹资活动所产生的现金流入、流出情况的财务报表，如现金流量表。

▶ 2. 按照报表编制与报送时间分类

按照报表编制与报送时间的不同，可分为中期报表和年度报表。

中期财务报表是指以短于一个完整会计年度的报告期为基础编制的财务报表，包括月报、季报和半年报等。中期财务报表至少应包括资产负债表、利润表、现金流量表和附注。月报在每月终了时编制，应于月份终了后的 6 日内报出；季报在每季度终了时编制，应于季度终了后的 15 日内报出；半年报在半年终了时编制，应于半年终了后的 60 日内报出。

年度财务报表也称年终决算报表，在年末编制，反映企业全年的财务状况、经营成果和现金流量。与中期财务报表相比，年度财务报表包含的报表种类最为全面，列报的项目最为完整，附注的披露也最为详尽。年报在每年年度终了时编制，应在年度终了后4个月内对外报出。

▶ 3. 按照报表所反映的经济内容的状态分类

按照报表所反映的经济内容的状态不同，可分为静态报表和动态报表。

静态财务报表是指反映企业特定日期财务状况的报表。例如，资产负债表反映在某一特定日期企业资金运动的结果，主要是对期末资产和权益的变动结果进行反映，应根据有关账户的期末余额编报。

动态财务报表是指反映企业在一定时期内经营成果、现金流量变动情况的报表。例如，利润表、现金流量表和所有者权益变动表，主要说明一定时期内企业资金运动的状态，应根据有关账户的发生额和相关报表数字编报。

▶ 4. 按照报表编制的主体分类

按照报表编制的主体不同，可分为个别报表和合并报表。

个别财务报表是指由企业在自身会计核算的基础上对账簿记录进行加工而编制的报表，主要反映企业自身的财务状况、经营成果和现金流量情况。

合并财务报表是指以母公司和子公司组成的企业集团为会计主体，根据母公司和所属子公司的财务报表及相关资料，由母公司编制的综合反映企业集团财务状况、经营成果和现金流量的报表。

三、财务报表编制的基本要求

(一) 以持续经营为基础编制

企业应以持续经营为基础，根据实际发生的交易和事项，按照《企业会计准则——基本准则》和其他各项会计准则的规定进行确认和计量，并在此基础上编制财务报表。如果以持续经营为基础编制财务报表不合理，企业应采用其他基础编制财务报表，并在附注中声明财务报表未以持续经营为基础编制的事实，披露未以持续经营为基础编制的原因和财务报表的编制基础。

(二) 按正确的会计基础编制

除现金流量表按照收付实现制原则编制外，企业应当按照权责发生制原则编制财务报表。

(三) 至少按年编制财务报表

企业至少应按年编制财务报表。年度财务报表涵盖的期间短于一年的，应披露年度财务报表的涵盖期间、短于一年的原因以及报表数据不具可比性的事实。

(四) 项目列报遵守重要性原则

重要性是指在合理预期下，财务报表某项目的省略或错报会影响使用者据此做出经济决策的，则该项目具有重要性。

重要性应当根据企业所处的具体环境，从项目的性质和金额两方面予以判断，且对各项目重要性的判断标准一经确定，不得随意变更。判断项目性质的重要性，应考虑该项目在性质上是否属于企业日常活动，是否显著影响企业的财务状况、经营成果和现金流量等因素；判断项目金额大小的重要性，应考虑该项目金额占资产总额、负债总额、所有者权益总额、营业收入总额、营业成本总额、净利润、综合收益总额等直接相关项目金额的比重或所属报表单列项目金额的比重。

性质或功能不同的项目,应在财务报表中单独列报,但不具有重要性的项目除外;性质或功能类似的项目,其所属类别具有重要性的,应按其类别在财务报表中单独列报。

某些项目的重要性程度不足以在资产负债表、利润表、现金流量表或所有者权益变动表中单独列示,但对附注却具有重要性,则应在附注中单独披露。

《企业会计准则第30号——财务报表列报》规定在财务报表中单独列报的项目应单独列报,其他会计准则规定单独列报的项目应增加单独列报项目。

(五)保持各个会计期间财务报表项目列报的一致性

财务报表项目的列报应在各个会计期间保持一致,除《企业会计准则》要求改变财务报表项目的列报或企业经营业务的性质发生重大变化后,变更财务报表项目的列报能够提供更可靠、更相关的会计信息外,不得随意变更。

(六)各项目之间的金额不得相互抵销

财务报表中的资产项目和负债项目的金额、收入项目和费用项目的金额、直接计入当期利润的利得项目和损失项目的金额不得相互抵销,但其他会计准则另有规定的除外。

一组类似交易形成的利得和损失应以净额列示,但具有重要性的除外。

资产或负债项目按扣除备抵项目后的净额列示,不属于抵销。

非日常活动产生的利得和损失,以同一交易形成的收益扣减相关费用后的净额列示更能反映交易实质的,不属于抵销。

(七)至少应提供所有列报项目上一个可比会计期间的比较数据

当期财务报表的列报,至少应提供所有列报项目上一个可比会计期间的比较数据,以及与理解当期财务报表相关的说明,但其他会计准则另有规定的除外。

财务报表的列报项目发生变更的,应至少对可比期间的数据按照当期的列报要求进行调整,并在附注中披露调整的原因和性质,以及调整的各项目金额。对可比数据进行调整不切实可行的,应在附注中披露不能调整的原因。

(八)应在财务报表的显著位置披露编报企业的名称等重要信息

企业应在财务报表的显著位置(如表首)至少披露下列各项:①编报企业的名称;②资产负债表日或财务报表涵盖的会计期间;③人民币金额单位;④财务报表是合并财务报表的,应当予以标明。

四、财务报表编制前的准备工作

在编制财务报表前,需要完成下列工作:①严格审核会计账簿的记录和有关资料;②进行全面财产清查、核实债务,并按规定程序报批,进行相应的会计处理;③按规定的结账日进行结账,结出有关会计账簿的余额和发生额,并核对各会计账簿之间的余额;④检查相关的会计核算是否按照国家统一的会计制度的规定进行;⑤检查是否存在因会计差错、会计政策变更等原因需要调整前期或本期相关项目的情况等。

课外阅读

关于财务报告

在日常的会计核算中,对于会计主体在一定时期内发生的各项经济业务或事项,已经按照借贷记账法记账，并通过填制会计凭证和登记账簿等进行了连续、系统、全面、分类的记录和归集。但是，大量的资料分散地反映在各个账户之中，难以集中反映企业的财务状况和经营成果，不便于会计信息使用者对会计信息的使用。为了满足经营管理的需要，须将日常核算资料按照科学的方法和一定的指标定期进行系统的整理，以特定的表式全面、综合地反映企业整个经济活动和财务收支状况，为有关各方提供总括、综合、清晰地反映会计主体财务状况、经营成果和现金流量情况的财务会计信息。

编制财务会计报告是会计核算的又一个专门方法，也是会计核算程序的最后环节。财务会计报告对投资者、债权人、政府及其他有关部门和社会公众来说，是一种十分重要的经济资料。

任务二 编制资产负债表

一、资产负债表的含义

资产负债表是反映企业在某一特定日期的财务状况的财务报表。它是根据资产、负债和所有者权益之间的相互关系，按照一定的分类标准和顺序，把企业一定日期的资产、负债和所有者权益各项目进行适当分类、汇总、排列后编制而形成的。资产负债表表明企业在某一特定日期所拥有或控制的经济资源，所承担的现有债务和所有者对净资产的要求权。

资产负债表的作用主要有：①可以提供某一日期资产的总额及其结构，表明企业拥有或控制的资源及其分布情况；②可以提供某一日期的负债总额及其结构，表明企业未来需要用多少资产或劳务清偿债务以及清偿时间；③可以反映所有者所拥有的权益，据以判断资本保值、增值的情况以及对负债的保障程度。

二、资产负债表的列示要求

(一) 资产负债表列报总体要求

▶ 1. 分类别列报

资产负债表应按照资产、负债和所有者权益三大类别分类列报。

▶ 2. 资产和负债按流动性列报

资产和负债应按照流动性分为流动资产和非流动资产、流动负债和非流动负债分别列示。

▶ 3. 列报相关的合计、总计项目

资产负债表中的资产类至少应列示流动资产和非流动资产的合计项目；负债类至少应列示流动负债、非流动负债以及负债的合计项目；所有者权益类应列示所有者权益的合计项目。

资产负债表应分别列示资产总计项目和负债与所有者权益之和的总计项目，并且这两者的金额应相等。

(二) 资产的列报

资产负债表中的资产类至少应单独列示反映下列信息的项目：①货币资金；②以公允价值计量且其变动计入当期损益的金融资产；③应收款项；④预付款项；⑤存货；⑥被划分为持有待售的非流动资产及被划分为持有待售的处置组中的资产；⑦可供出售金融资

产；⑧持有至到期投资；⑨长期股权投资；⑩投资性房地产；⑪固定资产；⑫生物资产；⑬无形资产；⑭递延所得税资产。

（三）负债的列报

资产负债表中的负债类至少应单独列示反映下列信息的项目：①短期借款；②以公允价值计量且其变动计入当期损益的金融负债；③应付款项；④预收款项；⑤应付职工薪酬；⑥应交税费；⑦被划分为持有待售的处置组中的负债；⑧长期借款；⑨应付债券；⑩长期应付款；⑪预计负债；⑫递延所得税负债。

（四）所有者权益的列报

资产负债表中的所有者权益类至少应单独列示反映下列信息的项目：①实收资本（或股本）；②资本公积；③盈余公积；④未分配利润。

三、资产负债表的格式

资产负债表主要反映资产、负债、所有者权益三方面的内容。资产负债表在形式上由表首和正表两部分组成。表首包括资产负债表的名称、编制单位、编制日期和金额单位；正表是资产负债表的主要部分，包括资产、负债和所有者权益各项金额。

资产负债表的格式主要有报告式和账户式两种。我国《企业会计准则》规定，企业的资产负债表采用账户式结构。

报告式资产负债表又称垂直式资产负债表，表中资产、负债、所有者权益项目自上而下排列。上部按一定顺序列示资产项目，其次列示负债项目，下部列示所有者权益项目。其优点是便于编制比较资产负债表。报告式资产负债表的格式如表 8-3 所示。

表 8-3　资产负债表（报告式）

编制单位：　　　　　　　　　　　年　　月　　日　　　　　　　　　　单位：元

项　　目	期 末 余 额	期 初 余 额
资产		
流动资产		
非流动资产		
资产合计		
负债		
流动负债		
非流动负债		
负债合计		
所有者权益		
实收资本		
资本公积		
盈余公积		
未分配利润		
所有者权益合计		

账户式资产负债表又称水平式资产负债表，分为左右两方：左方为资产项目，按资产的流动大小排列；右方为负债及所有者权益项目，一般按求偿权先后顺序排列，"短期借款""交易性金融负债""应付票据及应付账款"等需要在一年以内或者长于一年的一个营业周期内偿还的排在前面，长期负债排在中间，在企业清算之前不需要偿还的所有者权益项目排在后面。其优点是可以直观反映资产、负债、所有者权益之间的内在关系，即"资产＝负债＋所有者权益"。账户式资产负债表(适用于已执行新金融准则或新收入准则的企业)格式如表 8-4 所示。

表 8-4 资产负债表(账户式)

会企01表

编制单位： 年 月 日 单位：元

资　产	期末余额	年初余额	负债和所有者权益	期末余额	年初余额
流动资产：			流动负债：		
货币资金			短期借款		
交易性金融资产			交易性金融负债		
衍生金融资产			衍生金融负债		
应收票据及应收账款			应付票据及应付账款		
预付款项			预收款项		
其他应收款			合同负债		
存货			应付职工薪酬		
合同资产			应交税费		
持有待售资产			其他应付款		
一年内到期的非流动资产			持有待售负债		
其他流动资产			其他应付款		
流动资产合计			一年内到期的非流动负债		
非流动资产：			其他流动负债		
债权投资			流动负债合计		
其他债权投资			非流动负债：		
长期应收款			长期借款		
长期股权投资			应付债券		
其他权益工具投资			其中：优先股		
其他非流动金融资产			永续债		
投资性房地产			长期应付款		
固定资产			预计负债		
在建工程			递延收益		

续表

资　　产	期末余额	年初余额	负债和所有者权益	期末余额	年初余额
生产性生物资产			递延所得税负债		
油气资产			其他非流动负债		
无形资产			非流动负债合计		
开发支出			负债合计		
商誉			所有者权益：		
长期待摊费用			实收资本		
递延所得税资产			其他权益工具		
其他非流动资产			其中：优先股		
非流动资产合计			永续债		
			资本公积		
			减：库存股		
			其他综合收益		
			盈余公积		
			未分配利润		
			所有者权益合计		
资产总计			负债和所有者权益总计		

四、资产负债表的编制

（一）编制依据

资产负债表的编制依据是"资产＝负债＋所有者权益"。资产负债表的编制过程就是通过对账户资料的有关数据进行归类、整理和汇总，加工成报表项目数据的过程。

（二）"年初余额"栏的填列

资产负债表"年初余额"栏通常根据上年末有关项目的期末余额填列，且与上年末资产负债表"期末余额"栏一致。如果企业上年度资产负债表规定的项目名称和内容与本年度不一致，则应对上年年末资产负债表相关项目的名称和数字按照本年度的规定进行调整，填入"年初余额"栏。

（三）"期末余额"栏的填列

资产负债表"期末余额"栏内各项数字一般应根据资产、负债和所有者权益类科目的期末余额填列，具体方法如下。

▶ 1. 根据一个或几个总账科目的余额填列

资产负债表中的有些项目，如"交易性金融资产""其他债权投资""其他权益""递延所得税资产""短期借款""交易性金融负债""递延所得税负债""实收资本（或股本）""资本公积""库存股""盈余公积"等，应根据有关总账科目的余额填列。

有些项目则需根据几个总账科目的余额计算填列，如"货币资金"项目，需根据"库存现金""银行存款""其他货币资金"三个总账科目余额的合计数填列；"其他应付款"项目应根据"应付利息""应付股利"和"其他应付款"科目的期末余额合计数填列。

▶ 2. 根据有关明细账科目的余额计算填列

资产负债表中的有些项目需要通过对有关总分类账户所属明细账的期末余额进行分析后计算填列。"应付票据及应付账款"项目应根据"应付票据"科目的期末余额，以及"应付账款"和"预付账款"科目所属的相关明细科目的期末贷方余额合计数填列。

"一年内到期的非流动资产""一年内到期的非流动负债"项目应根据有关非流动资产或负债项目的明细科目余额分析填列；"未分配利润"项目应根据"利润分配"科目所属的"未分配利润"明细科目期末余额填列。

▶ 3. 根据总账科目和明细账科目的余额分析计算填列

"长期借款"项目需根据"长期借款"总账科目余额扣除"长期借款"科目所属的明细科目中将在资产负债表日起一年内到期，且企业不能自主地将清偿义务展期的长期借款后的金额计算填列；"其他非流动负债"项目应根据有关科目的期末余额减去将于一年内（含一年）到期偿还数后的金额填列。

▶ 4. 根据有关科目余额减去其备抵科目余额后的净额填列

"应收票据与应收账款""长期股权投资"等项目应根据"应收票据""应收账款""长期股权投资"等科目的期末余额减去"坏账准备""长期股权投资减值准备"等科目余额后的净额填列；"无形资产"项目应根据"无形资产"科目的期末余额，减去"累计摊销""无形资产减值准备"科目余额后的净额填列。"投资性房地产""生产性生物资产""油气资产"项目应根据相关科目的期末余额扣减相关的累计折旧（或摊销、折耗）填列，已计提减值准备的，还应扣减相应的减值准备，采用公允价值计量的上述资产，应根据相关科目的期末余额填列；"长期应收款"项目应根据"长期应收款"科目的期末余额，减去相应的"未实现融资费用"科目和"坏账准备"科目所属相关明细科目期末余额后的金额填列。

▶ 5. 综合运用上述填列方法分析填列

"存货"项目应根据"材料采购""原材料""发出商品""库存商品""周转材料""委托加工物资""生产成本""受托代销商品"等科目的期末余额合计，减去"受托代销商品款""存货跌价准备"科目期末余额后的金额填列。材料采用计划成本核算以及库存商品采用计划成本核算或售价核算的企业，还应按加或减材料成本差异、商品进销差价后的金额填列。

（四）资产负债表各项目期末余额具体列报方法

▶ 1. 资产项目填列说明

（1）"货币资金"项目反映企业库存现金、银行结算户存款、外埠存款、银行汇票存款、银行本票存款、信用卡存款等的合计数。本项目应根据"库存现金""银行存款""其他货币资金"账户的期末余额合计数填列。

【例8-2】里美服装厂2018年12月31日有关科目余额如表8-5所示。

资产负债表中货币资金期末余额应填列的金额＝5 000＋3 520 000＋280 000

＝3 805 000（元）

表 8-5　里美服装厂 2018 年 12 月 31 日有关科目余额(一)　　　　单位：元

科目名称	借方余额
库存现金	5 000
银行存款	3 520 000
其他货币资金	280 000

(2)"交易性金融资产"项目反映资产负债表日企业分类为以公允价值计量且其变动计入当期损益的金融资产，以及企业持有的直接指定为以公允价值计量且其变动计入当期损益的金融资产的期末账面价值。该项目应根据"交易性金融资产"科目的相关明细科目期末余额分析填列。自资产负债表日起超过一年到期且预期持有超过一年的以公允价值计量且其变动计入当期损益的非流动金融资产的期末账面价值，在"其他非流动金融资产"项目反映。

(3)"应收票据及应收账款"项目反映资产负债表日以摊余成本计量的，企业因销售商品、提供服务等经营活动应收取的款项，以及收到的商业汇票，包括银行承兑汇票和商业承兑汇票。该项目应根据"应收票据"和"应收账款"科目的期末余额，减去"坏账准备"科目中相关坏账准备期末余额后的金额填列。

如果企业存在"应收账款"和"预收账款"混用的情况，该项目应根据"应收票据"的期末余额加上"应收账款"和"预收账款"所属明细账借方余额，减去"坏账准备"科目中相关坏账准备期末余额后的金额填列。

【例 8-3】里美服装厂 2018 年 12 月 31 日有关科目余额如表 8-6 所示。

表 8-6　里美服装厂 2018 年 12 月 31 日有关科目余额(二)　　　　单位：元

总账科目	明细账科目	借方余额	贷方余额
应收票据		0	
应收账款		320 000	
	民族商场	350 000	
	联营商场		30 000
预收账款			50 000
	新世界商场		60 000
	天威商场	10 000	

资产负债表中"应收票据及应付账款"项目的填列金额是多少？

"应收票据及应收账款"项目应填列金额=应收票据期末余额+应收账款明细账借方余额+预收账款明细账借方余额-相关坏账准备=350 000+10 000=360 000(元)

(4)"预付款项"项目反映企业按照供货合同规定预付给供货单位的款项。本项目应根据"预付账款"和"应付账款"账户所属各明细账户的期末借方余额合计数，减去"坏账准备"账户中有关预付款项计提的坏账准备期末余额后的金额填列。如果"预付账款"账户所属各明细账户期末有贷方余额的，应在资产负债表"应付账款"项目内填列。

【**例 8-4**】里美服装厂 2018 年 12 月 31 日有关科目余额如表 8-7 所示。

表 8-7　里美服装厂 2018 年 12 月 31 日有关科目余额(三)　　　单位:元

总账科目	明细账科目	借方余额	贷方余额
预付账款		100 000	
	第一纺织厂	120 000	
	第二纺织厂		20 000
应付账款			220 000
	市毛纺厂		234 000
	第三纺织厂	14 000	

资产负债表中"预付款项"项目的填列金额是多少?

"预付款项"应填列金额＝预付账款明细账借方余额＋应付账款明细账借方余额

＝120 000＋14 000＝134 000(元)

(5)"其他应收款"项目应根据"应收利息""应收股利"和"其他应收款"科目的期末余额合计数,减去"坏账准备"科目中相关坏账准备期末余额后的金额填列。

(6)"存货"项目反映企业期末在库、在途和在加工中的各项存货的可变现净值。本项目应根据"材料采购""原材料""低值易耗品""库存商品""周转材料""委托加工物资""委托代销商品""生产成本""受托代销商品"等账户的期末余额合计数,减去"受托代销商品款""存货跌价准备"账户期末余额后的金额填列。

【**例 8-5**】里美服装厂 2018 年 12 月 31 日结账后,原材料总账借方余额 1 100 000 元,低值易耗品 100 000 元,库存商品 1 900 000 元,生产成本 450 000 元,所有存货均未计提存货跌价准备,则年末资产负债表中"存货"项目应填列多少?

"存货"项目应填列的金额＝1 100 000＋100 000＋1 900 000＋450 000＝3 550 000(元)

(7)"一年内到期的非流动资产"项目反映企业将于一年内到期的非流动资产项目金额。本项目应根据有关账户的期末余额填列。

(8)"其他流动资产"项目反映企业除货币资金、交易性金融资产、应收票据、应收账款、存货等以外的其他流动资产。本项目应根据有关账户的期末余额填列。

(9)"债权投资"行项目反映资产负债表日企业以摊余成本计量的长期债权投资的期末账面价值。该项目应根据"债权投资"科目的相关明细科目期末余额,减去"债权投资减值准备"科目中相关减值准备的期末余额后的金额分析填列。自资产负债表日起一年内到期的长期债权投资的期末账面价值,在"一年内到期的非流动资产"行项目反映。企业购入的以摊余成本计量的一年内到期的债权投资的期末账面价值,在"其他流动资产"行项目反映。

(10)"其他债权投资"行项目反映资产负债表日企业分类为以公允价值计量且其变动计入其他综合收益的长期债权投资的期末账面价值。该项目应根据"其他债权投资"科目的相关明细科目期末余额分析填列。自资产负债表日起一年内到期的长期债权投资的期末账面价值,在"一年内到期的非流动资产"行项目反映。企业购入的以公允价值计量且其变动计入其他综合收益的一年内到期的债权投资的期末账面价值,在"其他流动资产"行项目反映。

（11）"长期应收款"项目反映企业长期应收款净额。本项目根据"长期应收款"账户期末余额，减去"未确认融资收益"账户和"坏账准备"账户所属相关明细账户期末余额后的金额填列。

（12）"长期股权投资"项目反映企业持有的对子公司、联营企业和合营企业的长期股权投资。本项目应根据"长期股权投资"账户的期末余额，减去"长期股权投资减值准备"账户期末余额后的金额填列。

（13）"其他权益工具投资"项目反映资产负债表日企业指定为以公允价值计量且其变动计入其他综合收益的非交易性权益工具投资的期末账面价值。该项目应根据"其他权益工具投资"科目的期末余额填列。

（14）"固定资产"项目反映资产负债表日企业固定资产的期末账面价值和企业尚未清理完毕的固定资产清理净损益。该项目应根据"固定资产"科目的期末余额，减去"累计折旧"和"固定资产减值准备"科目的期末余额后的金额，以及"固定资产清理"科目的期末余额填列。

【例 8-6】里美服装厂 2018 年 12 月 31 日结账后的固定资产账户余额为 400 000 元，累计折旧账户余额为 40 000 元，固定资产减值准备账户余额为 60 000 元，该企业年末资产负债表中的"固定资产"项目应填列多少？

"固定资产"项目应填列金额＝400 000－40 000－60 000＝300 000（元）

（15）"在建工程"项目反映资产负债表日企业尚未达到预定可使用状态的在建工程的期末账面价值和企业为在建工程准备的各种物资的期末账面价值。该项目应根据"在建工程"科目的期末余额，减去"在建工程减值准备"科目的期末余额后的金额，以及"工程物资"科目的期末余额，减去"工程物资减值准备"科目的期末余额后的金额填列。

（16）"无形资产"项目反映企业持有的各项无形资产。本项目应根据"无形资产"账户期末余额，减去"累计摊销"和"无形资产减值准备"账户的期末余额后的金额填列。

（17）"长期待摊费用"项目反映企业已经发生但应由本期和以后各期负担的分摊期限在一年以上的各项费用。长期待摊费用中在一年内（含一年）摊销的部分，在资产负债表"一年内到期的非流动资产"项目填列。本项目应根据"长期待摊费用"账户的期末余额，减去将于一年内（含一年）摊销的数额后的金额填列。

（18）"其他非流动资产"项目反映企业除长期股权投资、固定资产、在建工程、无形资产等以外的其他非流动资产。本项目应根据有关账户的期末余额填列。

▶ 2. 负债项目填列说明

（1）"短期借款"项目反映企业向银行或其他金融机构借入的期限在一年以下（含一年）的各种借款。本项目应根据"短期借款"账户的期末余额填列。

（2）"交易性金融负债"项目反映资产负债表日企业承担的交易性金融负债，以及企业持有的直接指定为以公允价值计量且其变动计入当期损益的金融负债的期末账面价值。该项目应根据"交易性金融负债"科目的相关明细科目期末余额填列。

（3）"应付票据及应付账款"项目反映资产负债表日企业因购买材料、商品和接受服务等经营活动应支付的款项，以及开出、承兑的商业汇票，包括银行承兑汇票和商业承兑汇票。该项目应根据"应付票据"科目的期末余额，以及"应付账款"和"预付账款"科目所属的相关明细科目的期末贷方余额合计数填列。

【例8-7】里美服装厂2018年12月31日有关科目余额如表8-8所示。

表8-8 里美服装厂2018年12月31日有关科目余额(四)　　　　单位:元

总账科目	明细账科目	借方余额	贷方余额
应付票据			0
预付账款		100 000	
	第一纺织厂	120 000	
	第二纺织厂		20 000
应付账款			220 000
	市毛纺厂		234 000
	第三纺织厂	14 000	

资产负债表中"应付票据及应付账款"项目的填列金额是多少?

"应付票据及应付账款"项目应填列金额＝应付票据期末余额＋应付账款明细账贷方余额＋预付账款明细账贷方余额＝234 000＋20 000＝254 000(元)

(4)"预收款项"项目反映企业按销货合同规定预收购买单位的款项。本项目根据"预收账款"和"应收账款"账户所属各明细账户的期末贷方余额合计数填列。如果"预收账款"所属明细账户期末有借方余额的,应在资产负债表"应收账款"项目内填列。

【例8-8】里美服装厂2018年12月31日有关科目余额如表8-9所示。

表8-9 里美服装厂2018年12月31日有关科目余额(五)　　　　单位:元

总账科目	明细账科目	借方余额	贷方余额
应收账款		320 000	
	民族商场	350 000	
	联营商场		30 000
预收账款			50 000
	新世界商场		60 000
	天威商场	10 000	

资产负债表中"预收账款"项目的填列金额是多少?

"预收账款"项目应填列金额＝预收账款明细账贷方余额＋应收账款明细账贷方余额＝60 000＋30 000＝90 000(元)

(5)"应付职工薪酬"项目反映企业根据有关规定应付给职工的工资、职工福利、社会保险、住房公积金、工会经费、职工教育经费等各种薪酬。外商投资企业按规定从净利润中提取的职工奖励及福利基金也在本项目列示。本项目应根据"应付职工薪酬"账户的期末贷方余额填列,如果"应付职工薪酬"账户期末为借方余额,以"－"号填列。

(6)"应交税费"项目反映企业按税法规定计算应缴纳的各种税费,包括增值税、消费税、所得税、资源税、土地增值税、城市维护建设税、房产税、土地使用税、教育费附加等。本项目应根据"应交税费"账户的期末贷方余额填列，如果"应交税费"账户期末为借方余额，以"一"号填列。

"应交税费"科目下的"应交增值税""未交增值税""待抵扣进项税额""待认证进项税额""增值税留抵税额"等明细科目期末借方余额，应根据情况在资产负债表中的"其他流动资产"或"其他非流动资产"项目列示；"应交税费——待转销项税额"等科目期末贷方余额，应根据情况在资产负债表中的"其他流动负债"或"其他非流动负债"项目列示；"应交税费"科目下的"未交增值税""简易计税""转让金融商品应交增值税""代扣代交增值税"等科目期末贷方余额，应在资产负债表中的"应交税费"项目列示。

（7）"其他应付款"项目应根据"应付利息""应付股利"和"其他应付款"科目的期末余额合计数填列。

（8）"一年内到期的非流动负债"项目反映企业非流动负债中将于资产负债表日后一年之内到期部分的金额，包括一年内到期的长期借款、长期应付款和应付债券。本项目应根据有关账户的期末余额填列。

（9）"长期借款"项目反映企业向银行或其他金融机构借入的期限在一年以上（不含一年）的各项借款。本项目需根据"长期借款"总账科目余额扣除"长期借款"科目所属的明细科目中将在资产负债表日起一年内到期，且企业不能自主地将清偿义务展期的长期借款后的金额计算填列。

【例 8-9】里美服装厂 2018 年 12 月 31 日，长期借款总账余额为 2 340 000 元，其中有一笔 2016 年 4 月 1 日借入的 3 年期长期借款，借款总额为 2 000 000 元。则里美服装厂 2018 年 12 月 31 日资产负债表中长期借款应填列的金额为多少？

"长期借款"项目应填列的金额＝2 340 000－2 000 000＝340 000（元）

（10）"应付债券"项目反映企业为筹集长期资金而发行的债券本金和利息。本项目应根据"应付债券"账户期末余额填列。

（11）"长期应付款"项目反映资产负债表日企业除长期借款和应付债券以外的其他各种长期应付款项的期末账面价值。本项目应根据"长期应付款"科目的期末余额，减去相关的"未确认融资费用"科目的期末余额后的金额，以及"专项应付款"科目的期末余额填列。

（12）"预计负债"项目应根据"预计负债"科目下的"应付退货款"明细科目是否在一年或一个正常营业周期内清偿，在"其他流动负债"或"预计负债"项目中填列。

（13）"其他非流动负债"项目反映企业除长期借款、应付债券等项目以外的其他非流动负债。本项目应根据有关账户的期末余额填列。

▶ 3. 所有者权益项目填列说明

（1）"实收资本"（或"股本"）项目反映企业各投资者实际投入的资本（或股本）总额。本项目应根据"实收资本"（或"股本"）账户的期末余额填列。

（2）"资本公积"项目反映企业资本公积的期末余额。本项目应根据"资本公积"账户的期末余额填列。

（3）"盈余公积"项目反映企业盈余公积的期末余额。本项目应根据"盈余公积"账户的期末余额填列。

（4）"未分配利润"项目反映企业尚未分配的利润。本项目应根据"本年利润"账户和

"利润分配"账户的期末余额计算填列，若为未弥补的亏损，在本项目内以"－"号填列。

① 平时填列时，应根据"本年利润"账户和"利润分配"账户的期末余额分析计算填列："本年利润"账户和"利润分配"账户的期末余额均在贷方的，用两者余额之和填列；"本年利润"账户和"利润分配"账户的期末余额均在借方的，用两者余额之和以"－"号填列。"本年利润"账户和"利润分配"账户的期末余额一个在借方一个在贷方的，用两者余额相抵后的差额填列，如为借差以"－"号填列。

② 年度终了，应只根据"利润分配"账户的期末余额填列，余额在贷方直接填列，余额在借方以"－"号填列。

（5）其他综合收益。

【例 8-10】里美服装厂 2018 年 12 月 31 日各账户余额如表 8-10 所示。

表 8-10 总分类账户及明细账户期末余额

2018 年 12 月 31 日   单位：元

科 目 名 称	明 细 科 目	借方余额	贷方余额
库存现金		10 500	
银行存款		3 256 000	
交易性金融资产		35 000	
应收票据		2 300	
应收账款		56 000	
	民族商场	56 000	
坏账准备			5 500
预付账款		12 400	
	第一纺织厂	13 000	
	第二纺织厂		600
其他应收款		24 500	
原材料		658 000	
周转材料		63 000	
库存商品		1 850 000	
长期股权投资		65 000	
固定资产		2 268 100	
累计折旧			235 000
在建工程		860 000	
无形资产		85 600	
累计摊销			4 000
长期待摊费用		135 200	
短期借款			650 000

续表

科 目 名 称	明 细 科 目	借 方 余 额	贷 方 余 额
应付账款			24 000
	第三纺织厂		25 000
	第四纺织厂	1 000	
其他应付款			16 000
应付职工薪酬			195 300
应交税费			125 300
应付利息			8 200
应付股利			32 000
长期借款			1 450 000
应付债券			132 000
实收资本			6 120 000
资本公积			236 000
盈余公积			86 800
未分配利润			61 500

注：①坏账准备 5 500 元全部是对应收账款计提的；

②长期借款中有 450 000 元在 2019 年到期。

如果你是里美服装厂的会计人员，现在李美想知道 2019 年年末服装厂的资产、负债、所有者权益等情况，请编制 2019 年年末资产负债表。

第一步：明确表中各项目分析、计算过程。

1. 资产类

(1)"货币资金"项目应根据"库存现金""银行存款""其他货币资金"账户的期末余额合计数填列。

"货币资金"项目应填列金额＝库存现金总账期末余额＋银行存款总账期末余额＋其他货币资金总账期末余额＝10 500＋3 256 000＋0＝3 266 500(元)

(2)"交易性金融资产"项目应根据"交易性金融资产"账户的期末余额填列，为35 000元。

(3)"应收票据及应收账款"项目应根据"应收票据"和"应收账款"科目的期末余额，减去"坏账准备"科目中相关坏账准备期末余额后的金额填列。

"应收票据及应收账款"项目应填列金额＝应收票据总账期末余额＋应收账款明细账借方余额＋预收账款明细账借方余额－相关坏账准备＝2 300＋56 000＋0－5 500＝52 800(元)

(4)"预付款项"项目根据"预付账款"和"应付账款"账户所属各明细账户的期末借方余额合计，减去"坏账准备"账户中有关预付账款计提的坏账准备期末余额后的金额填列。

"预付款项"项目＝预付账款明细账借方余额＋应付账款明细账借方余额－坏账准备账

户中有关预付账款计提的金额＝13 000＋1 000－0＝14 000(元)

(5)"其他应收款"项目应根据"应收利息""应收股利"和"其他应收款"科目的期末余额合计数，减去"坏账准备"科目中相关坏账准备期末余额后的金额填列。

"其他应收款"项目＝应收利息总账期末余额＋应收股利总账期末余额＋其他应收款总账期末余额－坏账准备账户中有关其他应收款计提的金额＝24 500－0＝24 500(元)

(6)"存货"项目应根据"在途物资(材料采购)""原材料""库存商品""周转材料""委托加工物资""生产成本"和"劳务成本"等账户的期末余额合计，减去"存货跌价准备"账户期末余额后的金额填列。

"存货"项目＝总账期末余额(原材料＋周转材料＋库存商品)－存货跌价准备账户期末余额＝658 000＋63 000＋1 850 000－0＝2 571 000(元)

流动资产合计＝3 266 500＋35 000＋52 800＋14 000＋24 500＋2 571 000＝5 963 800(元)

(7)"固定资产"项目＝固定资产总账期末余额－账户期末余额(累计折旧＋固定资产减值准备)－固定资产清理＝2 268 100－235 000－0＝2 033 100(元)

(8)"在建工程"项目＝在建工程总账期末余额－在建工程减值准备总账期末余额＋工程物资总账期末余额－工程物资减值准备总账期末余额＝860 000(元)

(9)"无形资产"项目＝无形资产总账期末余额－账户的期末余额(累计摊销＋无形资产减值准备)＝85 600－4 000＝81 600(元)

(10)"长期待摊费用"项目＝长期待摊费用总账期末余额－将于一年内(含一年)摊销的数额＝135 200(元)

(11)非流动资产合计＝65 000＋2 033 100＋860 000＋81 600＋135 200＝3 174 900(元)

(12)资产总额＝5 963 800＋3 174 900＝9 138 700(元)

(13)短期借款项目与短期借款总账期末余额相等，均为650 000元。

(14)"应付票据及应付账款"项目应根据"应付票据"科目的期末余额，以及"应付账款"和"预付账款"科目所属的相关明细科目的期末贷方余额合计数填列。

"应付票据及应付账款"项目＝应付票据总账的期末余额＋应付账款明细账贷方余额＋预付账款明细账贷方余额＝25 000＋600＝25 600(元)

(15)"其他应付款"项目应根据"应付利息""应付股利"和"其他应付款"科目的期末余额合计数填列。

"其他应付款"项目＝应付利息总账期末余额＋应付股利总账期末余额＋其他应付款总账期末余额＝16 000＋8 200＋32 000＝56 200(元)

(16)"应付职工薪酬"项目与应付职工薪酬总账期末余额相等，均为195 300元。

(17)"应交税费"项目与应交税费总账的期末余额(如为借方余额，以"－"号填列)相等，均为125 300元。

(18)"一年内到期的非流动负债"项目＝一年内到期的(长期借款＋长期应付款＋应付债券)＝450 000(元)

(19)流动负债合计＝650 000＋25 600＋56 200＋195 300＋125 300＋450 000＝1 502 400(元)

(20)"长期借款"项目＝长期借款总账期末余额－一年内到期长期借款＝1 450 000－450 000＝1 000 000(元)

(21)"应付债券"项目＝应付债券总账期末余额－一年内到期的应付债券＝132 000(元)

(22) 非流动负债合计＝1 000 000＋132 000＝1 132 000(元)

(23) 负债合计＝流动负债合计＋非流动负债合计＝1 502 400＋1 132 000＝2 634 400(元)

(24) "实收资本"项目与实收资本总账期末余额相等，均为6 120 000元。

(25) "资本公积"项目与资本公积总账期末余额相等，均为236 000元。

(26) "盈余公积"项目与盈余公积总账期末余额相等，均为86 800元。

(27) "未分配利润"项目为61 500元。

(28) 所有者权益合计＝6 120 000＋236 000＋86 800＋61 500＝6 504 300(元)

(29) 负债及所有者权益和总计＝2 634 400＋6 504 300＝9 138 700(元)

第二步：编制资产负债表(见表8-11)。

表 8-11　资产负债表(简表)

编制单位：里美服装厂　　　　　　　　　2019年12月31日　　　　　　　　　单位：元

资　　　产	期末余额	年初余额	负债和所有者权益	期末余额	年初余额
流动资产：			流动负债：		
货币资金	3 266 500		短期借款	650 000	
交易性金融资产	35 000		交易性金融负债		
应收票据及应收账款	52 800		应付票据及应付账款	25 600	
预付款项	14 000		其他应付款	56 200	
其他应收款	24 500		应付职工薪酬	195 300	
存货	2 571 000		应交税费	125 300	
一年内到期的非流动资产			一年内到期的非流动负债	450 000	
其他流动资产			其他流动负债		
流动资产合计	5 963 800		流动负债合计	1 502 400	
非流动资产：			非流动负债		
长期股权股资	65 000		长期借款	1 000 000	
固定资产	2 033 100		应付债券	132 000	
在建工程	860 000		非流动负债合计	1 132 000	
无形资产	85 600		负债合计	2 634 400	
长期待摊费用	135 200		所有者权益：		
其他非流动资产			实收资本(股本)	6 120 000	
非流动资产合计	3 174 900		资本公积	236 000	
			减：库存股		
			盈余公积	86 800	
			未分配利润	61 500	
			所有者权益合计	6 504 300	
资产总计	9 138 700		负债和所有者权益总计	9 138 700	

任务三 编制利润表

一、利润表的概念

利润表是反映企业在一定会计期间经营成果的会计报表。利润表是按照会计核算的配比原则，根据"收入－费用＝利润"会计等式，把一定时期内的收入和相对应的成本费用配比，从而将企业的经营业绩进行综合体现，也是企业进行利润分配的主要依据。

利润表的特点：一是利润表反映的是会计报告期间的动态数据，是一张动态报表；二是利润表中所列数据是会计报告期间相关业务项目的累计数。

二、利润表的结构

利润表在形式上分为表首和正表两个部分。表首主要反映利润表名称、编制单位、编制日期和金额单位；正表反应报告期间的各项收支及利润指标，是利润表的主体。

利润表主要有单步式和多步式两种。单步式利润表是将当期所有收入列在一起，然后将所有费用列在一起，两者相减得出当期净损益。单步式利润表的优点是比较直观、简单，易于编制，缺点是不能揭示利润各构成要素之间的内在联系，不便于分析企业的获利能力及利润的未来发展趋势。

在我国，企业利润表采用的是多步式结构，即通过对当期的收入、费用、支出项目按性质加以归类，按利润形成的主要环节列示一些中间性利润指标，分步计算当期净损益，便于使用者理解企业经营成果的不同来源。

多步式利润表的内容主要包括营业利润、利润总额、净利润和每股收益，如表 8-12 所示。

表 8-12 利 润 表

会企 02 表

编制单位： 年度 单位：元

项　目	本期金额	上期金额
一、营业收入		
减：营业成本		
税金及附加		
销售费用		
管理费用		
财务费用		
资产减值损失		
加：公允价值变动收益(损失以"－"号填列)		

续表

项 目	本期金额	上期金额
投资收益（损失以"－"号填列）		
其中：对联营企业和合营企业的投资收益		
资产处置收益（损失以"－"填列）		
其他收益		
二、营业利润（亏损以"－"号填列）		
加：营业外收入		
减：营业外支出		
三、利润总额（亏损总额以"－"号填列）		
减：所得税费用		
四、净利润（净亏损以"－"号填列）		
五、其他综合收益的税后净额		
（一）以后不能重分类进损益的其他综合收益		
1. 重新计量设定受益计划净负债或净资产的变动		
2. 权益法下在被投资单位不能重分类进损益的其他综合收益中享有的份额		
……		
（二）以后将重分类进损益的其他综合收益		
1. 权益法下被投资单位以后将重分类进损益的其他综合收益中享有的份额		
2. 可供出售金融资产公允价值变动损益		
3. 持有至到期投资重分类为可供出售金融资产损益		
4. 现金流量套期损益的有效部分		
5. 外币财务报表折算差额		
……		
六、综合收益总额		
七、每股收益		
（一）基本每股收益		
（二）稀释每股收益		

三、利润表的编制

▶ 1. 利润表的编制步骤

利润表是以"收入－费用＝利润"这一平衡公式所包含的经济内容为依据编制的。收入项目包括主营业务收入、其他业务收入等。费用项目包括各种费用、成本以及从收入中补偿的各种税金及附加，如主营业务成本、销售费用、税金及附加、管理费用、财务费用等。利润类项目包括营业利润、投资收益、营业外收入、营业外支出、利润总额等。

多步式利润表的主要编制步骤如下。

第一步，计算营业利润。

营业利润＝营业收入(主营业务收入、其他业务收入)－营业成本(主营业务成本、其他业务成本)、税金及附加、销售费用、管理费用、财务费用、资产减值损失＋公允价值变动收益、投资收益

第二步，计算利润总额。

$$利润总额＝营业利润＋营业外收入－营业外支出$$

第三步，计算净利润。

$$净利润＝利润总额－所得税费用$$

第四步，计算每股收益。普通股或潜在股过程中的企业，还应在利润表中列示每股收益信息，包括基本每股收益和稀释每股收益两项指标。

$$基本每股收益＝\frac{净利润}{普通股份数}$$

▶ 2. 利润表各项目的内容及填列方法

(1)"营业收入"项目，应根据"主营业务收入"和"其他业务收入"科目的发生额分析填列。

【例8-8】某企业2018年度"主营业务收入"科目的贷方发生额为100 000元，借方发生额为10 000元(系12月份发生的购货方退货)，"其他业务收入"科目的贷方发生额为50 000元。企业编制利润表时，营业收入项目应填列的金额是多少？

"主营业务收入"科目反映企业经营主要业务所取得的收入总额，应根据"主营业务收入"科目的发生额填列。如果该科目借方记录有销售退回等，应抵减本期的销售收入，按其销售收入净额填列。

营业收入＝100 000－10 000＋50 000＝140 000(元)

(2)"营业成本"项目，应根据"主营业务成本"和"其他业务成本"科目的发生额分析填列。

(3)"税金及附加"项目，应根据"税金及附加"科目的发生额分析填列。

(4)"销售费用"项目，应根据"销售费用"科目的发生额分析填列。

(5)"管理费用"项目，应根据"管理费用"科目的发生额分析填列。

(6)"财务费用"项目，应根据"财务费用"科目的发生额分析填列。

(7)"资产减值损失"项目，应根据"资产减值损失"科目的发生额分析填列。

(8)"公允价值变动收益"项目，应根据"公允价值变动损益"科目的发生额分析填列，如为净损失则以"－"号填列。

(9)"投资收益"项目，应根据"投资收益"科目的发生额分析填列，如为投资损失则以"－"号填列。

(10)"营业利润"项目，反映企业实现的营业利润，如为亏损则以"－"号填列。

(11)"营业外收入"项目，应根据"营业外收入"科目的发生额分析填列。

(12)"营业外支出"项目，应根据"营业外支出"科目的发生额分析填列。

(13)"利润总额"项目，反映企业实现的利润，如为亏损则以"－"号填列。

(14)"所得税费用"项目，应根据"所得税费用"科目的发生额分析填列。

(15)"净利润"项目，反映企业实现的净利润，如为亏损则以"－"号填列。

(16)"上期金额"项目，根据上年度末利润表的实际发生额填列。

【例8-9】2018年12月31日，里美服装厂有关损益类账户资料如表8-13所示。

表8-13 里美服装厂损益类账户资料 单位：元

账 户 名 称	借 或 贷	本 年 数	上 年 数
主营业务收入	贷	330 300	198 210
主营业务成本	借	231 000	134 298
其他业务收入	贷	5 340	8 310
其他业务成本	借	4 140	6 522
税金及附加	借	16 500	9 900
销售费用	借	10 920	5 370
管理费用	借	22 500	13 500
财务费用	借	4 920	3 912
投资收益	贷	720	720
营业外收入	贷	240	150
营业外支出	借	360	300
所得税费用	借	15 420	10 500

如果你是会计人员，如何编制里美公司2018年12月份的利润表？

第一步：利润表中各项目分析、计算过程如下。

(1)营业收入＝330 300＋5 340＝335 640(元)

(2)营业成本＝231 000＋4 140＝235 140(元)

(3)税金及附加为16 500元。

(4)销售费用为10 920元。

(5)管理费用为22 500元。

(6)财务费用为4 920元。

(7)投资收益为720元。

(8)营业利润＝335 640－235 140－16 500－10 920－22 500－4 920＋720＝46 380(元)

(9)营业外收入为240元。

(10)营业外支出为360元。

(11)利润总额＝46 380＋240－360＝46 260(元)

(12)所得税费用为15 420元。

(13)净利润＝46 260－15 420＝30 840(元)

第二步：编制利润表，如表8-14所示。

表 8-14　利润表（简表）

会企 02 表
单位：元

编制单位：里美服装厂　　　　　　　　2018 年 12 月

项　目	本期金额	上期金额
一、营业收入	335 640	206 520
减：营业成本	235 140	140 820
税金及附加	16 500	9 900
销售费用	10 920	5 370
管理费用	22 500	13 500
财务费用	4 920	3 912
资产减值损失		
加：公允价值变动收益（损失以"－"填列）		
投资收益（损失以"－"号填列）	720	720
其中：对联营企业和合营企业的投资收益		
二、营业利润（损失以"－"号填列）	46 380	33 738
加：营业外收入	240	150
减：营业外支出	360	300
其中：非流动资产处置损失		
三、利润总额（亏损总额以"－"号填列）	46 260	33 588
减：所得税费用	15 420	10 500
四、净利润（净亏损总额以"－"号填列）	30 840	23 088
五、每股收益：		
（一）基本每股收益		
（二）稀释每股收益		

思考：资产负债表与利润表之间的关系是什么？

任务四　编制现金流量表

一、现金流量表概述

现金是指企业库存现金以及可以随时用于支付的存款，包括库存现金、银行存款和其他货币资金。不能随时用于支付的存款不属于现金。

现金流量是某一时期内企业现金流入和现金流出的数量。企业销售商品、提供劳务、出售固定资产、向银行借款等取得现金，形成现金流入。企业购买原材料、接受劳务、购建固定资产、偿还债务等支付形成现金流出。

　　现金流量信息能够表明企业经营状况是否良好、资金是否紧缺，以及企业偿付能力的大小，从而为投资者、债权人、企业管理者提供信息。应注意①企业现金形式的转换不会产生现金流入和现金流出，如企业从银行提取现金；②现金与现金等价物之间的转换也不属于现金流量，例如，企业用现金购买三个月内到期的国库券。

　　现金流量表是反映企业在一定会计期间现金和现金等价物流入和流出的报表。现金流量表是动态会计报表。

　　现金等价物是指企业持有的期限短、流动性强、易于转换为已知金额现金、价值变动风险很小的投资。期限短，一般是指从购买日起三个月内到期。现金等价物通常包括三个月内到期的债券投资等。权益性投资变现的金额通常不确定，因而不属于现金等价物。企业应根据具体情况，确定现金等价物的范围，一经确定，不得随意变更。

　　思考： 现金流量表中的"现金"与"现金等价物"有什么区别？现金流量表中的"现金"是指企业库存现金以及可以随时用于支付的存款，也包括外埠存款、银行汇票存款、银行支票存款和在途货币资金等其他货币资金。应注意的是，不能随时支付的定期存款属于投资而不是现金，而提前通知金融企业便可支取的定期存款属于现金。现金等价物不是现金，其支付能力与现金是有区别的。

二、现金流量表的结构

　　现金流量表采用报告式结构，分类反映经营活动产生的现金流量、投资活动产生的现金流量、筹资活动产生的现金流量，最后汇总反映企业某一期间现金及现金等价物的净增加额。

　　我国企业现金流量表的格式如表8-15和表8-16所示。

表8-15　现金流量表

会企03表
编制单位：　　　　　　　　　　年　　月　　　　　　　　　单位：元

项　目	本期金额	上期金额
一、经营活动产生的现金流量		
销售商品、提供劳务收到的现金		
收到的税费返还		
收到其他与经营活动有关的现金		
经营活动现金流入小计		
购买商品、接受劳务支付的现金		
支付给职工以及为职工支付的现金		
支付的各项税费		
支付其他与经营活动有关的现金		
经营活动现金流出小计		

项　　目	本期金额	上期金额
经营活动产生的现金流量净额		
二、投资活动产生的现金流量		
收回投资收到的现金		
取得投资收益收到的现金		
处置固定资产、无形资产和其他长期资产收回的现金净额		
处置子公司及其他营业单位收到的现金净额		
收到其他与投资活动有关的现金		
投资活动现金流入小计		
购建固定资产、无形资产和其他长期资产支付的现金		
投资支付的现金		
取得子公司及其他营业单位支付的现金净额		
支付其他与投资活动有关的现金		
投资活动现金流出小计		
投资活动产生的现金流量净额		
三、筹资活动产生的现金流量		
吸收投资收到的现金		
取得借款收到的现金		
收到其他与筹资活动有关的现金		
筹资活动现金流入小计		
偿还债务支付的现金		
分配股利、利润或偿付利息支付的现金		
支付其他与筹资活动有关的现金		
筹资活动现金流出小计		
筹资活动产生的现金流量净额		
四、汇率变动对现金及现金等价物的影响		
五、现金及现金等价物净增加额		
加：期初现金及现金等价物余额		
六、期末现金及现金等价物余额		

表 8-16　现金流量表补充资料

年　　月　　　　　　　　　　　　　　　　单位：元

补 充 资 料	本期金额	上期金额
1. 将净利润调节为经营活动现金流量：		
净利润		
加：资产减值准备		
固定资产折旧、油气资产折耗、生产性生物资产折旧		
无形资产摊销		
长期待摊费用摊销		
处置固定资产、无形资产和其他长期资产的损失（收益以"－"号填列）		
固定资产报废损失（收益以"－"号填列）		
公允价值变动损失（收益以"－"号填列）		
财务费用（收益以"－"号填列）		
投资损失（收益以"－"号填列）		
递延所得税资产减少（增加以"－"号填列）		
递延所得税负债增加（减少以"－"号填列）		
存货的减少（增加以"－"号填列）		
经营性应收项目的减少（增加以"－"号填列）		
经营性应付项目的增加（减少以"－"号填列）		
其他		
经营活动产生的现金流量净额		
2. 不涉及现金收支的重大投资和筹资活动：		
债务转为资本		
一年内到期的可转换公司债券		
融资租入固定资产		
3. 现金及现金等价物净变动情况：		
现金的期末余额		
减：现金的期初余额		
加：现金等价物的期末余额		
减：现金等价物的期初余额		
现金及现金等价物净增加额		

三、现金流量表的编制

编制现金流量表时，列报经营活动现金流量的方法有两种：直接法和间接法。我国《企业会计准则》规定企业应当采用直接法编制现金流量表，同时要求在附注中提供以净利润为基础调节到经营活动现金流量的信息。

在直接法下，一般以利润表中的营业收入为起算点，调节与经营活动有关的项目的增减变动，然后计算出经营活动产生的现金流量。

在间接法下，将净利润调节为经营活动现金流量，实际上就是将按权责发生制原则确定的净利润调整为现金净流入，并剔除投资活动和筹资活动对现金流量的影响。

采用直接法编报现金流量表时，可采用工作底稿法或 T 形账户法，也可以采取分析填列法根据有关科目记录分析填列。

▶ 1. 工作底稿法

采用工作底稿法编制现金流量表，是以工作底稿为手段，以资产负债表和利润表数据为基础，对每一个项目进行分析并编制调整分录，从而编制现金流量表。采用工作底稿法编制现金流量表的步骤如下。

第一步，将资产负债表的期初数和期末数过入工作底稿的期初数栏和期末数栏。

第二步，对其业务进行分析并编制调整分录。编制调整分录时，要以利润表项目为基础，从"营业收入"开始，结合资产负债表项目逐一进行分析。在调整分录中，有关现金和现金等价物的事项并不直接借记或贷记现金，而是分别计入"经营活动产生的现金流量""投资活动产生的现金流量""筹资活动产生的现金流量"有关项目，借记表示现金流入，贷记表示现金流出。

第三步，将调整分录过入工作底稿中的相应部分。

第四步，核对调整分录，借方、贷方合计数均已相等，资产负债表项目期初数加减调整分录中的借贷金额以后也等于期末数。

第五步，根据工作底稿中的现金流量表项目部分编制正式的现金流量表。

▶ 2. T 形账户法

采用 T 形账户法编制现金流量表，是以 T 形账户为手段，以资产负债表和利润表数据为基础，对每一个项目进行分析并编制调整分录，从而编制现金流量表。采用 T 形账户法编制现金流量表的步骤如下。

第一步，为所有的非现金项目（包括资产负债表项目和利润表项目）分别开设 T 形账户，并将各自的期末、期初变动数过入各账户。如果项目的期末数大于期初数，则将差额过入和项目余额相同的方向；反之，则过入相反的方向。

第二步，开设一个大的"现金及现金等价物"T 形账户，每边分为经营活动、投资活动和筹资活动三个部分，左边记现金流入，右边记现金流出。与其他账户一样，过入期末、期初变动数。

第三步，以利润表项目为基础，结合资产负债表分析每一个非现金项目的增减变动，并据此编制调整分录。

第四步，将调整分录过入各 T 形账户，并进行核对，该账户借贷相抵后的余额与原先过入的期末、期初变动数应一致。

第五步，根据大的"现金及现金等价物"T形账户编制正式的现金流量表。

▶ 3. 分析填列法

分析填列法是直接根据资产负债表、利润表和有关会计科目明细账的记录，分析计算现金流量表各项目的金额，并据以编制现金流量表的一种方法。

自我测验

一、单项选择题

1. 编制资产负债表所依据的会计等式是（　　）。

A. 收入－费用＝利润

B. 资产＝负债＋所有者权益

C. 期初余额＋本期借方发生额－本期贷方发生额＝期末余额

D. 借方发生额＝贷方发生额

2. 会计报表的编制依据是（　　）。

A. 记账凭证　　　　B. 原始凭证　　　　C. 余额调节表　　　D. 账簿记录

3. 我国《企业会计准则》规定，资产负债表采用的格式为（　　）。

A. 多步式　　　　B. 单步式　　　　C. 账户式　　　　D. 混合式

4. 我国《企业会计准则》规定，利润表采用的格式为（　　）。

A. 多步式　　　　B. 单步式　　　　C. 账户式　　　　D. 混合式

5. 下列各项中，属于静态会计报表的是（　　）。

A. 资产负债表　　　B. 利润表　　　C. 现金流量表　　D. 所有者权益变动表

6. 资产负债表中，资产的排列顺序是（　　）。

A. 各项目的时间性　　　　　　　　B. 各项目的收益性

C. 各项目的流动性　　　　　　　　D. 各项目的重要性

7. 资产负债表是反映企业（　　）财务状况的会计报表。

A. 某一年份内　　B. 一定时期内　　C. 某一特定日期　　D. 一个月内

8. 下列各项中，属于资产负债表中"流动负债"项目的是（　　）。

A. 预收账款　　　B. 预付账款　　　C. 长期借款　　　D. 长期应付款

9. 下列各项中，属于资产负债表中"流动资产"项目的是（　　）。

A. 预收账款　　　B. 预付账款　　　C. 固定资产　　　D. 长期应付款

10. 编制会计报表时，以"收入－费用＝利润"会计等式作为编制依据的报表是（　　）。

A. 利润表　　　　　　　　　　　B. 资产负债表

C. 现金流量表　　　　　　　　　D. 所有者权益变动表

11. 年末，某企业应收账款总账借方余额为 480 000 元，所属明细账借方余额之和为 500 000 元，所属明细账贷方余额之和为 20 000 元，则年末资产负债表应收账款项目所列示的数额为（　　）元。

A. 500 000　　　　B. 480 000　　　　C. 490 000　　　　D. 510 000

12. （　　）是反映企业经营成果的会计报表。

A. 资产负债表　　　　　　　　　B. 利润表

C. 现金流量表　　　　　　　　　D. 所有者权益变动表

13. 应收账款明细账出现贷方余额，在资产负债表( )项目中反映。

A. 预收账款　　　B. 预付账款　　　C. 应收账款　　　D. 应付账款

14. 利润表中的项目应根据总分类账的( )填列。

A. 发生额　　　B. 期初余额　　　C. 期末余额　　　D. 累计余额

15. 应付账款明细账出现借方余额，在资产负债表( )项目中反映。

A. 预收账款　　　B. 预付账款　　　C. 应收账款　　　D. 应付账款

二、多项选择题

1. 会计报表编制的要求有( )。

A. 真实、可靠　　B. 相关可比　　C. 全面完整　　D. 便于理解

E. 重要性

2. 利润表提供的信息包括( )。

A. 企业实现的营业收入　　　　B. 企业发生的营业成本

C. 营业利润　　　　D. 所得税费用

E. 净利润

3. 多步式利润表可以反映企业的( )等利润要素。

A. 营业利润　　B. 利润总额　　C. 净利润　　D. 偿债能力

E. 主营业务利润

4. 下列各项中，属于企业对外报表的有( )。

A. 利润表　　B. 资产负债表　　C. 成本计算表　　D. 现金流量表

E. 费用预算表

5. 下列各项中，属于资产负债表流动资产项目的有( )。

A. 应收票据　　B. 预付账款　　C. 预收账款　　D. 存货

E. 固定资产

6. 资产负债表中的预收账款项目应根据( )填列。

A. 预收账款所属明细账贷方余额　　　B. 应收账款所属明细账贷方余额

C. 预收账款所属明细账借方余额　　　D. 应收账款所属明细账借方余额

E. 预收账款总账余额

7. 下列账户中，可能影响资产负债表中固定资产项目金额的有( )。

A. 固定资产　　B. 坏账准备　　C. 累计折旧　　D. 固定资产减值准备

E. 无形资产

8. 资产负债表中的应收账款项目应根据( )计算填列。

A. 应收账款所属明细账借方余额　　　B. 预收账款所属明细账借方余额

C. 应收账款所属明细账贷方余额　　　D. 预收账款所属明细账贷方余额

E. 应收账款总账余额

9. 现金流量表中的现金包括( )。

A. 库存现金　　　　B. 银行存款

C. 其他货币资金　　　　D. 三个月内到期的债券投资

E. 股票投资

10. 会计报告的使用者包括( )。

A. 投资人   B. 债权人

C. 税务部门   D. 企业管理者

E. 潜在投资人

11. 现金流量表的现金流量包括（   ）。

A. 经营活动产生的现金流量   B. 投资活动产生的现金流量

C. 生产活动产生的现金流量   D. 销售活动产生的现金流量

E. 经营活动产生的现金流量

12. 利润表的格式有（   ）。

A. 账户式   B. 报告式   C. 单步式   D. 多步式

E. 分步式

13. 资产负债表中的"存货"项目应根据（   ）账户期末余额的合计数填列。

A. 原材料   B. 生产成本   C. 库存商品   D. 包装物

E. 工程物资

14. 资产负债表中，（   ）项目的金额应根据科目余额减去其备抵科目余额后的净额填列。

A. 应收账款   B. 应付账款   C. 应收票据   D. 固定资产

E. 长期借款

15. 资产负债表中，未分配利润项目的金额应根据（   ）科目余额计算填列。

A. 盈余公积   B. 本年利润   C. 利润分配   D. 主营业务收入

E. 投资收益

三、判断题

1. 财务报表亦称对外会计报表。（   ）

2. 资产负债表是反映在某一特定时期内企业财务状况的报表，属于静态会计报表。（   ）

3. 资产负债表中，货币资金项目应根据库存现金、银行存款、其他货币资金三个总账科目期末余额合计数填列。（   ）

4. 预付账款所属明细账贷方余额在资产负债表应付账款项目列示。（   ）

5. 利润表的格式有单步式和多步式两种，我国采用单步式。（   ）

6. 利润表中，营业成本根据"主营业务成本"科目的当期发生额加上"其他业务成本"科目的当期发生额计算填列。（   ）

7. 资产负债表的格式有账户式和报告式，我国采用报告式。（   ）

8. 采用直接法编报现金流量表时，可采用工作底稿法或 T 形账户法。（   ）

9. 所有的企业都需要编制现金流量表。（   ）

10. 我国的企业会计报表体系已基本与国际上较为通行的财务报表体系接轨，形成了以资产负债表、利润表和现金流量表三大报表为主体的会计报表体系。（   ）

11. 不能随时支付的定期存款属于现金流量表中的现金。（   ）

12. 提前通知金融企业便可支取的定期存款属于现金。（   ）

13. 企业应当根据具体情况，确定现金等价物的范围，一经确定，不得随意变更。（   ）

14. 现金流量表属于动态会计报表。（　　）

15. 在直接法下，一般以利润表中的营业收入为起算点，调节与经营活动有关的项目的增减变动，然后计算经营活动产生的现金流量。（　　）

能力拓展

实 训 一

A 公司 2018 年 12 月 31 日结账后有关科目余额如表 8-17 所示。

表 8-17　A 公司 2018 年有关科目余额表　　　　　　　单位：元

科目名称	借方余额	贷　方
应收账款	360	25
预收账款	5	20
应付账款	12	280
预付账款	210	10
无形资产	20 000	

要求：根据以上资料，计算资产负债表中各项目金额。

（1）应收账款项目金额＝

（2）预收账款项目金额＝

（3）应付账款项目金额＝

（4）预付账款项目金额＝

（5）无形资产项目金额＝

实 训 二

B 公司 2018 年 12 月 31 日结账后有关科目余额如表 8-18 所示。

表 8-18　A 公司 2018 年长期借款科目分析表

借款初始日期	借款期限/年	金额/元
2012 年 7 月 1 日	4	200
2014 年 1 月 1 日	6	500
2018 年 1 月 1 日	4	640

要求：计算资产负债表中下列项目的金额。

（1）长期借款项目金额＝

（2）长期借款项目中应计入"一年内到期的非流动负债"项目金额＝

实 训 三

C 企业 2018 年 8 月有关账户期末资料如表 8-19 所示。

表 8-19　总分类账户期末余额表　　　　　单位：元

资　产	金　额	负债和所有者权益	金　额
库存现金	3 600	短期借款	240 000
银行存款	1 324 400	应付票据	160 000
交易性金融资产	20 000	应付账款	766 240
应收票据	164 800	其他应付款	40 000
应收账款	232 080	应付职工薪酬	88 000
预付账款	160 000	应交税费	29 840
其他应收款	4 000	应付利息	800
原材料	400 000	一年内到期的长期负债	800 000
周转材料	6 400	长期借款	320 000
生产成本	57 600	实收资本	4 312 000
库存商品	1 600 000	盈余公积	96 000
长期股权投资	200 000	未分配利润	40 000
固定资产	1 440 000		
累计折旧	320 000		
在建工程	1 200 000		
无形资产	240 000		
长期待摊费用	160 000		
资产总计	6 892 880	负债和所有者权益总计	6 892 880

要求：编制 2018 年 8 月 31 日的资产负债表。

实　训　四

D 公司 2018 年 6 月有关账户期末余额资料如表 8-20 所示。

表 8-20　总分类账户期末余额表　　　　　单位：元

总账科目	明细科目	借方余额	贷方余额
库存现金		400	
银行存款		1 240 000	
交易性金融资产		8 000	
应收账款		21 600	
	甲公司	12 800	
	乙公司		3 200
	丙公司	12 000	
其他应收款		4 800	

续表

总 账 科 目	明 细 科 目	借方余额	贷方余额
	厂部办公室	4 000	
	张明	1 600	
	销售部		800
预付账款		2 960	
	甲单位	3 600	
	乙单位		640
应收票据		5 600	
原材料		20 000	
生产成本		7 200	
库存商品		16 000	
长期股权投资		160 000	
固定资产		320 000	
累计折旧			48 000
在建工程		4 000	
无形资产		17 600	
长期待摊费用		5 600	
短期借款			48 000
应付账款			7 200
	A工厂		5 600
	B工厂	4 800	
	C工厂		6 400
预收账款			1 600
	A单位		4 800
	B单位	3 200	
其他应付款			4 800
	退还包装物押金	2 400	
	代扣款		7 200
应付职工薪酬			27 920
应交税费			64 400
应付票据			9 600
应付利息			3 440
长期借款			24 000
实收资本			1 454 800
盈余公积			25 760
未分配利润			120 000
合　计		1 844 160	1 844 160

要求：编制该公司 2018 年 6 月 30 日资产负债表。

实 训 五

E 企业 2018 年 6 月有关账户期末资料如表 8-21 所示。

表 8-21　总分类账户期末余额表　　　　　　　　　　单位：元

资　　产	金　　额	负债和所有者权益	金　　额
库存现金	4 500	短期借款	300 000
银行存款	1 655 500	应付票据	200 000
交易性金融资产	25 000	应付账款	957 800
应收票据	206 000	其他应付款	50 000
应收账款	290 100	应付职工薪酬	110 000
预付账款	200 000	应交税费	37 300
其他应收款	5 000	应付利息	1 000
原材料	500 000	一年内到期的长期负债	1 000 000
周转材料	8 000	长期借款	400 000
生产成本	72 000	实收资本	5 390 000
库存商品	2 000 000	盈余公积	120 000
长期股权投资	250 000	未分配利润	50 000
固定资产	1 800 000		
累计折旧	400 000		
在建工程	1 500 000		
无形资产	300 000		
长期待摊费用	200 000		
资产总计	8 616 100	负债和所有者权益总计	8 616 100

要求：编制该企业 2018 年 6 月资产负债表。

实 训 六

F 企业 2018 年 4 月有关账户期末余额资料如表 8-22 所示。

表 8-22　总分类账户期末余额表　　　　　　　　　　单位：元

总账科目	明细科目	借方余额	贷方余额
库存现金		500	
银行存款		1 550 000	
交易性金融资产		10 000	
应收账款		27 000	
	甲公司	16 000	

总 账 科 目	明 细 科 目	借 方 余 额	贷 方 余 额
	乙公司		4 000
	丙公司	15 000	
其他应收款		6 000	
	行政科	5 000	
	某职工	2 000	
	批发站		1 000
预付账款		3 700	
	甲单位	4 500	
	乙单位		800
应收票据		7 000	
原材料		25 000	
生产成本		9 000	
库存商品		20 000	
长期股权投资		200 000	
固定资产		400 000	
累计折旧			60 000
在建工程		5 000	
无形资产		22 000	
长期待摊费用		7 000	
短期借款			60 000
应付账款			9 000
	A工厂		7 000
	B工厂	6 000	
	C工厂		8 000
预收账款			2 000
	A单位		6 000
	B单位	4 000	
其他应付款			6 000
	工会	3 000	
	代扣款		9 000
应付职工薪酬			34 900
应交税费			80 500

续表

总账科目	明细科目	借方余额	贷方余额
应付票据			12 000
应付利息			4 300
长期借款			30 000
实收资本			1 818 500
盈余公积			32 200
未分配利润			150 000
合　　计		2 305 200	2 305 200

要求：编制该企业 2018 年 4 月资产负债表。

实 训 七

G 公司 2018 年 12 月 31 日有关账户发生额如表 8-23 所示。

表 8-23　有关账户发生额　　　　　　　　　　　单位：万元

科目名称	借方发生额	贷方发生额
主营业务收入	150	4 500
主营业务成本	2 400	120
其他业务收入		300
其他业务成本	225	
税金及附加	150	
销售费用	75	
管理费用	270	
财务费用	30	
资产减值损失	240	15
公允价值变动损益	60	105
投资收益	90	150
营业外收入		135
营业外支出	60	
所得税费用	450	

要求：编制该公司 2018 年度利润表。

实 训 八

H 公司 2018 年 12 月 31 日有关账户发生额如表 8-24 所示。

表 8-24　损益类账户发生额　　　　　　　单位：万元

科 目 名 称	借方发生额	贷方发生额
主营业务收入	120	6 000
主营业务成本	3200	124
其他业务收入		360
其他业务成本	300	
税金及附加	190	
销售费用	100	
管理费用	328	
财务费用	36	
资产减值损失	288	18
公允价值变动损益	72	126
投资收益	108	180
营业外收入		162
营业外支出	150	
所得税费用	540	

要求：编制该公司 2018 年 12 月利润表。

账务处理程序

学习目标

职业能力目标☞

- 掌握记账凭证账务处理程序。
- 掌握科目汇总表账务处理。
- 能够编制科目汇总表。
- 了解各种账务处理程序的区别与适用范围。

知识点☞

账务处理程序 记账凭证账务处理程序 科目汇总表账务处理程序
科目汇总表

技能点☞

运用记账凭证账务处理程序 运用科目汇总表账务处理程序
编制科目汇总表

任 务 一   认识账务处理程序

会计凭证、会计账簿和会计报表是组织会计核算的工具，它们不是彼此孤立的，而是以一定的形式结合，构成一个完整的工作体系，这就决定了各种会计记账程序。

账务处理程序是指会计凭证、会计账簿、会计报表和会计记账程序之间相互结合的方式，也称会计核算形式或会计核算组织程序。记账程序是指从填制和审核会计凭证到登记账簿，以及根据账簿记录编制会计报表的顺序和过程。不同的记账程序规定了不同的填制会计凭证、登记账簿、编制会计报表的方法和步骤。

一、账务处理程序的意义

为了更好地反映和监督企业、行政以及事业等单位的经济活动，为经济管理提供系统、全面、综合的核算资料，必须相互联系地运用会计核算的专门方法，采用一定的组织程序，规定会计凭证、会计账簿及会计报表的种类和格式，以及各种会计凭证之间、各种会计账簿之间、各种会计报表之间的相互关系，并规定其填制方法和登记程序。这是会计制度设计的一个重要内容，对于提高会计工作的质量和效率，正确、及时地编制会计报表，提供全面、连续、系统、清晰的会计核算资料，满足企业内外会计信息使用者的需要具有重要意义。

采用一定的会计核算形式，通过规定会计凭证、会计账簿和会计报表之间的登记、传递程序，将各企业、行政以及事业等单位的会计核算工作有机地组织成既有分工又有协作的整体，可以将各个会计核算岗位的工作联系在一起。科学的记账程序对于减少会计人员的工作量、节约人力和物力有着重要意义。

二、账务处理程序的作用

每个会计主体都应按照《企业会计准则》和经营管理的要求，结合本单位的具体情况，设计适合本单位需要的记账程序。适用、合理的记账程序在会计核算工作中能起到下列作用：

（1）使整个会计循环能按部就班地运行，减少不必要的环节和手续，既能提高信息质量，又能提高效率、节约开支；

（2）使每一项经济业务都能及时、正确地在账务处理程序的各个环节上反映出来，加工成信息后能既无重复又无疏漏地反映到会计报表中；

（3）使单位内外有关部门都能按照账务处理程序中规定的记账程序审查每项经济业务的来龙去脉，从而加强对基层单位的监督和管理。

三、账务处理程序的设计原则

（1）账务处理程序要与本单位的业务性质、规模大小、繁简程度、经营管理的要求和特点等相适应，有利于加强会计核算工作的分工协作，有利于实现会计控制和监督目标。

（2）账务处理程序要能正确、及时、完整地提供会计信息使用者需要的会计核算资料；

（3）账务处理程序要在保证会计核算工作质量的前提下，力求简化核算手续，节约人力和物力，降低会计信息成本，提高会计核算的工作效率。

四、账务处理程序的种类

我国《企业会计准则》并不硬性规定每个单位应采用何种账务处理程序，完全由各单位自主选用或设计。因此，各单位在选择账务处理程序之前，需要了解目前在会计工作实践中所应用的账务处理程序的种类、内容、优缺点及适用范围。根据前述要求，结合我国会计工作的实际情况，我国各经济单位通常采用的账务处理程序有三种：记账凭证账务处理程序、科目汇总表账务处理程序和汇总记账凭证账务处理程序。

以上三种账务处理程序有很多相同点，但也存在一定的差异，其主要区别表现在各自登记总账的依据和方法不同，下面分别介绍三种账务处理程序的基本内容、特点及适用范围。

任 务 二 　记账凭证账务处理程序

一、记账凭证账务处理程序的概念

记账凭证账务处理程序是指对发生的经济业务事项，都要根据原始凭证或汇总原始凭证编制记账凭证，然后直接根据记账凭证逐笔登记总分类账的一种账务处理程序。

二、记账凭证账务处理程序的流程

记账凭证账务处理程序的流程如图 9-1 所示。

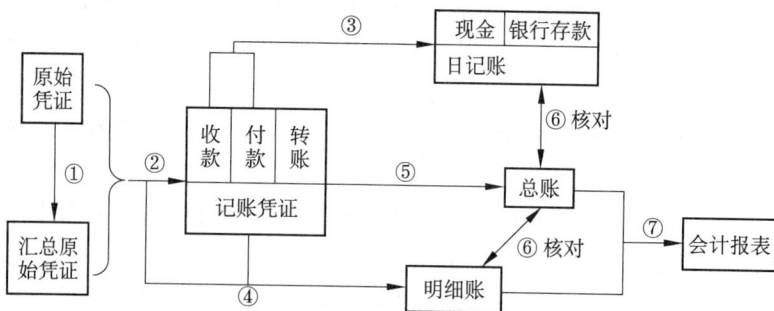

图 9-1　记账凭证账务处理程序的流程

① 根据原始凭证编制汇总原始凭证。
② 根据原始凭证或汇总原始凭证，编制记账凭证。
③ 根据收款凭证、付款凭证逐笔登记现金日记账和银行存款日记账。
④ 根据原始凭证、汇总原始凭证和记账凭证，登记各种明细分类账。
⑤ 根据记账凭证逐笔登记总分类账。
⑥ 期末，现金日记账、银行存款日记账和明细分类账的余额与有关总分类账的余额

核对相符。

⑦ 期末，根据总分类账和明细分类账的记录，编制会计报表。

三、记账凭证账务处理程序优缺点及适用范围

记账凭证账务处理程序简单明了，易于理解，总分类账可以较详细地反映经济业务的发生情况，其缺点是登记总分类账的工作量较大。该账务处理程序适用于规模较小、经济业务量较少的单位。

四、记账凭证账务处理程序的应用

【例 9-1】A 股份有限公司为增值税一般纳税人，适用的增值税税率为 17%，所得税税率为 25%；销售价格均不含向购买方收取的增值税；原材料采用实际成本法核算。A 公司 2018 年 1 月 1 日的科目余额表如表 9-1 所示。

表 9-1　科目余额表　　　　　　　　　　　　　　　单位：元

科目名称	借方余额	科目名称	贷方余额
库存现金	16 000	短期借款	100 000
银行存款	498 000	应付账款	500 000
应收账款	400 000	其他应付款	20 000
坏账准备	−8 000	应付职工薪酬	30 000
其他应收款	18 000	应交税费	3 000
在途物资	170 000	长期借款	200 000
原材料	380 000		
库存商品	720 000		
固定资产	750 000	实收资本	2 000 000
累计折旧	−90 000	盈余公积	50 000
无形资产	190 000	利润分配（未分配利润）	141 000
合　　计	3 044 000	合　　计	3 044 000

2018 年 1 月，该公司发生以下经济业务：

(1) 1 月 5 日，从银行借款 20 000 元，期限半年，已存入银行。

(2) 1 月 10 日，购入原材料一批并取得增值税专用发票，价款 300 000 元，增值税进项税额 51 000 元，全部以银行存款支付，材料验收入库。

(3) 1 月 11 日，从银行提取现金 1 000 元备用。

(4) 1 月 12 日，经理王平出差，预借差旅费 5 000 元，以现金支付。

(5) 1 月 20 日，从银行借入 5 年期借款 200 000 元，借款存入银行。

(6) 1 月 21 日，本月材料仓库发出材料如下：生产甲产品领用材料 40 000 元，车间一般消耗领用材料 5 000 元，企业行政管理部门领用 2 000 元。

(7) 1 月 25 日，以银行存款支付职工工资 200 000 元。

(8) 1月28日，分配支付的职工工资，其中，生产人员100 000元，车间管理人员20 000元，行政管理人员50 000元，在建工程人员30 000元。

(9) 1月28日，经理王平报销差旅费3 800元，余款1 200元退回现金。

(10) 1月28日，销售产品一批，售价480 000元，增值税81 600元，款项已存入银行。

(11) 1月28日，以银行存款偿付赊购材料款100 000元。

(12) 1月28日，销售产品一批，销货款100 000元，增值税税率17%价税款均未收到。

(13) 1月29日，购入设备一台，价款35 000元，税款5 950元，运费500元(不考虑增值税)，均以银行存款支付。

(14) 1月30日，收到28日销售产品的货款117 000元，存入银行。

(15) 1月30日，计提本月固定资产折旧，其中，生产车间使用的固定资产折旧费为3 000元，企业行政管理部门使用的固定资产折旧费为4 200元。

(16) 1月30日，销售材料一批，销售价款为38 000元，增值税6 460元，款项尚未收到。

(17) 1月31日，计提本年城市维护建设税42 840元，教育费附加18 360元。

(18) 1月31日，以银行存款支付违反税收规定的罚款20 000元。

(19) 1月31日，归还到期短期借款本金20 000元及当期利息2 500元。

(20) 1月31日，用银行存款支付广告费10 000元，其他管理费用15 000元。

(21) 1月31日，用银行存款缴纳城建税42 840元、教育费附加18 360元。

(22) 1月31日，收到上年购进的原材料170 000元。

(23) 1月31日，结转本年制造费用。

(24) 1月31日，结转本年生产成本，假定全部完工。

(25) 1月31日，结转售出产品成本共计300 000元，售出材料成本20 000元。

(26) 1月31日，将各损益类科目结转至"本年利润"。

(27) 1月31日，计算所得税费用和应交所得税。

(28) 1月31日，将"所得税费用"结转至"本年利润"。

(29) 1月31日，将"本年利润"结转至"利润分配——未分配利润"。

(30) 1月31日，按净利润的10%提取法定盈余公积。

(31) 1月31日，分配现金股利40 000元。

(32) 1月31日，将利润分配各明细科目的余额转入"未分配利润"明细科目。

根据以上经济业务所取得的原始凭证或汇总原始凭证填制收款凭证、付款凭证、转账凭证，编制会计分录如下：

(1) 借：银行存款   20 000

   贷：短期借款   20 000

(2) 借：原材料   300 000

    应交税费——应交增值税(进项税额)   51 000

   贷：银行存款   351 000

(3) 借：库存现金   1 000

   贷：银行存款   1 000

(4) 借：其他应收款   5 000

   贷：库存现金   5000

(5) 借：银行存款 200 000

  贷：长期借款 200 000

(6) 借：生产成本 40 000

  制造费用 5 000

  管理费用 2 000

  贷：原材料 47000

(7) 借：应付职工薪酬 200 000

  贷：银行存款 200 000

(8) 借：生产成本 100 000

  制造费用 20 000

  管理费用 50 000

  在建工程 30 000

  贷：应付职工薪酬 200000

(9) 借：管理费用 3 800

  库存现金 1 200

  贷：其他应收款 5 000

(10) 借：银行存款 561 600

  贷：主营业务收入 480 000

  应交税费——增值税(销项税额) 81 600

(11) 借：应付账款 100 000

  贷：银行存款 100 000

(12) 借：应收账款 117 000

  贷：主营业务收入 100 000

  应交税费——应交增值税(销项税额) 17 000

(13) 借：固定资产 35 500

  应交税费——增值税(进项税额) 5 950

  贷：银行存款 41 450

(14) 借：银行存款 117 000

  贷：应收账款 117 000

(15) 借：制造费用 3 000

  管理费用 4 200

  贷：累计折旧 7 200

(16) 借：应收账款 44 460

  贷：其他业务收入 38 000

  应交税费——应交增值税(销项税额) 6 460

(17) 借：税金及附加 61 200

  贷：应交税费——应交城市维护建设税 42 840

  ——应交教育费附加 18 360

(18) 借：营业外支出 20 000

	贷：银行存款	20 000
(19)	借：短期借款	20 000
	财务费用	2 500
	贷：银行存款	22 500
(20)	借：销售费用	10 000
	管理费用	15 000
	贷：银行存款	25 000
(21)	借：应交税费——应交城市维护建设税	42 840
	——应交教育费附加	18 360
	贷：银行存款	61 200
(22)	借：原材料	170 000
	贷：在途物资	170 000
(23)	借：生产成本	28 000
	贷：制造费用	28 000
(24)	借：库存商品	168 000
	贷：生产成本	168 000
(25)	借：主营业务成本	300 000
	贷：库存商品	300 000
	借：其他业务成本	20 000
	贷：原材料	20 000
(26)	借：主营业务收入	580 000
	其他业务收入	38 000
	贷：本年利润	618000
	借：本年利润	488 700
	贷：主营业务成本	300 000
	其他业务成本	20 000
	税金及附加	61 200
	管理费用	75 000
	销售费用	10 000
	财务费用	2 500
	营业外支出	20 000
(27)	借：所得税费用	32 325
	贷：应交税费——应交所得税	32 325
(28)	借：本年利润	32 325
	贷：所得税费用	32 325
(29)	借：本年利润	96 975
	贷：利润分配——未分配利润	96 975
(30)	借：利润分配——提取法定盈余公积	9 697.50
	贷：盈余公积——法定盈余公积	9 697.50

（31）借：利润分配——应付股利 　　　　　　　　　　　 40 000

　　　　贷：应付股利 　　　　　　　　　　　　　　　　　　　40 000

（32）借：利润分配——未分配利润 　　　　　　　　　 49 697.50

　　　　贷：利润分配——提取法定盈余公积 　　　　　　　 9 697.50

　　　　　　　　　　——应付股利 　　　　　　　　　　　 40 000

　　根据收、付款凭证逐笔登记现金日记账、银行存款日记账，具体填制内容分别如表 9-2 和表 9-3 所示。

表 9-2　现金日记账

2018年		凭证编号	摘　要	对方科目编号	借　方									√	贷　方									√	余　额								
月	日				千	百	十	万	千	百	十	元	角	分		千	百	十	万	千	百	十	元	角	分		千	百	十	万	千	百	十	元	角	分
1	1		期初余额																							借				1	6	0	0	0	0	0
1	11	3	提现金						1	0	0	0	0	0												借				1	7	0	0	0	0	0
1	12	4	预付借款																		5	0	0	0	0	借				1	2	0	0	0	0	0
1	28	9	收退回借款						1	2	0	0	0	0												借				1	3	2	0	0	0	0
			本月合计						2	2	0	0	0	0								5	0	0	0	0	借				1	3	2	0	0	0	0

表 9-3　银行存款日记账

2018年		凭证编号	结算方式		摘　要	借　方									√	贷　方									√	余　额								
月	日		类	号码		千	百	十	万	千	百	十	元	角	分	千	百	十	万	千	百	十	元	角	分		千	百	十	万	千	百	十	元	角	分
1	1				期初余额																					借		4	9	8	0	0	0	0	0
1	4	1		略	短期借款		2	0	0	0	0	0	0												借		5	1	8	0	0	0	0	0
	10	2			购料付款											3	5	1	0	0	0	0	0		借		1	6	7	0	0	0	0	0
	11	3			提现金												1	0	0	0	0	0			借		1	6	6	0	0	0	0	0
	20	5			长期借款		2	0	0	0	0	0	0	0											借		3	6	6	0	0	0	0	0
	25	7			付工资												2	0	0	0	0	0	0		借		1	6	6	0	0	0	0	0
	28	10			销售收款		5	6	1	6	0	0	0	0											借		7	2	7	6	0	0	0	0
	28	11			还欠款											1	0	0	0	0	0	0	0		借		6	2	7	6	0	0	0	0
	29	13			购设备												4	1	4	5	0	0	0		借		5	8	6	1	5	0	0	0
	30	14			收前欠款		1	1	7	0	0	0	0	0											借		7	0	3	1	5	0	0	0
	31	18			付罚款												2	0	0	0	0	0	0		借		6	8	3	1	5	0	0	0
	31	19			还借款												2	2	5	0	0	0	0		借		6	6	0	6	5	0	0	0
	31	20			付费用												2	5	0	0	0	0	0		借		6	3	5	6	5	0	0	0
	31	21			交税												6	1	2	0	0	0	0		借		5	7	4	4	5	0	0	0
					本月合计		8	9	8	6	0	0	0	0			8	2	2	1	5	0	0	0	借		5	7	4	4	5	0	0	0

根据原始凭证或汇总原始凭证和记账凭证填制各种明细分类账。

根据以上记账凭证填制总分类账，具体填制内容以"库存现金""银行存款""原材料""应付账款"四个科目的总分类账为例（其他总账略），如表9-4～表9-7所示。

表9-4 库存现金总分类账

2018年 月	日	凭证号数	摘要	对方科目	借方	贷方	借或贷	余额
1	1		期初余额				借	160000.00
	11	3	提现金		10000.00		借	170000.00
	12	4	预付借款			50000.00	借	120000.00
	28	9	收退回借款		12000.00		借	132000.00
	30		本月合计		22000.00	50000.00	借	132000.00

表9-5 银行存款总分类账

2018年 月	日	凭证号数	摘要	对方科目	借方	贷方	借或贷	余额
1	1		期初余额				借	498000.00
	4	1	短期借款		20000.00		借	518000.00
	10	2	购料付款			351000.00	借	167000.00
	11	3	提现金			1000.00	借	166000.00
	20	5	长期借款		200000.00		借	366000.00
	25	7	付工资			200000.00	借	166000.00
	28	10	销售收款		561600.00		借	727600.00
	28	11	还欠款			100000.00	借	627600.00
	29	13	购设备			41450.00	借	586150.00
	30	14	收前欠款		117000.00		借	703150.00
	31	18	付罚款			20000.00	借	683150.00
	31	19	还借款			22500.00	借	660650.00
	31	20	付费用			25000.00	借	635650.00
	31	21	交税			61200.00	借	574450.00
			本月合计		898600.00	822150.00	借	574450.00

表 9-6　原材料总分类账

2018年 月	日	凭证号数	摘　要	对方科目	借方 千	百	十	万	千	百	十	元	角	分	贷方 千	百	十	万	千	百	十	元	角	分	借或贷	余额 千	百	十	万	千	百	十	元	角	分
1	1		期初余额																						借			3	8	0	0	0	0	0	0
	10	2	购入材料				3	0	0	0	0	0	0	0											借			6	8	0	0	0	0	0	0
	21	6	生产领用																4	7	0	0	0	0	0	借			6	3	3	0	0	0	0	0
	31	22	购入材料				1	7	0	0	0	0	0	0											借			8	0	3	0	0	0	0	0
	31	26	销售材料																2	0	0	0	0	0	0	借			7	8	3	0	0	0	0	0
			本月合计				4	7	0	0	0	0	0	0				6	7	0	0	0	0	0	借			7	8	3	0	0	0	0	0

表 9-7　应付账款总分类账

2018年 月	日	凭证号数	摘　要	对方科目	借方 千	百	十	万	千	百	十	元	角	分	贷方 千	百	十	万	千	百	十	元	角	分	借或贷	余额 千	百	十	万	千	百	十	元	角	分
1	1		期初余额																						贷			5	0	0	0	0	0	0	0
	28	11	偿还货款				1	0	0	0	0	0	0	0											贷			4	0	0	0	0	0	0	0
			本月合计				1	0	0	0	0	0	0	0											贷			4	0	0	0	0	0	0	0

（六）根据总分类账及明细分类账填制资产负债表及利润表。

略。

任务三　科目汇总表账务处理程序

一、科目汇总表账务处理程序的概念

科目汇总表账务处理程序又称记账凭证汇总表务处理程序，是指根据记账凭证定期编制科目汇总表，再根据科目汇总表登记总分类账的一种账务处理程序。

二、科目汇总表账务处理程序的流程

科目汇总表账务处理程序的流程如图 9-2 所示。

① 根据原始凭证编制汇总原始凭证。

② 根据原始凭证或汇总原始凭证编制记账凭证。

③ 根据收款凭证、付款凭证逐笔登记现金日记账和银行存款日记账。

④ 根据原始凭证、汇总原始凭证和记账凭证登记各种明细分类账。

⑤ 根据各种记账凭证编制科目汇总表。

图 9-2　科目汇总表账务处理程序的流程

⑥ 根据科目汇总表登记总分类账。

⑦ 期末，现金日记账、银行存款日记账和明细分类账的余额与有关总分类账的余额核对相符。

⑧ 期末，根据总分类账和明细分类账的记录，编制会计报表。

三、科目汇总表账务处理程序优缺点及适用范围

科目汇总表账务处理程序减轻了登记总分类账的工作量，并可做到试算平衡，简明易懂、方便易学，其缺点是科目汇总表不能反映账户对应关系，不便于查对账目。该账务处理程序适用于经济业务较多的单位。

四、科目汇总表账务处理程序的应用

【例 9-2】承例 9-1，根据收、付款凭证逐笔登记现金日记账、银行存款日记账，具体填制内容如表 9-8 和表 9-9 所示。

表 9-8　现金日记账

2018年		凭证编号	摘　要	对方科目编码	借　方									√	贷　方									√	余　额									
月	日				千	百	十	万	千	百	十	元	角	分		千	百	十	万	千	百	十	元	角	分		千	百	十	万	千	百	十	元	角	分
1	1		期初余额																							借		1	6	0	0	0	0	0	0
1	11	3	提现金						1	0	0	0	0	0												借		1	7	0	0	0	0	0	0
1	12	4	预付借款																	5	0	0	0	0	0	借		1	2	0	0	0	0	0	0
1	28	9	收退回借款						1	2	0	0	0	0												借		1	3	2	0	0	0	0	0
			本月合计						2	2	0	0	0	0							5	0	0	0	0	借		1	3	2	0	0	0	0	0

表 9-9　银行存款日记账

2018年		凭证编号	结算方式		摘　要	借　方									√	贷　方									√	余　额									
月	日		类	号码		千	百	十	万	千	百	十	元	角	分		千	百	十	万	千	百	十	元	角	分		千	百	十	万	千	百	十	元	角	分
1	1				期初余额																					借	4	9	8	0	0	0	0	0	0
1	4	1			短期借款			2	0	0	0	0	0	0												借	5	1	8	0	0	0	0	0	0
	10	2			购料付款												3	5	1	0	0	0	0	0	0	借	1	6	7	0	0	0	0	0	0

续表

2017年		凭证编号	结算方式		摘　要	借　方	√	贷　方	√	余　额
月	日		类	号码		千百十万千百十元角分		千百十万千百十元角分		千百十万千百十元角分
11	3				提现金			1 0 0 0 0 0	借	1 6 6 0 0 0 0 0
	20	5			长期借款	2 0 0 0 0 0 0 0 0			借	3 6 6 0 0 0 0 0
	25	7			付工资			2 0 0 0 0 0 0 0	借	1 6 6 0 0 0 0 0
	28	10			销售收款	5 6 1 6 0 0 0 0			借	7 2 7 6 0 0 0 0
	28	11			还欠款			1 0 0 0 0 0 0 0 0	借	6 2 7 6 0 0 0 0
	29	13			购设备			4 1 4 5 0 0 0	借	5 8 6 1 5 0 0 0
	30	14			收前欠款	1 1 7 0 0 0 0 0			借	7 0 3 1 5 0 0 0
	31	18			付罚款			2 0 0 0 0 0	借	6 8 3 1 5 0 0 0
	31	19			还借款			2 2 5 0 0 0	借	6 6 0 6 5 0 0 0
	31	20			付费用			2 5 0 0 0 0	借	6 3 5 6 5 0 0 0
	31	21			交税			6 1 2 0 0 0	借	5 7 4 4 5 0 0 0
					本月合计	8 9 8 6 0 0 0 0		8 2 2 1 5 0 0 0	借	5 7 4 4 5 0 0 0

根据原始凭证或汇总原始凭证和记账凭证填制各种明细分类账。

编制科目汇总表，如表9-10所示。

表9-10　科目汇总表

2018年1月

会计科目	1—15日发生额		16—31日发生额	
	借方	贷方	借方	贷方
库存现金	1 000	5 000	1 200	
银行存款	20 000	352 000	878 600	470 150
应收账款			161 460	117 000
库存商品			168 000	300 000
其他应收款	5 000			5 000
在途物资				170 000
原材料	300 000		170 000	67 000
固定资产			35 500	
累计折旧				7 200
在建工程			30 000	
短期借款		20 000	20 000	
应付账款				100 000

续表

会计科目	1—15 日发生额		16—31 日发生额	
	借方	贷方	借方	贷方
应付职工薪酬			200 000	200 000
应交税费	51 000		67 150	213 885
应付股利				40 000
长期借款				200 000
本年利润			618 000	618 000
利润分配			108 575	197 162.5
盈余公积				14 287.5
生产成本			168 000	168 000
制造费用			28 000	28 000
主营业务收入			480 000	480 000
其他业务收入			38 000	38 000
主营业务成本			300 000	300 000
其他业务成本			20 000	20 000
营业外支出			20 000	20 000
管理费用			75 000	75 000
财务费用			2 500	2 500
销售费用			10 000	10 000
税金及附加			61 200	
所得税费用			47 625	47 625
合　计	377 000	377 000	3 808 810	3 808 810

根据科目汇总表填制总分类账，具体填制内容仍然以"库存现金""银行存款""原材料""应收账款"四个会计科目的总分类账为例（其他总账略），分别如表9-11～表9-14所示。

表 9-11　库存现金总分类账

2018年 月 日	凭证号数	摘要	对方科目	借方 千百十万千百十元角分	贷方 千百十万千百十元角分	借或贷	余额 千百十万千百十元角分
1 1		期初余额				借	1 6 0 0 0 0 0
15		1—15日发生额		1 0 0 0 0 0	5 0 0 0 0 0	借	1 7 0 0 0 0 0
31		16—31日发生额		1 2 0 0 0 0		借	1 2 0 0 0 0 0
31		本月合计		2 2 0 0 0 0	5 0 0 0 0 0	借	1 3 2 0 0 0 0

表 9-12　银行存款总分类账

2018年 月	日	凭证号数	摘要	对方科目	借方	贷方	借或贷	余额
1	1		期初余额				借	498000.00
	15		1—15日发生额		200000.00	352000.00	借	346000.00
	31		16—31日发生额		698600.00	470150.00	借	574450.00
	31		本月合计		898600.00	822150.00	借	574450.00

表 9-13　原材料总分类账

2018年 月	日	凭证号数	摘要	对方科目	借方	贷方	借或贷	余额
1	1		期初余额				借	380000.00
	15		1—15日发生额		300000.00		借	680000.00
	31		16—31日发生额		170000.00	67000.00	借	783000.00
	31		本月合计		470000.00	67000.00	借	783000.00

表 9-14　应付账款总分类账

2018年 月	日	凭证号数	摘要	对方科目	借方	贷方	借或贷	余额
1	1		期初余额				贷	500000.00
	31		16—31日发生额		100000.00		贷	400000.00
			本月合计		100000.00		贷	400000.00

根据总分类账及明细分类账填制资产负债表及利润表。

任务四　汇总记账凭证账务处理程序

一、汇总记账凭证账务处理程序的概念

汇总记账凭证账务处理程序是指根据原始凭证或汇总原始凭证编制记账凭证，定期根

据记账凭证分类编制汇总收款凭证、汇总付款凭证和汇总转账凭证，再根据汇总记账凭证
登记总分类账的一种账务处理程序。

二、汇总记账凭证账务处理程序的流程

汇总记账凭证账务处理程序的流程如图 9-3 所示。

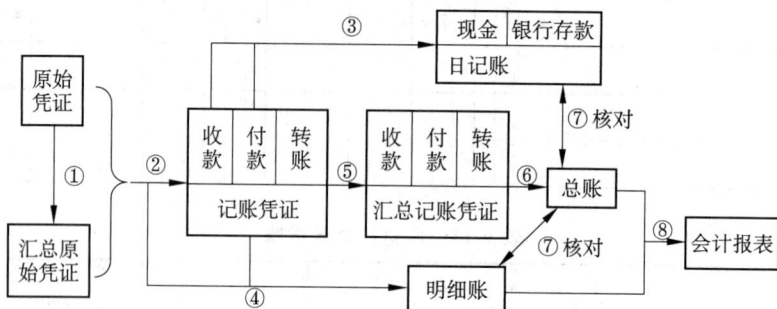

图 9-3 汇总记账凭证账务处理程序的流程

① 根据原始凭证编制汇总原始凭证。
② 根据原始凭证或汇总原始凭证，编制记账凭证。
③ 根据收款凭证、付款凭证逐笔登记现金日记账和银行存款日记账。
④ 根据原始凭证、汇总原始凭证和记账凭证，登记各种明细分类账。
⑤ 根据各种记账凭证编制有关汇总记账凭证。
⑥ 根据各种汇总记账凭证登记总分类账。
⑦ 期末，现金日记账、银行存款日记账和明细分类账的余额与有关总分类账的余额
核对相符。
⑧ 期末，根据总分类账和明细分类账的记录，编制会计报表。

三、汇总记账凭证账务处理程序优缺点及适用范围

汇总记账凭证账务处理程序减轻了登记总分类账的工作量，便于了解账户之间的对应
关系，其缺点是按每一贷方科目编制汇总转账凭证，不利于会计核算的日常分工，当转账
凭证较多时，编制汇总转账凭证的工作量较大。该账务处理程序适用于规模较大、经济业
务较多的单位。

四、汇总记账凭证账务处理程序的应用

【例 9-3】承例 9-1 和例 9-2，根据原始凭证或汇总原始凭证和记账凭证填制各种明细分
类账。根据收款凭证、付款凭证、转账凭证进行汇总收款凭证、汇总付款凭证、汇总转账
凭证的编制。以下仅以"银行存款"为例编制汇总收款凭证、汇总付款凭证，如表 9-15 和
表 9-16 所示。

根据汇总收款凭证、汇总付款凭证、汇总转账凭证填制总分类账，以下以"银行存款"
总分类账为例，如表 9-17 所示。

表 9-15　汇总收款凭证

借方科目：银行存款　　　　　　　　　2018 年 1 月　　　　　　　　　第 1 号

贷方科目	金　额			总账页数	
	1—15 日	16—31 日	合　计	借方	贷方
短期借款	20 000		20 000		
长期借款		200 000	200 000		
主营业务收入		480 000	480 000		
应交税费		81 600	81 600		
应收账款		117 000	117 000		
合　计	20 000	878 600	898 600		

表 9-16　汇总付款凭证

贷方科目：银行存款　　　　　　　　　2018 年 1 月　　　　　　　　　第 1 号

贷方科目	金　额			总账页数	
	1—15 日	16—31 日	合　计	借方	贷方
原材料	300 000		300 000		
应交税费	51 000	67 150	118 150		
库存现金	1 000		1 000		
应付职工薪酬		200 000	200 000		
应付账款		100 000	100 000		
固定资产		35 500	35 500		
短期借款		20 000	20 000		
财务费用		2 500	2 500		
销售费用		10 000	10 000		
管理费用		15 000	15 000		
营业外支出		20 000	20 000		
合　计	352 000	470 150	822 150		

表 9-17　银行存款总分类账

2018 年 月	日	凭证号数	摘　要	对方科目	借　方 千百十万千百十元角分	贷　方 千百十万千百十元角分	借或贷	余　额 千百十万千百十元角分
1	1		期初余额				借	4 9 8 0 0 0 0 0
	31	汇收 1	本月收款	短期借款	2 0 0 0 0 0 0		借	5 1 8 0 0 0 0 0
	31	汇收 1	本月收款	长期借款	2 0 0 0 0 0 0		借	7 1 8 0 0 0 0 0
	31	汇收 1	本月收款	主营业务收入	4 8 0 0 0 0 0		借	1 1 9 8 0 0 0 0 0
	31	汇收 1	本月收款	应交税费	8 1 6 0 0 0		借	1 2 7 9 6 0 0 0 0
	31	汇收 1	本月收款	应收账款	1 1 7 0 0 0 0		借	1 3 9 6 6 0 0 0 0
	31	汇付 2	本月付款	应交税费		1 1 8 1 5 0 0 0	借	1 2 7 8 4 5 0 0 0
	31	汇付 2	本月付款	原材料		3 0 0 0 0 0 0 0	借	9 7 8 4 5 0 0 0

续表

2018年 月	日	凭证号数	摘 要	对方科目	借 方	贷 方	借或贷	余 额
	31	汇付2	本月付款	库存现金		100 000 00	借	9 774 500 00
	31	汇付2	本月付款	应付职工薪酬		2 000 000 00	借	7 774 500 00
	31	汇付2	本月付款	应付账款		1 000 000 00	借	6 774 500 00
	31	汇付2	本月付款	固定资产		355 000 00	借	6 419 500 00
	31	汇付2	本月付款	短期借款		200 000 00	借	6 219 500 00
	31	汇付2	本月付款	财务费用		25 000 00	借	6 194 500 00
	31	汇付2	本月付款	销售费用		100 000 00	借	6 094 500 00
	31	汇付2	本月付款	管理费用		150 000 00	借	5 944 500 00
	31	汇付2	本月付款	营业外支出		200 000 00	借	5 744 500 00
			本月合计		8 986 000 00	8 221 500 00	借	5 744 500 00

根据总分类账及明细分类账填制资产负债表及利润表。

三种账务处理程序的对比如表9-18所示。

表 9-18　三种账务处理程序的对比

种 类	优 点	缺 点	适 用 范 围
记账凭证账务处理程序	简单明了，总分类账可以较详细地反映经济业务的发生情况	登记总分类账的工作量较大	规模较小、经济业务量较少的单位
汇总记账凭证账务处理程序	减轻了登记总分类账的工作量，便于了解账户之间的对应关系，便于核对账目	不利于日常分工，当转账凭证较多时，编制汇总转账凭证的工作量较大	规模较大、经济业务较多
科目汇总表账务处理程序	减轻了登记总分类账的工作量，起到试算平衡的作用	不能反映账户对应关系，不便于核对账目	经济业务较多

———｜ 自我测验 ｜———

一、单项选择题

1. 下列账务处理程序中，不是常用的账务处理程序的是（　　　）。

A. 原始凭证账务处理程序　　　　　B. 记账凭证账务处理程序

C. 汇总记账凭证账务处理程序　　　D. 科目汇总表账务处理程序

2. 下列账务处理程序中，最基本的账务处理程序是（　　　）。

A. 日记总账账务处理程序　　　　　B. 记账凭证账务处理程序

C. 科目汇总表账务处理程序　　　　D. 汇总记账凭证账务处理程序

3. 记账凭证账务处理程序的主要特点是（　　　）。

A. 根据各种记账凭证编制汇总记账凭证

B. 根据各种记账凭证逐笔登记总分类账

C. 根据各种记账凭证编制科目汇总表

D. 根据各种记账凭证登记明细分类账

4. 采用记账凭证处理账务程序时，登记总账的依据是（　　）。

A. 原始凭证　　　B. 记账凭证　　　C. 日记账　　　D. 科目汇总表

5. 下列各项中，属于记账凭证账务处理程序的缺点的是（　　）。

A. 不能体现账户之间的对应关系

B. 方法不易掌握

C. 在业务较多的情况下，登记总分类账的工作量大

D. 不便于合理分工

6. 下列各项中，编制科目汇总表的依据是（　　）。

A. 记账凭证　　　B. 汇总凭证　　　C. 各种总账　　　D. 原始凭证汇总表

7. 汇总记账凭证是根据（　　）编制的。

A. 记账凭证　　　B. 原始凭证　　　C. 原始凭证汇总表　　D. 转账凭证

8. 汇总收款凭证是根据（　　）编制的。

A. 原始凭证　　　B. 汇总原始凭证　　　C. 付款凭证　　　D. 收款凭证

9. 汇总记账凭证与科目汇总表核算组织程序的主要相同点是（　　）。

A. 记账凭证的汇总方法相同　　　　　B. 汇总凭证的格式相同

C. 登记总账的依据相同　　　　　　　D. 都可以简化登记总分类账的工作量

10. 在科目汇总表账务处理程序中，科目汇总表的作用是（　　）。

A. 反映各科目的期末余额　　　　　　B. 作为登记明细账的依据

C. 反映各科目之间的对应关系　　　　D. 起到试算平衡的作用

11. 下列各项中，不属于汇总记账凭证账务处理程序步骤的是（　　）。

A. 根据原始凭证填制汇总原始凭证

B. 根据各种记账凭证编制有关汇总记账凭证

C. 根据记账凭证逐笔登记总分类账

D. 根据各汇总记账凭证登记总分类账

12. 为了便于科目汇总表的编制，平时填制转账记账凭证时，应尽可能使账户之间的对应关系保持（　　）。

A. 一借一贷　　　B. 一借多贷　　　C. 一贷多借　　　D. 多借多贷

13. 汇总记账凭证核算程序的主要缺点是（　　）。

A. 不利于会计分工　　　　　　　　　B. 不能反映经济业务

C. 不能反映科目间的对应关系　　　　D. 不能节省会计工作时间

14. 适用于规模较大、收付款业务多、转账业务少的单位的账务处理程序是（　　）。

A. 汇总记账凭证账务处理程序　　　　B. 记账凭证账务处理程序

C. 科目汇总表账务处理程序　　　　　D. 通用记账凭证账务处理程序

15. 在科目汇总表账务处理程序之下，编制财务报表的依据是（　　）。

A. 明细账与总账　　　　　　　　　　B. 总账与日记账

C. 总账与备查账　　　　　　　　　　D. 明细账与日记账

16. 根据科目汇总表登记总账，在简化总账登记工作的同时也起到了（　　）。

A. 简化报表的编制　　　　　　　　　B. 反映账户的对应关系

C. 简化明细账工作   D. 发生额试算平衡

17. 科目汇总表的汇总范围是（   ）。

A. 全部科目的借、贷方发生额和余额

B. 全部科目的借、贷方余额

C. 全部科目的借、贷方发生额

D. 汇总收款凭证、汇总付款凭证、汇总转账凭证的合计数

18. 科目汇总表的缺点是不能反映（   ）。

A. 借方发生额   B. 贷方发生额

C. 借贷方发生额   D. 科目对应关系

19. 根据记账凭证定期编制科目汇总表，再根据科目汇总表登记总分类账，属于这种账务处理程序的是（   ）。

A. 记账凭证账务处理程序   B. 汇总记账凭证账务处理程序

C. 科目汇总表账务处理程序   D. 不存在这种账务处理程序

20. 区分账务处理程序的根本标志是（   ）。

A. 编制汇总原始凭证的依据不同   B. 编制记账凭证的依据不同

C. 登记总分类账的依据不同   D. 编制会计报表的依据不同

二、多项选择题

1. 账务处理程序是对（   ）按照一定的形式和方法相结合的方式。

A. 会计科目   B. 会计凭证   C. 会计账簿   D. 会计报表

2. 下列各项中，属于账务处理程序主要内容的有（   ）。

A. 会计资料立卷归档的程序和方法

B. 会计凭证与会计账簿之间的联系方法

C. 会计凭证、会计账簿的种类及格式

D. 由填制原始凭证到填制记账凭证、登记总账和明细账、编制会计报表的程序和方法

3. 我国常用的账务处理程序有（   ）。

A. 记账凭证账务处理程序   B. 科目汇总表账务处理程序

C. 日记账账务处理程序   D. 汇总记账凭证账务处理程序

4. 下列各项中，属于企业编制记账凭证依据的有（   ）。

A. 原始凭证   B. 汇总原始凭证   C. 汇总记账凭证   D. 科目汇总表

5. 各种账务处理程序下，登记明细分类账的依据可能有（   ）。

A. 原始凭证   B. 汇总原始凭证   C. 记账凭证   D. 汇总记账凭证

6. 下列有关记账凭证账务处理程序、汇总记账凭证账务处理程序和科目汇总表账务处理程序的表述中，正确的有（   ）。

A. 登记总分类账的依据不同   B. 登记总分类账的方法不同

C. 三者完全不同   D. 三者完全相同

7. 下列各项中，属于记账凭证账务处理程序优点的有（   ）。

A. 简单明了，易于理解   B. 登记总分类账的工作量较小

C. 登记总分类账时耗用的账页少   D. 可以较详细地反映经济业务的发生情况

8. 不同账务处理程序所具有的相同之处有（   ）。

A. 编制记账凭证的直接依据相同   B. 编制会计报表的直接依据相同

C. 登记明细分类账簿的直接依据相同   D. 登记总分类账簿的直接依据相同

9. 汇总记账凭证账务处理程序下,会计凭证除设置收款凭证、付款凭证、转账凭证外,下列各项中,还应设置的有(　　　)。

A. 科目汇总表   B. 汇总收款凭证   C. 汇总付款凭证   D. 汇总转账凭证

10. 下列关于汇总记账凭证账务处理程序的表述中,错误的有(　　　)。

A. 明细账与总账无法核对

B. 不能体现账户之间的对应关系

C. 登记总账的工作量大

D. 当转账凭证较多时,汇总转账凭证的编制工作量加大

11. 在汇总记账凭证账务处理中,不能作为汇总收款凭证编制的依据有(　　　)。

A. 库存现金贷方   B. 银行存款借方

C. 其他货币资金贷方   D. 库存现金借方

12. 下列各项中,能够起到简化登记总分类账工作的账务处理程序的有(　　　)。

A. 记账凭证账务处理程序   B. 科目汇总表账务处理程序

C. 汇总记账凭证账务处理程序   D. 日记总账账务处理程序

13. 汇总收款凭证的编制方法是(　　　)。

A. 按现金、银行存款科目的借方设置

B. 按现金、银行存款科目的贷方设置

C. 按与设置科目相对应的贷方科目加以归类、汇总

D. 按与设置科目相对应的借方科目加以归类、汇总

14. 下列关于科目汇总表账务处理程序和汇总记账凭证账务处理程序共同之处的表述中,正确的有(　　　)。

A. 都适用于规模较大的企业   B. 可以减少总分类账登记的工作量

C. 可以保持会计科目之间的对应关系   D. 可以进行发生额试算平衡

15. 下列各项中,不能作为科目汇总表编制依据的有(　　　)。

A. 原始凭证   B. 记账凭证   C. 明细分类账   D. 各种总账

16. 下列关于科目汇总表的表述中,正确的有(　　　)。

A. 科目汇总表是一种汇总凭证

B. 科目汇总表能起到试算平衡的作用

C. 科目汇总表保留了账户之间的对应关系

D. 可以简化总分类账的登记工作

17. 下列各项中,属于科目汇总表账务处理程序优点的有(　　　)。

A. 可以做到试算平衡   B. 易于理解,方便学习

C. 能反映各账户之间的对应关系   D. 减轻了登记总分类账的工作量

18. 下列各项中,不属于科目汇总表汇总范围的有(　　　)。

A. 全部科目的借方余额   B. 全部科目的借方发生额

C. 全部科目的贷方余额   D. 全部科目的贷方发生额

19. 以记账凭证为依据,按有关账户的贷方设置,进行汇总归类的有(　　　)。

A. 汇总收款凭证　　B. 汇总转账凭证　　C. 汇总付款凭证　　D. 科目汇总表

20. 各种账务处理程序的基本相同点有（　　　）。

A. 填制记账凭证的依据相同　　　　　　B. 登记明细账的依据和方法相同

C. 登记总分类账的依据和方法相同　　　D. 编制会计报表的依据和方法相同

三、判断题

1. 记账凭证账务处理程序、汇总记账凭证账务处理程序和科目汇总表账务处理程序不存在任何相同之处。（　　　）

2. 设计会计核算组织程序，有利于建立会计工作岗位责任制。（　　　）

3. 记账凭证账务处理程序的特点是直接根据汇总记账凭证逐笔登记总分类账和明细分类账，它是最基本的账务处理程序。（　　　）

4. 各种账务处理程序的不同之处在于登记明细账的直接依据和方法不同。（　　　）

5. 记账凭证账务处理程序适用于各种类型的单位。（　　　）

6. 记账凭证账务处理程序的缺点之一是总分类账无法较详细地反映经济业务的发生情况。（　　　）

7. 记账凭证账务处理程序是根据科目汇总表登记总分类账的一种账务处理程序。（　　　）

8. 记账凭证账务处理程序的缺点之一是登记总分类账的工作量较大。（　　　）

9. 汇总收款凭证是按库存现金科目、银行存款科目借方分别编制，按与所设置科目相对应的贷方科目加以归类、汇总填列。（　　　）

10. 汇总记账凭证按每个会计科目设置，并按该会计科目借方或贷方对应的会计科目进行汇总。（　　　）

11. 汇总记账凭证账务处理程序和科目汇总表账务处理程序加大了登记总分类账的工作量。（　　　）

12. 汇总记账凭证账务处理程序和科目汇总表账务处理程序都适用于经济业务量较多的单位。（　　　）

13. 汇总记账凭证账务处理程序中的汇总转账凭证，在编制过程中贷方科目可以有多个。（　　　）

14. 汇总收款凭证是按库存现金、银行存款贷方科目分别编制，按与所设置科目相对应的借方科目加以归类、汇总。（　　　）

15. 汇总转账凭证按库存现金、银行存款账户的借方设置，并按其对应的贷方账户归类汇总。（　　　）

16. 汇总记账凭证账务处理程序适用于任何经济规模的企业。（　　　）

17. 科目汇总表账务处理程序是在记账凭证账务处理程序的基础上发展而来的。（　　　）

18. 记账凭证账务处理程序的优点之一是具有试算平衡的作用，有利于保证登记总分类账的正确性。（　　　）

19. 科目汇总表不仅反映各个科目本期借方发生额和本期贷方发生额，而且反映各个会计科目之间的对应关系。（　　　）

20. 科目汇总表账务处理程序适用于经济业务量较多的单位。（　　　）

参 考 文 献

［1］会计从业资格考试辅导教材编写组．初级会计实务［M］．北京：中国经济出版
社，2014.

［2］赵丽生．会计基础［M］．北京：高等教育出版社，2017.

［3］中华人民共和国会计法．

［4］财政部．企业会计准则：基本准则，2006.

［5］财政部．会计基础工作规范，1996.